처음부터 시작하는

주식투자
단타전략

처음부터 시작하는

주식투자
단타전략

15만 원으로 10억 만든
실전투자대회 1위 수상자의 필승 트레이딩 공식

 홍인기 지음

Stock Investment

길벗

안전하게, 차곡차곡 수익을 쌓는
단기매매 전략을 모두 알려드리겠습니다

2024년이 되면 주식투자를 시작한 지 15년 차가 됩니다. 제가 주식투자를 처음 시작한 것은 중학교 2학년 때입니다. 그동안 주식투자로 많이 벌어도 보고, 크게 잃기도 했습니다. 다양한 투자법을 지속하여 시도했고 시행착오를 겪으며 단기매매가 잘 맞는다는 걸 깨닫고 지금은 단기매매에 집중하고 있습니다. 한편으로는 중장기 투자도 병행하고 있는데요. 자세한 투자 방법은 본문에서 말씀드리겠습니다.

여러분은 무슨 일을 좋아하시나요? 좋아하는 일은 생각하려 하지 않아도 자꾸 생각이 나고, 하고 싶고, 계속해서 나를 움직이게 하는 원동력이 됩니다. 저에게는 그게 바로 주식이었습니다.

주식투자는 제 삶의 많은 부분에 영향을 끼쳤습니다. 싫어하는 일을 억지로 하지 않아도 되게 도와줬고, 좋아하는 일에 보다 집중할 수 있게 되었습니다. 그렇다고 해서 언제나 승승장구하는 것은 아닙니다. 지금도 여전히 시장에서 많이 깨지고, 계속해서 배워나가고 있습니다. 삶은 불확실성의 연속이지만 하나만은 확실하게 말씀드릴 수 있습니다. 제 인생은 늘 주식과 함께였고 앞으로도 그럴 것입니다.

'적은 금액으로 주식투자를 시작해 장기투자를 통한 복리 수익으로 큰 부를 이룬다'. 이것은 주식투자를 하는 대부분의 사람이 꿈꾸는 일일 텐데요. 사실 현실적으로 쉬운 일이 아닙니다. 우리 삶에는 결혼, 자녀 양육, 이사 등 크고 작은 이벤트로 돈이 필요한 상황이 발생하기 마련입니다. 돈이 필요해 매도해야 하는 타이밍에 손실 중이라면 어떻게 해야 할까요? 장기투자는 복리 효과로 큰돈을 만들 수 있지만 오랜 시간을 버티면서 수익을 쌓아나갈 수 있는 사람은 그리 많지 않습니다. 이 책을 읽는다고 누구나 바로 주식으로 수익을 낼 수 있다고 말할 수는 없습니다. 만약 그게 가능하다면 누구나 주식 단기매매에 뛰어들 것이고 금세 레드오션이 되어 단기매매로 돈을 버는 일은 더 이상 가치가 없는 일이 되겠죠.

주식투자는 수학 공식처럼 정답이 있는 것이 아닙니다. 경험을 통하여 대중의 심리를 파악하는 능력을 길러야 하고, 흔들리는 마음을 매번 바로잡는 연습이 필요합니다. 저는 이 책을 통해 그런 능력을 키우고 관리하는 방법을 전하고 싶습니다. 아무리 뛰어난 단타 전략을 배운다 하더라도 항상 수익만 낼 수는 없기 때문입니다. 저는 이 책에 제가 확실하게 터득하고 아는 내용만을 담았습니다. 단기매매에 필요한 모든 내용을 기초부터 실전 기법까지 전수한다는 생각으로 정리했습니다. 저는 여러분이 단기매매를 제대로 배웠으면 좋겠습니다. 첫 단추를 잘 꿰었으면 좋겠습니다. 잘못된 방향으로 가서 시행착오를 겪으며 괴로운 경험을 하지 않으면 좋겠습니다. 그리고 무엇보다 소중한 투자금을 지켰으면 좋겠습니다. 이 책을 읽고 단기매매는 나와는 맞지 않겠다는 생각이 들어 투자를 시작하지 않아 투자금을 지키는 것도 가치 있는 일이라고 생각합니다. 그리고 단기매매를 하면서 어려움을 느끼거나 매매의 아쉬운 점을 보완하고 싶은 분들에게도 잘 찾아오셨다고 말씀드리고 싶습니다. 이 책은 그런 분들이 그간 부족하다고 느낀 점을 채우기에 충분할 것이라고 자부합니다.

저는 이 책을 읽는 여러분 모두가 주식으로 성공할 수 있을 것이라고 생각하지 않습니다. 하지만 누군가에게는 인생을 바꿀만한 터닝포인트가 될 것이라고 확신합니다. 1만 시간의 법칙에 대해 아시나요? 한 분야의 전문가가 되기 위해서는 최소한 1만 시간을 투자해야 한다는 이론입니다. 1만 시간을 채우려면 하루 3시간씩 10년 동안 꾸준히 노력해야만 합니다. 저는 스스로 전문가라고 자신할 수는 없지만 적어도 해당 조건은 넘치게 채운 사람입니다. 그리고 주식을 대하는 여러분의 마음가짐도 저와 같았으면 좋겠습니다. 그런 마음가짐으로 시장을 대하고 단기매매를 하다 보면 어느새 나도 모르게 실력이 엄청나게 늘어 있을 것이고, 즐

거운 투자 여정을 지속할 수 있을 것입니다.

　이것은 저의 첫 책입니다. 그간의 투자 경험과 노하우를 정리한다는 생각으로 책 쓰기에 도전했는데 정말 힘들었습니다. 지금까지 투자에 일편단심 매달렸던 시간만큼이나 제 노하우를 잘 전달하기 위해 최대한 노력했습니다. 부모님이 제게 늘 강조하신 것이 정직하게 살라는 교훈이었는데요. 정직하게 말씀드릴 수 있습니다. 이 책을 통해서 여러분은 그동안의 제 노하우를 생생하게 엿볼 수 있을 것입니다. 많은 시간과 정성을 쏟았습니다. 이 책을 통해 주식의 원리를 깨우치고 원하는 삶의 방향으로 나아가시길 바랍니다.

　이 책을 쓰기까지 격려해주신 부모님과 가족 그리고 집필에 큰 도움을 준 조현아 님에게 감사의 마음을 전합니다.

목차

PART 1
나는 어떤 투자를 해야 하는가?

PART 2
선택받은 종목만이 상승한다

PART 3
성공적인 단기매매를 위한 기술적 분석

PART 4
거래의 기술

PART 5
돈을 지키는 방법

PART 1

주식투자도 자신에게 맞는 스타일이 있습니다. 모든 투자자는 각자가 처한 상
황과 운용할 수 있는 자금의 양이 다릅니다. 또한, 본인의 투자 기질과 성격도
천차만별입니다. 출발은 누구나 비슷합니다. 나를 먼저 알고 투자에 뛰어들어
야 합니다. 시장은 당신이 어떤 사람인지 금방 알려줄 것입니다.

나는 어떤 투자를 해야 하는가?

01

___

돈을 잃지 않기 위해
선택한 단기투자

나의 주식투자 이야기

　여러분의 추억의 게임은 무엇인가요? 저는 어린 시절 '메이플스토리'라는 게임을 참 좋아했습니다. 저와 비슷한 나이대라면 메이플스토리를 대부분 아실 겁니다. 저는 방과 후 집에 가자마자 컴퓨터를 켜고 메이플스토리와 크레이지 아케이드를 번갈아 하며 하루를 마무리하곤 했습니다. 메이플스토리는 몬스터를 사냥하고 레벨 업을 하며 자신이 가진 고유한 캐릭터를 키워나가는 게임입니다. 친구들 대부분이 메이플스토리에서 레벨 업을 하고 캐릭터를 키우는 데에 관심이 많았던 것에 비해 저는 아이템을 사고파는 것에 더 관심이 많았습니다. 메이플에서는 '메소'라는 화폐를 사용합니다. 메소가 있어야 좋은 아이템을 살 수 있고, 몬스터 캐릭터를 더 빨리 처치할 수 있고, 더 빨리 레벨 업을 할 수 있죠. 그런데 이 메소라는 게 모으기가 쉽지 않습니다. 몬스터를 사냥해 나오는 메소를 모아 원하는 아이템을 사려면 많은 시간과 노력이 필요했습니다. 사냥을 하기보다는 자유시장이나 상점에 가서 아이템을 싸게 사서 비싸게 파는 것을 반복하는 것이 오히려 메소를 늘리는 데 도움이 되었습니다. 당시 대부분의 메이플스토리 유저들은 사냥을 해서 메소를 모아 아이템을 샀던 반면 저는 가지고 있던 메소로 아이템을 싸게 산 뒤 비싸게 파는 거래를 반복해 단기간에 원하는 아이템을 손에 얻을 수 있었습니다. 모든 메이플 유저에게 수요가 있는 희귀한 아이템을 저가에 매수해 고가에 매도하는 전략을 통해 남들보다 쉽고 빠르게 메소를 모은 다음 원하는 아이템을 사는 과정에서 게임의 재미를 두 배로 느꼈습니다.

메이플스토리를 신나게 하고 학교에 갔다가 돌아오는 등하굣길에는 주변을 구경하는 걸 좋아했습니다. 여러분은 길을 걸을 때 무엇을 보나요? 하늘이나 나무 같은 자연 환경? 지나가는 사람들? 저는 아파트 구경하는 걸 좋아했습니다. 동네를 돌아다니면서 저 아파트는 얼마일까, 같은 동네에 있는데 왜 A 아파트가 B 아파트보다 비쌀까 하는 생각을 했습니다. 저도 모르게 어린 시절부터 자연스럽게 자본시장의 원리를 궁금해하고 있었던 겁니다.

제가 처음으로 자본시장을 접한 순간은 초등학교 5학년 때입니다. 부모님이 주식형 펀드 계좌를 개설해주셨거든요. 제 종잣돈은 설날이나 추석에 받은 용돈을 몇 년간 차곡차곡 모은 100만 원이었습니다. 어린 나이에 100만 원이라는 큰돈을 투자하니 주식에 대해 관심이 생겼습니다. 매일 경제신문을 보면서 펀드를 구성하고 있는 기업들의 주가를 확인했습니다. 100만 원이라는 거금을 투자했고 우리나라의 유명 대기업으로 구성되어있는 펀드였기 때문에 두근거리는 마음으로 잔고가 불어나길 기대했습니다. 그러나 저에게 초심자의 행운은 없었습니다. 펀드 가입 당시 2,000포인트였던 종합주가지수(KOSPI)는 2007년 서브프라임 모기지 사태가 터지며 900포인트까지 하락했습니다. 펀드에 투자했던 원금도

PART 1 나는 어떤 투자를 해야 하는가?

반 토막이 났습니다. 3년 후 종합주가지수는 다시 2,000포인트를 회복했지만 제 펀드의 수익률은 그에 미치지 못했습니다.

[그림 1] 2003~2013년 종합주가지수

　잘 오르는 개별 종목에 비해 더딘 펀드의 수익률을 보고 차라리 내가 직접 투자하는 게 좋겠다는 생각이 들어 중학교 2학년 때 처음으로 주식투자를 시작했습니다. 우량한 주식을 선별하여 장기투자하면 수익을 낼 수 있겠다는 생각으로 다양한 종목에 투자했습니다. 기억에 남는 종목은 기아차와 SK이노베이션입니다. 당시 차를 좋아했는데, 현대차에 인수된 이후 같은 엔진을 사용하는 기아차의 디자인이 현대차에 비해 예쁘고 앞으로도 더 오를 수 있을 것이라고 판단했습니다. 그리고 SK이노베이션은 유가와 연동되어 주가가 움직이는 기업인데, 당시 유가가 크게 하락한 상황이었으므로 유가가 다시 상승하면 SK이노베이션의 주가도 따라서 오르겠지라는 막연한 생각으로 투자했습니다. 지금 와서 생각해 보면 정말 아무것도 모르고 투자한 것이었지만 운 좋게도 양호한 수익률을 기록했습니다. 이렇게 개별 종목 투자를 하다 보니 점점 더 주식에 대한 관심이 커졌습니다. 투자한 기업의 뉴스도 체크하고, 종목토론방에 기웃거리기도 했습니다. 더 큰 상승률을 기록할만한 종목을 선별하기 위한 공부도 하게 되었습니다. 가치에 비해 저평가된 기업을 찾기 위해 같은 산업군으로 분류되는 기업 간 매출액, 영업이익, 당기순이익을 몇 년 치를 찾아보고 비교하기도 했습니다.

2017년, 우리나라에는 가상화폐 붐이 일었습니다. 당시 너도 나도 업비트 계좌를 개설해 묻지도 따지지도 않고 가상화폐 투자를 했던 때였습니다. 저는 의심이 많은 성격이었던 데다 대부분의 가상화폐는 사기일 수 있고 가상화폐에 투자한 돈은 언제 없어져도 이상하지 않다고 생각했습니다. 그러나 많은 사람이 관심을 가지고 있는 곳에는 기회가 있을 수 있다는 생각에 소액으로 가상화폐 투자를 시작했습니다. 그런데 그곳에서 노다지를 발견하게 됩니다. 투자금을 모두 잃을 수도 있다고 생각해 날려도 괜찮겠다고 생각한 금액인 40만 원을 투자했는데 무려 8,000만 원을 벌었거든요. 제가 선택한 가상화폐가 200배 상승한 것이냐고요? 아닙니다. 제가 가상화폐를 시작했을 때는 비트코인이 2,000만 원으로 최고가를 달성한 뒤 300만 원까지 하락하는 대폭락장이었습니다.

200배의 수익을 낼 수 있었던 것은 가상화폐 덕분이 아니라 리스크 없이 수익을 낼 수 있는 방법을 찾았기 때문입니다. 업비트에서는 원화마켓과 BTC마켓에서 가상화폐를 거래할 수 있었습니다. 원화마켓은 원화로 가상화폐를 사고파는 곳이고 BTC마켓은 비트코인으로 가상화폐를 사고팔 수 있습니다. 예를 들어 A 가상화폐가 원화마켓에서 100만 원에 거래가 된다면 A 가상화폐는 BTC마켓에서 0.1비트코인(비트코인이 1,000만 원일 때)에 거래가 돼야 정상입니다. 그러나 BTC마켓에서 더 비싸게 거래가 될 때가 많았습니다. 이를 깨달은 저는 원화마켓에서 매수한 가상화폐를 BTC마켓에서 매도하고, 매도해서 얻은 비트코인을 원화로 즉시 매도해서 현금화했습니다. 이처럼 차익거래를 반복해 수익을 내고 일정 금액 이상이 되면 출금하기를 반복했습니다. 황금알을 낳는 거위를 발견한 기분이었습니다. 대학교 2학년의 나이에 하루에 300~400만 원씩 손쉽게 돈을 벌었죠. 이대로라면 금방 부자가 될 수 있겠다고 생각해 학교도 휴학하고 다른 일은 제쳐두고 가상화폐에만 집중했습니다. 2018년, 저는 22살에 1억이 넘는 돈을 모았습니다. 어린 나이에 큰돈을 모으면서 나는 투자를 정말 잘한다고 착각했습니다.

그리고 바로 그해 저는 깡통을 찼습니다. 지금도 당시의 기억이 생생합니다. 2018년 입대를 앞두고 가상화폐로 번 돈을 전부 삼성바이오로직스에 투자했습니다. 당시 바이오 열풍이 뜨거웠고 삼성이 미래먹거리로 바이오를 강조했던 때였습니다. 삼성전자의 영광을 삼성바이오로직스가 이어받을 것이라는 생각에 장기투자하면 큰 수익으로 돌아오리라 믿고 삼성바이오로직스 주식을 매수했던 것이죠. 그러나 입대 직전, 보유 중이던 삼성바이오로직스에서 분식회계라는 큰 악재가 터졌습니다. 분식회계란, 기업이 재무상태를 왜곡하여 실제보다 더 좋게 보이도록 재무제표를 조작하는 비윤리적이고 불법적인 회계 행위를 말합니다. 주식시장에서 분식회계는 아주 큰 악재로 여겨집니다. 분식회계 문제로 삼성바이오로직스의 주가가 크게 하락했지만, 이것이 앞으로의 기업의 성장성에 영향을 주는 것은 아니므로 저는 하락이 오히려 기회라고 생각했습니다. 그래서 저는 주식담보대출까지 받아 주식을 추가매수한 뒤 군에 입대했습니다. 훈련소 생활이 끝날 때쯤이면 악재가 해소되고 주가가 다시 원상 복구되어 큰돈을 벌 수 있을 것이라는 기대와 함께 군 생활을 시작한 것이죠. 훈련소에 들어가면 주가를 확인할 수 없기에 친구들에게 편지를 보낼 때 삼성바이오로직스 주가를 적어서 보내 달라고 부탁했습니다. 기다리던 편지가 도착할 때마다 가장 먼저 주가를 확인했습니다. 그런데 편지가 올 때마다 주가는 폭락해있었고 결국 삼성바이오로직스의 주가는 반 토막이 났습니다. 믿을 수가 없었습니다. 편지에 적힌 삼성바이오로직스의 가격은 28만 원이었습니다. 입대 전 50만 원대를 유지하던 삼성바이오의 주가가 28만 원까지 떨어졌다니 처음에는 앞자리 숫자를 잘못 적은 것이 아닌가 하는 생각까지 들었습니다. 심지어 훈련소에 있는 사이 금융위원회에서 삼성바이오로직스가 고의적 분식회계를 했다고 판단하여 주식 거래까지 정지됐습니다. 더 기다리면 주가가 오를 것 같았지만 도저히 버틸 수가 없었습니다. 내 돈으로만 투자했다면 주가가 많이 하락해도 오를 때까지 기다리면 되지만 이미 주식담보대출까지 받아 투자한 상황이라 어찌할 방법이 없었습니다. 주가가 하락해 주식계좌의 담보비율이 일정 기준보다 낮아지면 증권사에서는 고객에게 빌려준 돈을 돌려받지 못할 것을 대비해 주식을 강제로 매도하기 때문입니다. 대출까지 받아서 무리하게 투자를 했기 때문에 어쩔 수 없이 모든 주식을 낮은 가격에 매도할 수밖에 없었고, 이때까지 모아온 투자금을 모두 날려 깡통을 차게 됐습니다.

지금까지 벌어온 돈을 불과 한 달 반 사이에 날리고 군 생활까지 하려

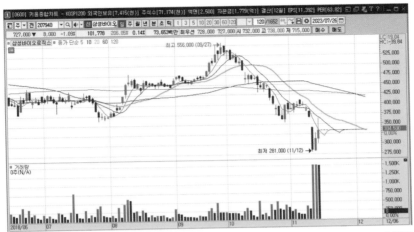

[그림 2] 삼성바이오로직스 주가 차트

니 머리가 뜨거워지는 기분이었습니다. 삼성바이오로직스 투자로 크게
실패한 이후 저는 단번에 큰 수익을 추구하기보다 적은 수익이라도 꾸준
히 수익을 쌓아나가는 방법에 대하여 고민하였습니다. 투자 경험을 바탕
으로 다음 두 가지의 투자 원칙을 정했습니다.

첫 번째 원칙은 투자금을 계속 늘려나가지 않고 수익금을 꾸준히 인출
하는 것입니다. 장기간 주식투자를 하다 보면 언젠가 예상치 못한 상황
을 만날 수 있습니다. 큰 손실을 보거나 심하면 깡통을 차는 일이 발생할
수도 있습니다. 따라서 수익이 난다고 투자금을 계속 늘려나가는 것이
아니라 나의 그릇에 맞는 예수금으로만 투자하는 것이 중요합니다. 힘들
게 쌓아온 수익금을 한번에 날리는 상황을 방지하기 위해서입니다. 이렇
게 하면 투자에 실패하더라도 손실금액이 제한되고, 인출해두었던 수익
금은 내 자산으로 고스란히 남아있기 때문입니다. 뒤돌아보면 가상화폐
투자에서 성공할 수 있었던 가장 큰 이유는 출금이라고 생각합니다. 가

상화폐에 투자하는 돈은 당장 없어져도 이상하지 않다고 생각해 1,000만 원이 넘어가는 잔고는 매일 인출했습니다. 만약 꼬박꼬박 출금을 하지 않았더라면 가상화폐 투자에서도 나의 투자 그릇을 넘는 과분한 투자금으로 인해 깡통을 찼을 것입니다.

두 번째 원칙은 최대한 외부 변수에 노출되지 않도록 리스크를 줄이는 것입니다. 주식시장에는 매일 수많은 호재와 악재가 발생합니다. 주가를 상승시킬 수 있는 호재는 주로 기대감에 의해 발생합니다. 특정 기업 및 산업에 대해서 잘 알고 있다면 호재를 예상할 수 있는 경우가 많습니다. 하지만 주가를 크게 하락시킬 수 있는 악재는 9.11테러 또는 코로나 19 팬데믹과 같이 예상할 수 없는 경우가 많습니다. 이렇게 예상치 못한 악재로 인해 손실을 보는 상황을 최소화하기 위해 주식을 최대한 짧게 보유하는 것입니다. 외부 변수에 대한 노출을 최소화하는 경우 운보다는 실력에 따른 투자성과를 얻을 수 있을 것입니다.

저는 이 두 가지 원칙을 지키며 투자한다면 장기투자보다 단기매매가 더 적합하고 안전한 투자 방법이라고 판단했습니다. 단기매매를 하는 경우 투자금을 지속적으로 출금하고, 매매할 때를 제외하곤 계좌에 종목을 보유하고 있지 않는다면 대외적인 리스크를 최소화하고 안정적으로 투자를 지속할 수 있기 때문입니다. 지금도 이러한 투자원칙을 바탕으로 단기매매에 집중하며 장기투자도 병행하고 있습니다.

한 가지 매매법에만 집중한다면 한 개의 계좌만 사용하면 됩니다. 하지만 다양한 전략으로 투자할 계획이라면 투자전략에 따라 계좌를 분리하는 것이 좋습니다. 단기매매와 장기투자는 종목선정 기준이 완전히 다릅니다. 시장에서 주목받고 있는 종목이 당장 단타로 매매하기에는 적합한 기준을 갖췄을지라도 단기간 급등한 상태라 장기적인 관점에서 본다면 현재 주가에 거품이 끼었을 가능성이 큽니다. 장기투자와 단기매매 계좌를 분리하지 않고 단기매매를 목적으로 매수했다가 주가가 하락하여 매도하지 못해 어쩔 수 없이 장기보유하게 되면 계좌의 손실이 더 커지기도 합니다. 투자전략에 따라 계좌를 분리한다면 이러한 실수를 예방할 수 있고 투자성과를 분석하기에도 편리합니다.

삼성바이오로직스 투자로 1억 원이 넘는 큰돈을 잃고 깡통을 차게 되었지만, 당시의 실패는 지금의 투자 원칙의 기반이 되었습니다. 이 책을 읽는 분 중에도 주식투자로 인해 큰 손실을 경험하고 좌절감을 느낀 분들이 있을 것입니다. 저 또한 그런 과정을 겪었고, 그 과정에서 얻은 시행착오들이 자칫 자만하거나 욕심이 생길 때 스스로를 제어하는 데 큰 도움이 되었습니다. 이 책을 통해 올바른 투자 원리를 깨닫고 차근차근 투자 경험을 쌓아가다 보면 어느새 자신의 계좌와 마음 모두 채워지게 되리라 생각합니다.

나에게 맞는 투자는 무엇일까?

주식투자 전략은 크게 두 가지로 나눌 수 있습니다. 첫 번째 방법은 당장 주가가 상승할 수 있는 기업에 투자하는 단기매매입니다. 단기매매를 할 때는 기업의 가치에 대한 분석은 고려하지 않습니다. 차트와 뉴스, 외국인과 기관의 매수세를 파악하는 등 기술적 분석에 집중합니다. 투자자들이 어떤 종목에 관심을 많이 가지고 있으며 많은 사람이 매수하고 싶어 하는 종목이 무엇인지 파악하는 것이 핵심입니다. 두 번째 방법은 저평가된 종목이나 성장 가능성이 높은 종목을 발굴하여 장기투자하는 방법입니다. 장기투자는 단기매매와 반대로 기본적 분석에 집중하며 기술적 분석은 참고만 합니다.

기술적 분석
과거 주가 차트나 거래량 같은 자료를 이용하여 미래의 주가를 예측하는 방법

기본적 분석
기업의 내재가치를 분석하여 미래의 주가를 예측하는 방법

많은 사람이 단기투자는 '위험하다', '도박이다'라고 생각하며 기업의 가치를 보고 투자하는 장기투자가 결국에는 큰 수익을 주는 주식투자 방법이라고들 생각합니다. 하지만 제 생각은 다릅니다. 장기투자뿐만 아니라 단기매매로도 지속적으로 수익을 쌓아갈 수 있습니다.

[주가가 상승하는 과정]

주가가 상승하는 과정을 간단히 나타내면 위의 그림과 같습니다. 장기투자는 첫 번째 과정인 재료 분석을 통해 실적이 성장하는 종목, 가치에 비해 저평가된 종목 등을 찾아서 매수한 뒤 다른 투자자들의 매수세가 유입돼 주가가 상승할 때까지 기다립니다. 단기매매는 첫 번째 과정을 거치지 않고 바로 두 번째 과정에서 시작합니다. 즉, 매수세가 유입되어 상승하기 시작한 종목 중 추가적인 매수세가 들어올 수 있는 종목을 찾아 공략합니다. 단기매매와 장기투자는 각각 장단점이 있을 뿐 어떤 것이 더 월등하다거나 절대적으로 유리한 것은 아닙니다. 어떤 방법이 자신의 성향에 맞는 투자 방법인지가 중요하며 이를 파악한 뒤 매매를 시작해야 합니다.

단기매매는 보유 기간에 따라 세 가지 전략으로 나눌 수 있습니다.

스캘핑
주식 보유시간을 3분 이내로 짧게 잡아 하루에 수십 번 또는 수백 번씩 주식 거래를 하며 조금씩 수익을 쌓아가는 기법

데이트레이딩
당일 상승할 수 있는 종목을 주로 오전에 매수하고 당일 매도하여 수익을 실현하는 기법

스윙 매매
하루 이상 일주일 이내의 기간 동안 보유하여 수익을 실현하는 기법

스캘핑과 데이트레이딩 기법은 주식의 보유 기간이 짧기에 특히 빠른 판단이 필요합니다. 주식시장이 열리는 시간 동안 주식 거래에 집중할 수 있는 사람 또는 전업투자자에게 적합한 기법입니다. 스윙 매매는 스캘핑과 데이트레이딩과 비교하면 주식의 보유 기간이 길며 주로 정규시간이 시작하는 시간과 끝나는 시간에 거래하므로 직장인도 활용 가능한 기법입니다.

스캘핑과 데이트레이딩 기법은 주식을 짧게 보유하므로 외부 변수에 대한 노출이 최소화되는 기법입니다. 다만, 하루를 초과하여 주식을 보유하는 오버나잇Overnight을 한다면 미국 증시의 영향을 받을 수 있습니다. 미국 증시가 상승하면 다음날 국내 증시가 상승할 확률이 높고, 반대로 미국 증시가 하락하면 국내 증시도 하락하며 시작할 확률이 높습니다. 보유 기간이 길어질수록 미국 증시뿐만 아니라 예상하지 못한 뉴스의 영향에 노출될 수 있습니다.

지금까지 장기투자와 단기투자의 차이점에 대해서 알아보고, 단기매매 시 알아야 할 내용을 간단히 설명했습니다. 주식 거래가 활발한 9~11

정규시간		09:00 ~ 15:30
동시호가	장 시작 동시호가	08:30 ~ 09:00
	장 마감 동시호가	15:20 ~ 15:30
시간외 종가	장 전 시간외 종가	08:30 ~ 08:40(전일 종가로 거래)
	장 후 시간외 종가	15:40 ~ 16:00(당일 종가로 거래)
시간외 단일가		16:00 ~ 18:00(10분 단위로 체결, 당일 종가대비 ±10% 가격으로 거래

[표 1] 국내 증시 거래시간

동시호가란 매수, 매도 주문을 모아서 동시에 처리하는 것을 의미한다. 장 시작 전 또는 장 마감 직전 시간대와 같이 주문이 몰리는 시간대의 주문체결은 동시호가로 이루어진다. 동시호가는 매매가 이루어지지 않을 때 접수된 대량의 주문을 공정하게 처리하기 위해 마련된 것으로서, 이 시간대에 접수되는 주문은 동시에 낸 것으로 간주하고 다수의 주문에 대해 단일가격을 적용해 거래가 이루어진다. 예를 들어, 동시호가 시간대에 들어온 매수 주문은 아무리 높은 가격에 주문을 내더라도 동시호가로 결정된 가격에 거래가 체결된다. 만약 장 시작 전 동시호가 시간대인 8시 50분에 A 주식을 10,000원에 매수 주문을 냈더라도 동시호가로 접수된 주문이 모두 처리되는 장 시작 시각인 9시 시가가 9,300원이면 9,300원에 매수 주문이 체결되는 식이다. 만약 A 주식의 시가가 10,200원이라면 매수 주문은 체결되지 않는다. 매도할 때에도 마찬가지다.

주식시장에서 들어온 주문은 가격 우선의 원칙이 최우선으로 적용된다(가격우선의 원칙). 가격이 같은 경우에는 주문을 먼저 넣은 순서대로 체결된다(시간우선의 원칙). 그렇기 때문에 동시호가 시간대에 무조건 거래를 체결시키고 싶다면 시장가 주문을 활용해야 한다. 시장가 주문은 매수할 때 상한가 가격에 매수 주문을 내는 것이고 매도할 때는 하한가 가격에 매도 주문을 내는 것이기 때문에 반드시 주문을 체결시키고 싶을 때 활용하는 주문 방법이다.

동시호가는 정시가 아닌 0~30초 사이에 체결이 된다(장 시작 동시호가의 경우 9시 0분 0초에서 30초까지 무작위로 체결).

정규장의 상한가, 하한가 가격제한폭은 전일 종가 대비 ±30%이며 시간외 단일가의 가격제한폭은 당일 종가 대비 ±10%이다. 그러나 시간외 단일가에서는 정규장의 가격제한폭을 초과할 수 없다. 예를 들어, A 주식이 정규장에서 상한가를 기록한 경우 시간외 단일가에서 추가로 상승할 수 없다.

시에 집중해서 투자할 수 있는 상황이라면 세 가지 단기매매 기법(스캘핑, 데이트레이딩, 스윙 매매)을 모두 활용할 수 있습니다. 하지만 학업 또는 직장생활로 인해 오전 시간 주식투자에 집중할 수 없는 상황이라면 스캘핑과 데이트레이딩 기법보단 스윙 매매 이상의 보유 기간을 목적으로 투자하는 기법이 적절할 것입니다.

당장 수익을 얻기 위해 학업 또는 직장생활을 포기하고 주식투자에 집중하는 것은 절대 추천하지 않습니다. 아무리 좋은 투자 기법을 가지고 있더라도 심리 상태가 무너진다면 실패할 수밖에 없습니다. 직장을 그만두고 전업투자를 한다면 최소한 월급 정도의 수익을 내야 한다는 압박감이 있을 것입니다. 아무리 투자를 잘하는 사람이라도 잘못된 판단으로 큰 손실을 보는 상황도 있을 것이고, 시장 상황이 따라주지 않을 때도 있습니다. 직장을 그만두었는데 한동안 수익을 내지 못하는 위기가 찾아온다면 심리적 압박감으로 인해 위기를 극복하지 못할 확률이 매우 높습니다. 제가 전업투자자로 정착할 수 있었던 큰 이유 중 하나는 시행착오를 겪었던 시기에 대학생이라서 당장 생활비를 벌어야 한다는 큰 압박이 없었고, 돈을 벌지 못하면 남들보다 뒤처진다는 압박도 없었기 때문이라고 생각합니다. 전업투자자를 희망한다면 주식으로 돈을 벌지 못하더라도 한동안 생활에 전혀 문제가 없는 상황에서 시작하는 것을 추천하고 싶습니다. 또는 오후시간이나 주말을 활용해 고정적인 수입을 만든다면 주식투자로 수익을 내야 한다는 압박감에서 다소 벗어날 수 있을 것입니다. 또한, 수익 또는 손실로 인한 감정 변화가 심하거나 손절매를 잘하지 못하거나 종목에 대한 집착이 심한 성격이라면 주식투자, 특히 단기매매를 하기에는 적합하지 않습니다. 매수했지만 잘못 샀다는 판단이 들 때 지체하지 않고 즉시 손절매할 수 있다면 주식투자로 성공할 가능성이 아주 높은 사람이라고 생각합니다.

단기투자가
좋은 이유

리스크가 적다

　흔히들 '단기매매'라고 하면 변동성이 크고 위험하다고 생각합니다. 주식투자에 관한 많은 격언이 있지만 대부분 단기투자에 대해서는 부정적입니다. 그래서 단타는 깡통의 지름길이라고 여기며 될 수 있으면 피하라고 이야기하는 사람들이 많습니다. 그러나 제대로 된 방법으로만 한다면 한국 주식시장에서의 단기투자는 안전한 투자법 중 하나입니다.

　주식은 원금손실의 위험이 있는 투자 상품입니다. 애초에 주식투자를 한다는 건 리스크를 감수한다는 의미입니다. 우량한 주식에 장기투자를 한다고 해서 리스크가 사라지는 것이 아닙니다. 주식을 들고 있는 것 자체가 리스크를 지닌 것이기 때문입니다. 반면에 단기투자를 하는 경우 보유한 주식이 없는 상태가 디폴트이기 때문에 역설적으로 리스크를 최소화한 상태가 됩니다.

　여러분이 특정 종목을 보유하고 있다고 가정하겠습니다. 기업의 재무제표도 확인하고, IR 자료도 읽어보고, 앞으로 유망한 기업이라고 생각해 선별하여 투자했을 것입니다. 그러나 여러분이 아무리 열심히 기업을 분석하고 관련 뉴스를 찾아본다고 해도 기업의 사정을 속속들이 알기는 어렵습니다. 그 기업의 대표나 관계자가 아닌 이상 악재를 미리 알고 대응하는 것은 불가능합니다. 그리고 악재는 늘 예상하지 못하는 순간에 갑작스럽게 생깁니다.

주식을 보유하고 있다는 의미는 예측할 수 없는 악재에 대한 리스크도 함께 지니고 있다는 뜻입니다. 그러나 단기투자를 하면 보유 종목이 없는 상태가 기본값입니다. 즉, 평상시 계좌에는 현금만 있고, 당장 상승할 수 있는 종목만 잠시 보유하죠. 기본적으로 주식을 보유하지 않은 상태이기 때문에 리스크를 지니고 있지 않을뿐더러 가장 인기 있는 주식을 언제든지 사고팔 수 있는 최적의 상태를 유지할 수 있습니다. 단타로 낸 수익은 그날그날 출금하면 되므로 본인의 그릇에 맞춰 자금 관리를 하기도 쉽습니다. 기준에 맞는 매매할 만한 종목이 보이지 않는다면 그날은 매매를 안 하면 됩니다. 단기투자가 위험하다고 이야기하는 것은 단기투자에 대해서 잘 모르기 때문입니다. 단기투자의 원리를 깨닫고 원칙을 지키며 투자한다면 '단기투자는 위험하다'는 착각에서 벗어날 수 있습니다.

소액으로 당장 시작할 수 있다

　단기투자는 투자금이 적어도 쉽게 시작할 수 있고, 누구에게나 접근성이 좋은 투자 방법입니다. 주식투자를 통해 유의미한 수익을 내기 위해선 종잣돈이 커야 한다고 생각하지만, 사실은 그렇지 않습니다. 오히려 일정 투자금이 넘어가면 단기매매를 하기 어려워지고 수익이 날 상황에도 손실을 보기도 합니다. 단기투자는 100만 원만 있어도, 그보다 금액이 더 적더라도 당장 시작할 수 있는 투자 방법입니다.

　주식시장에서의 매매는 주식을 사려는 사람과 팔려는 사람이 내놓는 가격이 균형을 이루는 지점에서 이루어집니다. 투자금이 커질수록 매매하는 주식 수가 늘어나므로 원하는 가격에 즉시 주문을 체결시키기 어려워집니다. 단기매매는 최대 투자금에 한계가 있다는 단점을 가지고 있습니다. 특히 스캘핑 기법은 큰 변동성을 가진 종목을 빠른 시간 내에 매수하고 다시 매도해야 하는데 매매금액이 커질수록 원하는 가격에 즉시 매수·매도를 하기 어려워집니다.

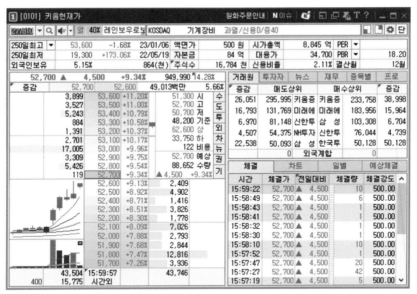

[그림 3] 레인보우로보틱스 호가창

　[그림 3]은 호가창의 예시입니다. 해당 종목을 시장가로 매수한다면
52,700원에 119주(약 627만 원)까지 매수가 가능합니다. 더 많은 수량의 매
수 주문은 52,800원 이상의 가격으로 매수될 것입니다. 주문 수량이 커
질수록 시장가로 즉시 매수하고 싶다면 더 비싼 가격에 매수할 수밖에
없습니다. 매도를 진행할 때에도 52,600원에 2,409주(약 1억 2,671만 원)까

지 매도가 가능하고 주문 수량이 더 커진다면 52,500원 이하의 가격이어야 즉시 매도가 가능합니다. 예시와 같이 몇천만 원 이상의 큰 투자금으로 즉시 매매를 진행하고 싶다면 매수할 때는 비싸게, 매도할 때는 싸게 거래해야 합니다. 따라서 투자금이 커질수록 수익률이 떨어질 수밖에 없습니다. 상대적으로 적은 금액으로 매매했을 때 수익을 낼 수 있는 상황일지라도 매매 수량이 호가창에 쌓여있는 물량보다 더 커지면 손실을 볼 수도 있습니다.

시장가주문이 아닌 지정가주문으로 매매를 진행할 때에도 매매금액이 커질수록 불리해집니다. [그림 3]의 호가 상황에서 지정가주문으로 52,700원에 매도를 희망하는 상황을 가정하겠습니다. 만약 매도를 희망하는 수량이 50주라면 52,700원에 매도 주문을 내더라도 매도 잔량은 169주이므로 52,700원에 매수를 희망하는 투자자가 있다면 주문을 체결시키기 어렵지 않을 것입니다. 하지만 50주가 아닌 5,000주를 52,700원에 매도 주문한다면 어떨까요? 매도세가 강한 것으로 보여져 52,700원에 선뜻 매수해주는 매수자는 잘 없을 것입니다. 5,000주의 매도 잔량을 확인한 투자자들이 하위 호가(52,600원)에 매도해버린다면 여러분이 매도 주문한 52,700원에는 체결되지 않고 주가가 하락할 수 있습니다.

이처럼 단기매매를 진행한다면 투자금액이 커질수록 수익률을 높이기 힘들어집니다. 따라서 수익금이 쌓인다면 모두 재투자할 것이 아니라 지속적으로 출금해서 투자금액이 무한정 늘어나지 않게 관리해야 합니다. 단기투자는 한 번에 매매할 수 있는 투자금액에 한계가 있어 일정 투자금액을 초과하면 복리수익을 추구할 수 없기 때문입니다. 또한, 본인의 그릇에 비해 투자금액이 많다면 수익금과 손실금이 커질수록 심리가 흔들려 합리적인 판단을 하지 못할 가능성도 커집니다. 소액으로 단기투자를 시작한 뒤 일정 기간이 지나 결과를 분석해 봤을 때 단기매매가 정말 맞지 않는다고 생각되고 가능성이 보이지 않는다면 조금의 손실을 보더라도 나오세요. 본인의 성향에 맞지 않는다면 단기매매를 하지 않는 것도 현명한 선택입니다.

단기투자는 100만 원으로 시작해도 충분합니다. 아무리 소액으로 투자를 시작하더라도 올바른 방법으로 투자한다면 수익은 금방 쌓여갈 것입니다. 당장 100만 원이 없다고 해도 한두 달 정도 아르바이트를 하면 모을 수 있는 금액일뿐더러 100만 원보다 더 적은 금액으로 단기투자를 시작해도 무방합니다.

하락장에도 돈을 벌 수 있다

　상승장에는 어떤 투자법을 선택하든 대부분 수익을 낼 수 있습니다. 그러나 하락장이라면 장기투자를 하는 상황에서는 어쩔 수 없이 손실을 감수하거나 지수가 반등할 때까지 버티는 방법 외에는 달리할 수 있는 게 없습니다. 그러나 단기투자를 하는 경우 수익을 낼 수 있는 종목이 보이지 않는다면 매매를 하지 않으면 됩니다. 하락장에는 수익을 낼 기회가 상승장에 비해 적지만, 지수 하락으로 인한 손실을 감수하거나 힘겹게 버티지 않아도 됩니다.

　단기투자는 하락장에도 돈을 벌 수 있는 투자법입니다. 하락장에도 상승하는 종목이 있고 상한가를 가는 종목도 나옵니다. 2022년도 금리 인상기에 코스피는 24.89% 하락했고 코스닥은 34.30% 하락했습니다. 그러나 금리 인상 테마주로 엮인 제주은행은 최고가 기준 같은 해 148.78% 상승했습니다. 러시아-우크라이나 전쟁으로 주가가 폭락하는 상황에서도 전쟁으로 인해 폭등한 사료 테마 주식 중 한일사료는 무려 717.01% 상승했습니다. 이렇게 주식시장이 하락하는 상황일지라도 시장에는 늘

인기 있는 주식이 존재합니다. 그날 사람들이 사고 싶은 주식에 집중하
는 것이 바로 단기투자의 핵심입니다. 지수가 하락해도 오르는 주식이
있기 마련이므로 단기투자는 하락장에도 돈을 벌 수 있는 것입니다.

[그림 4] 제주은행 주가 차트

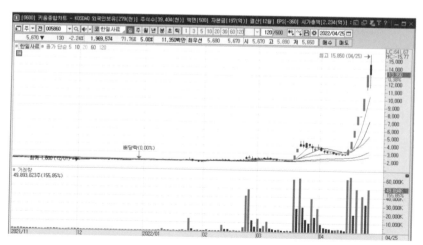

[그림 5] 한일사료 주가 차트

PART 1 나는 어떤 투자를 해야 하는가?

단기매매에 집중하면 하락장일지라도 수익을 낼 수 있습니다. 2023년 코스닥 시장을 한 단어로 요약하면 '2차전지'라고 해도 과언이 아닙니다. 에코프로 그룹주를 필두로 2차전지 관련 주식의 주가가 가파르게 오르며 코스닥지수를 견인했습니다. 그러나 2023년 9월과 10월에는 지속적으로 올라온 2차전지 관련주 차익실현 매물이 나오면서 코스닥지수가 928.40포인트에서 736.10포인트로 20.71% 하락했습니다.

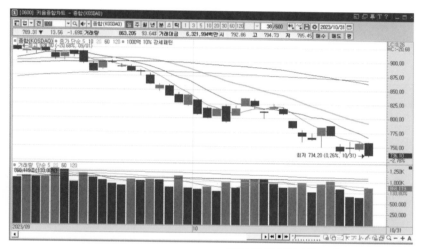

[그림 6] 2023년 9월, 10월 코스닥지수 일봉

[그림 7] 2023년 9월, 10월 키움증권 수익

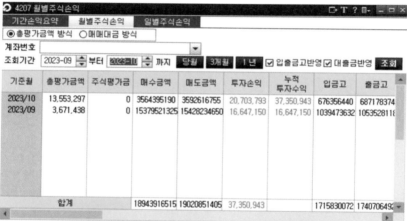

- 본 화면은 체결기준으로 조회되며, 국내 상장 주식(K-OTC 포함)만을 대상으로 산정됩니다.
- 본 화면의 수치는 추정치이며, 실제 자산 및 손익과 차이가 발생할 수 있으므로, 참고 자료로 사용하시기 바랍니다.
- 자세한 화면설명을 보시려면 여기 를 클릭하여 주시기 바랍니다.
조회 완료되었습니다.

[그림 8] 2023년 9월, 10월 삼성증권 수익

지수가 무려 20% 넘게 하락했지만 같은 기간 단기매매 용도로 사용하는 저의 계좌 2개에서는 수익이 났습니다(그림 7, 8). 같은 기간 장기투자를 유지했다면 지수가 하락하는대로 손실을 보거나 수익 금액이 많이 줄어들었을 것입니다. 그러나 단기매매를 하는 경우 시장이 급락하는 상황속에서도 시장을 주도하는 테마의 대장주의 흐름에 잘 올라타기만 한다면 손실을 메꾸고 수익을 내는 것도 가능합니다.

단기간에 성과 측정이 가능하다

장기투자는 투자 결과를 알 수 있을 때까지 시간이 오래 걸립니다. 투자의 반복횟수가 적어 운이 따른다면 초보자가 수익을 낼 수도 있습니다. 그러나 단기매매는 짧은 시간 내에 결과가 나오므로 운에 기대기 어렵습니다. 전략과 경험 없이 투자한다면 손실이 날 수밖에 없습니다. 거래할 때마다 거래세(2023년 기준 0.2%)를 부담하게 되는데 하루에 5번만 매매를 진행해도 매일 원금의 1%를 거래세로 내게 됩니다. 성공확률이 높

	증권거래세율(농어촌특별세 포함)
2019년 6월~2021년	0.25%
2022년	0.23%
2023년	0.2%
2024년	0.18%
2025년~	0.15%

[표 2] 증권거래세율

은 단기매매 기법을 가지고 있지 않다면 거래세로 인해 매매를 반복할수록 손실이 커질 수밖에 없는 구조입니다.

100% 성공하는 단기매매 기법은 존재하지 않습니다. 실패할 확률이 없는 단기매매 기법이 있다면 금방 세계 최고의 부자가 될 수 있을 것입니다. 그러나 손실을 볼 때도 있지만 평균 수익률이 거래세(0.2%) 이상인 단기매매 기법을 가지고 있다면 단기매매를 반복할 때 수익금은 점점 쌓이게 될 것입니다. 추가로 더 많은 조건이 충족되어 성공 확률이 높은 종목이 나올 때 높은 비중으로 매수하여 수익금을 극대화할 수도 있습니다.

하루에 평균 5번 단기매매를 반복한다면 20거래일(1개월) 동안 100번의 매매를 진행하게 됩니다. 따라서 단기매매를 반복하다 보면 현재의 매매법이 꾸준히 수익을 낼 수 있는지에 대해 빠른 시간 내에 판단이 가능합니다. 매매 내역을 복기해보며 개선할 점들을 빠르게 찾아 보완할 수도 있습니다.

의외로 단기매매가 아닌 장기투자에서 큰 손실을 경험할 확률이 높습니다. 장기투자는 단기매매와 비교하면 투자 결과를 분석할 수 있을 때까지 오랜 시간이 걸립니다. 또한, 본인의 투자 실력을 객관화하기 쉽지 않습니다. 3년의 장기투자 경력을 가지고 있다고 하더라도 시장 상황이 좋아 수익을 낸 사람이 대부분일 것입니다. 투자 결과가 좋았을 때 수익을 챙기고 주식시장을 떠나면 다행입니다. 그러나 본인의 실력으로 투자에 성공했다고 착각하고 더 큰 수익을 얻으려고 추가 입금까지 하여 투자하는 사람이 대부분입니다. 철저한 리스크 관리 없이 투자한다면 언젠간 큰 손실을 보는 날이 올 것이고, 대부분의 사람은 이러한 과정을 통해 실패를 경험합니다.

투자금이 적을 때 일찍 실패를 경험한다면 복기를 통해 투자법을 개선하거나 바꿀 수 있습니다. 투자금이 적은 만큼 손실액도 적어 그만큼 회복하기도 어렵지 않습니다. 그러나 투자금이 많아졌을 때 실패를 해 손실을 크게 본다면 회복하기 힘든 타격을 입을 수 있습니다. 장기투자든 단기매매든 투자금을 늘릴 때는 철저한 리스크 관리가 필수입니다.

지속적인 출금을 통해
안정적으로 수익을 쌓아갈 수 있다

장기투자는 주로 시간의 흐름에 따른 수익의 복리효과를 노립니다. 따라서 배당금이나 수익금을 재투자하여 투자금을 지속적으로 불려 나가는 경우가 많습니다. 장기투자로 실패하지 않고 복리로 수익을 계속 쌓아갈 수만 있다면 이론적으로 엄청난 수익을 낼 수 있다고 알려져 있지만, 이는 현실적으로 쉽지 않습니다. 장기간 수익을 쌓아왔더라도 한 번의 잘못된 판단으로 이때까지의 노력이 물거품이 될 수도 있습니다. 또한, 계좌 안에서의 평가금만 늘어났다 줄어들었다 반복할 뿐 수익금을 출금해 사용하기가 쉽지 않습니다.

그러나 단기투자는 출금을 통해 안전하게 수익을 쌓아가기에도 적합한 투자 방법입니다. 필자의 경우 단타 계좌의 예수금을 일정한 금액으로 세팅해두고 그날그날 수익이 난 금액을 출금합니다. 예를 들어 계좌의 예수금을 5,000만 원으로 세팅해두고 1,000만 원 수익이 나서 계좌의 잔고가 6,000만 원으로 늘어났을 때 1,000만 원의 수익은 인출하고 처음과 같이 예수금 5,000만 원 상태를 유지하는 것입니다. 수익이 날 때는 수익금을 출금하지만, 5,000만 원으로 세팅해 둔 계좌에서 손실이 나는 경우에는 추가 입금을 하지 않습니다. 그대로 투자를 지속해 5,000만 원이 넘어서게 되면 그 이후의 수익을 다시 출금하는 식으로 계좌를 운용합니다. 이렇게 투자를 하면 손실의 위험은 5,000만 원으로 한정되고 수익이 나는 금액은 그대로 인출해 수익금은 완전한 내 돈으로 차곡차곡 쌓아가며 투자를 지속할 수 있습니다. 또한, 시장 상황이 좋거나 수익을 지속적으로 내는 상황에서는 최대 예수금으로 설정한 5,000만 원으로 계속 매매해 수익을 낼 수 있고 시장 상황이 지속적으로 좋지 못하거나 슬럼프에 빠져 손실을 보는 상황에서는 줄어든 투자금으로 매매하면서 다시 예수금을 5,000만 원으로 만들 때까지 손실을 최소화할 수 있습니다.

위의 적정 예수금은 예시일 뿐이며 본인의 그릇에 맞는 금액으로 설정하면 됩니다. 본인이 감당할 수 있는 금액만큼 예수금을 설정해두고 투자 실력이 충분히 키워져 꾸준히 수익이 날 때 예수금을 서서히 늘려나가야 합니다. 본인의 그릇에 맞는 예수금을 파악하여 설정하고, 수익은 지속적으로 출금한다면 안정적으로 수익을 쌓아가며 수익금을 완전한 내 돈으로 만들어 갈 수 있습니다.

03

장기투자에 대한
잘못된 환상

기다리면 오른다는 환상

우량한 주식을 싸게 사서 장기투자한다면 높은 수익률을 얻을 가능성이 높겠지요. 장기투자를 하는 경우 복리수익을 추구하는 것 또한 가능해 장기간에 걸쳐 주식투자에서 가장 큰 수익금을 얻을 수 있는 투자 방법이기도 합니다. 아래는 2023년 7월 기준 한국 주식시장 시가총액 상위

순위	종목코드	종목명	시장구분	종가	대비	등락률	시가총액
1	005930	삼성전자	KOSPI	71,700	▲ 1,900	+2.72	428,033,408,835,000
2	373220	LG에너지솔루션	KOSPI	540,000	▼ 40,000	-6.90	126,360,000,000,000
3	000660	SK하이닉스	KOSPI	124,000	▲ 11,000	+9.73	90,272,293,260,000
4	207940	삼성바이오로직스	KOSPI	791,000	▲ 64,000	+8.80	56,298,634,000,000
5	005490	POSCO홀딩스	KOSPI	594,000	▼ 36,000	-5.71	50,235,310,620,000
6	005935	삼성전자우	KOSPI	58,600	▲ 1,200	+2.09	48,221,160,620,000
7	051910	LG화학	KOSPI	658,000	▼ 70,000	-9.62	46,449,761,694,000
8	006400	삼성SDI	KOSPI	662,000	▼ 41,000	-5.83	45,522,118,860,000
9	005380	현대차	KOSPI	197,800	▼ 900	-0.45	41,840,931,886,800
10	003670	포스코퓨처엠	KOSPI	486,000	▼ 74,000	-13.21	37,647,124,920,000
11	247540	에코프로비엠	KOSDAQ GLOBAL	376,500	▼ 78,500	-17.25	36,822,206,016,000
12	035420	NAVER	KOSPI	211,500	▲ 13,800	+6.98	34,696,381,477,500
13	000270	기아	KOSPI	83,100	▲ 500	+0.61	33,409,873,269,300
14	086520	에코프로	KOSDAQ	985,000	▼243,000	-19.79	26,228,252,980,000
15	035720	카카오	KOSPI	50,600	▲ 2,800	+5.86	22,479,722,474,000

[그림 9] 2023년 7월 27일 국내 시장 시가총액 상위

PART 1 나는 어떤 투자를 해야 하는가?

15개 종목입니다. 대부분 종목의 주가가 장기간에 걸쳐 상승했으며 높은 수익률을 기록한 종목이 많습니다.

2023년의 국내 시가총액 상위 종목들을 살펴보면 반도체 기업인 삼성전자, SK하이닉스, 2차전지 관련주인 LG에너지솔루션, POSCO홀딩스, 삼성SDI, 에코프로비엠, 자동차 기업인 현대차, 기아, 플랫폼 기업인 NAVER, 카카오 등이 자리하고 있습니다. 많은 사람이 시가총액 상위 기업은 예전부터 대기업이었고, 오랫동안 주가가 꾸준히 올라왔을 것이라고 생각합니다. 따라서 망하지 않을 대기업에 투자해 기다리기만 하면 언젠간 주가가 상승할 것이므로 장기투자의 난이도가 높지 않다고 생각할 수 있습니다.

정말 그럴까요? 2000년 1월의 시가총액 상위 15개 종목을 확인해 보겠습니다. 2000년 1월과 2023년 7월 주가를 비교해 보면 2000년 당시 시가총액상위에 있는 종목들 중 현재까지 주가가 상승한 종목은 삼성전자,

순위	종목코드	종목명	시장구분	종가	대비	등락률	시가총액
1	030200	한국통신공사	KOSPI	169,000	▼ 10,000	-5.59	52,761,742,371,000
2	005930	삼성전자	KOSPI	305,500	▲ 39,500	+14.85	45,775,746,373,500
3	032390	한통프리텔	KOSDAQ	250,500	▲ 34,000	-11.95	32,953,692,333,000
4	017670	SK텔레콤	KOSPI	3,800,000	▼ 270,000	-6.63	31,675,945,000,000
5	015760	한국전력	KOSPI	36,000	▲ 800	+2.27	23,036,081,220,000
6	005490	포항제철	KOSPI	142,000	▲ 17,000	+13.60	13,700,248,750,000
7	015940	데 이 콤	KOSPI	498,000	▲ 87,000	-14.87	11,923,614,000,000
8	000660	현대전자	KOSPI	25,750	▲ 1,650	+6.85	8,985,072,542,000
9	030700	한통엠닷컴	KOSDAQ	50,600	▲ 5,400	+11.95	7,930,726,080,200
10	022875	평화은행우선	KOSDAQ	166,000	0	0.00	7,304,000,000,000
11	009150	삼성전기	KOSPI	81,000	▲ 5,500	+7.28	6,039,431,523,000
12	023130	국민은행	KOSPI	19,750	▲ 1,950	+10.96	5,917,364,906,750
13	002610	LG전자	KOSPI	51,500	▲ 4,500	+9.57	5,527,374,799,000
14	011650	LG정보	KOSPI	175,500	▼ 12,500	-6.65	5,422,950,000,000
15	033630	하나로통신	KOSDAQ	22,000	▲ 2,350	+11.96	5,280,000,000,000

[그림 10] 2000년 1월 4일 국내 시장 시가총액 상위

삼성전기, 국민은행, LG전자 밖에 없습니다.

시대가 바뀌면서 시장을 주도하는 산업이 변했기 때문입니다. 2000년대 초반에는 전자통신이 보급되기 시작한 시점이기 때문에 통신, 전기·전자 관련주가 시가총액 상위에 있었습니다. 망하지 않을 회사의 주가가 상승하는 것이 아닙니다. 현재 투자자들이 가지고 있는 기대감보다 더 높은 성과를 보여주는 기업만이 장기간에 걸쳐 우상향할 수 있습니다. 개별 종목 투자에 성공하려면 뛰어난 시장 및 기업분석 능력이 필요합니다. 또한, 지속적인 시장과 기업에 대한 모니터링을 통해 대응이 필요합니다.

장기투자의 경우 복리수익을 얻기 위해 수익금을 출금하지 않고 투자금을 지속적으로 늘려가는 경우가 많습니다. 투자금을 늘려간다면 한 번의 실패로도 장기간 쌓아온 수익금이 줄어들거나 사라질 수 있어 무엇보다 철저한 리스크 관리가 필요합니다. 개별 종목에 장기투자하는 방법은 복리수익을 활용할 수 있어 기대수익금이 가장 큰 투자 방법이지만 가장 난이도가 높은 주식투자 방법이기도 합니다.

주식시장은 기울어진 운동장

2022년 6월 15일 방탄소년단이 그룹 활동이 아닌 개인 활동에 주력하겠다는 발표를 하자 소속사인 하이브의 주가가 급락했습니다. 종가 기준, 전날보다 무려 25%가량 하락하여 마감했습니다.

[그림 11] 하이브 주가 차트

그런데 차트를 살펴보면 뭔가 이상한 점이 보입니다. 해당 소식이 발표되기 2거래일 전 하이브의 주가가 아무런 이슈가 없었는데도 10%가량 하락한 것입니다. 하이브와 같은 대형주가 아무런 이슈 없이 10%씩 하락하는 경우는 극히 드뭅니다. 그다음날에도 주가는 3% 하락했고, 발표 당일은 폭락을 했습니다.

약 1년 후, 하이브 주가와 관련한 기사가 나왔습니다. 방탄소년단의 그룹 활동 중단 소식을 미리 알고 있던 하이브 직원들이 소식이 발표되기 전에 먼저 주식을 팔았다는 내용이었습니다. 결국 내부 정보를 활용해 주식을 매매한 직원들은 검찰에 송치됐습니다.

이처럼 주식시장에서 아무리 열심히 기업을 분석하고 공부한다고 할지라도 기업의 내부 사정을 속속들이 알기는 어렵습니다. 기업의 대표나 관계자가 아닌 이상 이런 갑작스러운 이슈에 대응하는 방법은 그저 손실을 확정하거나 주가 하락을 버티면서 기다리는 방법밖에 없습니다. 하이

한국경제

'BTS 활동 중단' 내부 정보로
주가 급락 전 팔았다… 하이브 직원들 검찰 송치

방탄소년단(BTS) 소속사인 하이브 직원들이 내부자 정보를 활용해 주식을 매매한 혐의로 검찰에 넘겨졌다. 검찰은 이들에 대해 수사에 착수한 것으로 알려졌다.

31일 금융감독원 자본시장특별사법경찰(특사경)은 내부 정보를 활용해 주식을 매매한 하이브 직원 세 명에 대해 수사를 벌인 뒤 지난 26일 이들을 기소 의견으로 검찰에 송치했다고 밝혔다.

[그림 12] 하이브 직원 내부자 정보 활용 주식 매매 기사 〈한국경제, 2023.05.31〉

브 사태와 같이 개인투자자와 이해관계자 간의 정보의 편차가 존재합니다. 기업 내부자뿐만 아니라 외국인, 기관 등 정보가 빠른 투자자와 비교한다면 개인투자자는 상대적으로 이슈에 대해 빠르게 파악하기 어렵고 정보의 격차가 있을 수밖에 없습니다. 대규모 투자기관이나 전문가들은 일반 개인투자자보다 더 많은 정보와 자료에 접근할 수 있고 이로 인해 더 빠르게 정보를 파악하고 더 효과적으로 투자 결정을 내릴 수 있습니다. 하이브처럼 내부자 정보를 통해 거래하는 경우에도 개인투자자는 대응이 불가능합니다. 기업 내부의 고위 직원이나 관계자들은 종종 기업에 대한 비공개 정보를 가지고 있을 수 있고 이러한 내부자 정보를 이용해 주식 거래를 한다면 주식시장에서 불공평한 이익을 얻을 수 있습니다. 이는 개인투자자들의 투자금을 빼앗아가는 것이나 마찬가지고 주식시장의 신뢰성을 떨어뜨리는 리스크로 작용하기도 합니다.

대주주와 소액주주의 동상이몽

장기투자를 할 때 대주주가 지분을 많이 가지고 있으니 어떻게든 주가를 부양하겠지라는 생각을 할 수도 있습니다. 대주주는 기업의 실질 소유주이니만큼 주가가 오르면 자산이 늘어나니까 좋아할 것이라고 흔히 생각하는데요. 실제로는 대주주가 지분을 매각할 계획이 없다면 주가를 크게 신경 쓰지 않는 경우가 많습니다. 상속, 증여를 준비하는 대주주라면 오히려 주가를 최대한 하락시켜 상속세를 적게 내는 데에 관심이 있을 것입니다. 우리나라의 경우 상속세가 높으므로 대주주 입장에서 제삼자에게 지분을 매각할 것이 아니라면 주가를 최대한 낮춰 상속세를 줄이는 것이 이익이기 때문입니다.

주식 가치를 높이기 위해서 해야 할 일은 많지만, 주가를 낮추는 것은 상대적으로 쉽습니다. 회사가 번 돈을 그저 쌓아두고, 주주들에게 배당하지 않고, 재투자하지 않고, 기업 홍보도 하지 않는 등 주가 관리를 소홀히 하면 할수록 주가는 하락하며 대주주가 부담해야 하는 상속세는 줄어듭니다. 대주주 입장에서 이보다 더 좋을 수 없습니다. 대주주는 그저 경영권을 유지할 지분만 보유하면 되기 때문입니다. 팔지도 않을 지분 가치에 신경 쓰기보단 회사 규모를 키우며 보수를 많이 받아가는 것이 이들의 목적일 수 있습니다. 따라서 꼭 필요한 경우가 아니더라도 주주가치를 훼손시킬 수 있는 유상증자 또는 물적분할을 진행할 수 있습니다. 자녀에게 증여 또는 상속을 준비하고 있는 경우라면 절세를 위하여 증여세 또는 상속세를 계산하는 기준일이 지나기 전까지 기업의 주가가 하락하는 걸 원할 수도 있습니다. 기업 대주주의 이런 마인드는 주식시장에서 코리아 디스카운트 현상이 일어나는 원인 중 하나입니다.

유상증자
기업이 자금이 필요할 때 주식을 추가로 발행하여 자본금을 늘리는 것으로, 기업은 유상증자를 통해 자금 조달을 하고 주주들은 유상증자에 참여해 새로 발행되는 주식을 살 수 있다.

유상증자의 종류
·주주배정 방식: 기존 주주들에게 신주인수권을 배분하여 유상증자 참여 기회를 주는 것
·제3자배정 방식: 별도로 지정한 제3자가 유상증자에 참여하는 것
·신주인수권: 신주 발행 가격에 주식을 살 수 있는 권리

만약 여러분이 주식을 보유하고 있는 기업이 유상증자를 한다면 그만큼 주식 수가 늘어나기 때문에 지분 가치가 희석됩니다. 보유한 지분이 1%인데 기업이 유상증자해 주식 수가 두 배로 늘어난다면 보유한 지분은 0.5%로 줄어들기 때문입니다. 또한 유상증자를 발표하는 경우 시장에서는 이를 악재로 판단하고 주가가 하락하는 경우가 많습니다.

물적분할과 인적분할은 각각 기업의 자산과 인력을 나누는 것인데, 기업 구조 변경이나 사업 확장, 합병, 인수 등의 상황에서 합니다.

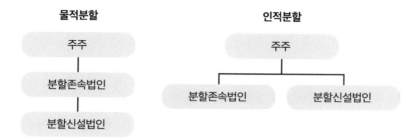

물적분할
물적분할은 분할 전부터 원래 존재하던 법인인 분할존속법인이 분할신설법인이 발행하는 주식을 100% 지분 전부를 소유하는 형태로 이루어진다.

인적분할
인적분할은 분할신설법인이 발행하는 주식을 분할존속회사 주주들이 소유한 주식 비율대로 동일하게 나누어 갖는 형태로 분할이 이루어진다.

    기업의 핵심 사업 부문을 물적분할하여 상장하는 경우 주요 사업부가 빠진 모회사의 가치 하락이 불가피합니다. 물적분할로 출범한 자회사가 상장하면 모회사 오너인 대주주는 주가가 하락하더라도 투자 유치, 사업 제휴 등으로 수혜를 누릴 수 있지만, 모회사 소액주주들은 피해를 보게 됩니다. 따라서 물적분할은 주식투자 시 대부분 악재로 여겨집니다.

알고 보면 가장 어려운 장기투자

유망 기업을 선별해 장기투자한다면 저평가된 상태에서 오랜 기간을 기다려 큰 수익을 얻을 가능성이 있습니다. 그런데 투자를 할 때는 잘 풀릴 때뿐만 아니라 최악의 경우도 염두에 둬야 합니다. 특정 기업에 집중하여 장기투자를 하는 방식은 잠재적으로 높은 수익을 가져올 수도 있지만, 동시에 상당한 위험성도 가지고 있습니다. 만약 믿고 투자한 기업에서 횡령이 발생하거나 공장에 화재가 나는 등의 사건이 생긴다면 대부분의 투자자는 예측하고 대비할 수가 없겠죠. 기업의 경영 상태, 재무 건전성, 경쟁력과 같은 요인을 공부하고 분석하는 것은 가능할지라도 대외적인 리스크를 막을 방법은 없습니다. 또한, 대외적인 리스크가 발생하지 않더라도 밖으로 드러나지 않는 기업의 내부 사정까지 알기도 어렵습니다. 장기적으로 성공적인 투자를 반복해 단계적으로 많은 부를 쌓았을지라도 투자한 기업이 대응할 수 없는 리스크를 만나게 된다면 그동안 쌓아온 투자금을 날리고 큰 손실을 얻을 리스크가 있습니다.

앞서 이야기한 내용을 종합해 보면, 성공적인 장기투자를 지속하기 위해서는 불가항력의 대외적인 리스크가 없는 환경, 기업의 자체 리스크가 없는 환경, 기업의 사업 내용을 대주주나 대표 수준으로 아는 정보력, 주가가 오를 기업을 선별하고 상승할 때까지 기다릴 수 있는 인내심 등 다양한 요소를 필요로 합니다. 오랜 기간 투자해야 하므로 고려해야 하는 내용이 많고 투자 과정에서도 장애물을 마주칠 가능성이 높습니다. 장기투자를 투자 후 묻어두면 된다는 식으로 쉽게 생각하는 사람이 많지만, 실제로는 단기투자와 비교하면 공부해야 하는 내용도 많고 리스크도 높으며 심리를 다스리기도 쉽지 않습니다. 장기투자로 성공하려면 기업과 산업에 관한 꾸준한 공부와 지속적인 트래킹, 분산투자 그리고 장기간 기다리는 여유가 필요합니다.

개인이 장기투자로 수익을 내려면

지금까지 살펴본 내용 때문에 장기투자에 대한 마음을 접을 필요까진 없습니다. 저는 단기투자를 주로 하지만 장기투자도 꾸준히 병행하고 있습니다. 저는 개인이 장기투자로 수익을 낼 수 있는 최적의 방법은 지수추종 ETF에 투자하는 것이라고 생각합니다. ETF는 Exchange-Traded Fund의 약자로, 주식처럼 거래가 가능한 투자 상품입니다. ETF는 일종의 투자 포트폴리오로 여러 종목의 주식, 채권, 원자재 등을 포함하고 있기도 하고 주식 중에서도 특정 산업이나 기업 위주로 구성되기도 해서 포트폴리오를 다양하게 구성할 수 있습니다. 선진국, 신흥국 등 원하는 시장에 간편하게 투자할 수도 있습니다. 수수료도 펀드에 비해 저렴합니다. 저는 ETF 중에서도 지수추종 ETF에 투자하고 있는데, 그 이유는 개별 종목에 투자할 경우 장기간에 걸쳐 지속적으로 ETF보다 높은 수익률을 내기 어렵고, 개별 종목에 투자하기 위해 분석하는 시간과 노력을 생각하면 ETF 투자보다 효율적이지 못하다고 생각하기 때문입니다. 지수추종 ETF는 크게 국내와 미국으로 나뉘는데, 저는 단기매매 수익금을 출금하면 일부를 미국 주식시장 지수를 추종하는 ETF에 꾸준히 투자하고 있습니다.

S&P500 지수Standard & Poor's 500 Index는 1957년에 시작되었습니다. 미국 주식시장에서 가장 대표적이고 폭넓은 지수 중 하나로, 500개의 상위 기업들의 주가를 합산하여 계산됩니다. S&P 500은 시가총액 가중치 지수로서, 각 기업의 시가총액을 기준으로 가중치가 부여됩니다. 즉, 큰 기업의 주가 움직임이 지수에 더 큰 영향을 미치게 됩니다. S&P500 지수는 미국 주식시장 전반의 건강 상태를 파악하는 데에 자주 사용되며, 많은 투자자와 금융 전문가들이 이 지수를 기준으로 시장 동향을 판단합니다.

나스닥 지수NASDAQ Composite Index는 1971년에 처음 시작되었습니다. 이 지수는 나스닥NASDAQ 시장에 상장된 모든 주식의 주가를 합산하여 계산됩니다. 나스닥은 기술기업들과 성장기업들이 주로 상장되는 시장으로, 특히 정보기술과 바이오테크 분야의 기업들이 많이 포함되어 있습니다. 나스닥 지수는 주식시장에서의 기술 부문과 성장주들의 건강 상태를 파악하는 데에 사용되며, 전체 주식시장과는 별개로 독자적인 특성이 있습니다.

S&P500과 나스닥 지수는 미국 주식시장을 대표하고 있으며, 투자자들이 주식시장의 동향을 파악하는 데에 도움을 줍니다. S&P500 지수를 추종하는 대표적인 ETF는 미국 주식시장에 상장된 SPYSPDR S&P 500 ETF Trust와 국내 주식시장에 상장된 TIGER 미국 S&P500이 있습니다. 나스닥100 지수를 추종하는 ETF는 미국 시장에 상장된 QQQInvesco QQQ Trust Series 1와 국내 시장에 상장된 TIGER 미국 나스닥100이 있습니다. 투자 대가인 워런 버핏Warren Buffett도 자신이 죽으면 전 재산의 90%는 S&P500을 추종하

는 인덱스 펀드에 투자하라고 했을 만큼 장기간 꾸준히 안정적인 수익률을 기록한 지수이며 기술주 위주인 나스닥100은 S&P500보다 변동성은 크지만 꾸준히 높은 수익률을 보여준 지수입니다.

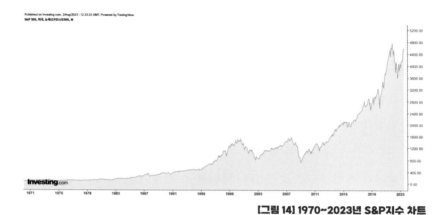

[그림 14] 1970~2023년 S&P지수 차트

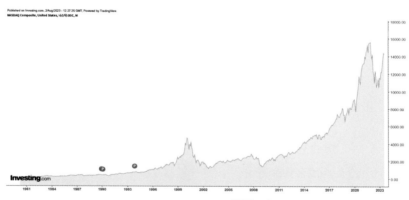

[그림 15] 1980~2023년 나스닥지수 차트

국내 및 해외시장에는 수많은 ETF가 상장되어 있습니다. ETF의 명칭에는 회사명이나 브랜드, 투자 대상, 운용 전략이 포함돼있습니다. TIGER 200의 경우 TIGER(미래에셋자산운용 브랜드) + 200(코스피200 종목에 투자)이라는 의미입니다. KODEX 코스닥150 레버리지라면 KODEX(삼성자산운용 브랜드) + 코스닥150(코스닥150 종목에 투자) + 레버리지(일일 수익률 2배 추종) 상품이라는 의미입니다. 지수를 추종하는 상품 외에도 다양한 ETF 상품들이 상장돼있기에 원하는 상품을 찾아 투자할 수 있습니다.

다음은 미래에셋자산운용에서 운용하는 ETF인 TIGER 브랜드로 출시·상장된 ETF 상품 목록입니다. 주식 ETF에도 지수 추종, 섹터별, 운용 전략별, 테마별로 다양하며 해외 주식 ETF도 미국, 유럽, 중국 등 국가별, 글로벌이나 이머징 등으로 분류되어 있음을 볼 수 있습니다.

국내/주식/대표주식	
TIGER 200	TIGER 코스닥150
TIGER 200 선물레버리지	TIGER 코스피
TIGER 200 선물인버스2X	TIGER 코스피대형주
TIGER 200 TR	TIGER 코스피중형주
TIGER 레버리지	TIGER KRX300
TIGER 인버스	TIGER KTOP30
TIGER 코스닥150 레버리지	TIGER MSCI KOREA TR
TIGER 코스닥150 선물인버스	TIGER Top10
국내/채권/단기채권	
TIGER 23-12국공채액티브	TIGER 단기통안채

PART 1 나는 어떤 투자를 해야 하는가?

TIGER 24-04회사채(A+이상)액티브	TIGER 종합채권(AA-이상)액티브
TIGER 24-10회사채(A+이상)액티브	TIGER 투자등급회사채액티브
TIGER 25-10회사채(A+이상)액티브	TIGER CD금리투자KIS(합성)
TIGER 국채3년	TIGER KOFR금리액티브(합성)
TIGER 단기채권액티브	

국내/채권/장기채권	
TIGER 국고채30년스트립액티브	TIGER 중장기국채

국내/주식/섹터	
TIGER 200 건설	TIGER 200 IT레버리지
TIGER 200 경기소비재	TIGER 경기방어
TIGER 200 금융	TIGER 경기방어채권혼합
TIGER 200 산업재	TIGER 반도체
TIGER 200 생활소비재	TIGER 방송통신
TIGER 200 에너지화학	TIGER 소프트웨어
TIGER 200 에너지화학레버리지	TIGER 은행
TIGER 200 중공업	TIGER 증권
TIGER 200 철강소재	TIGER 코스닥150 바이오테크
TIGER 200 커뮤니케이션서비스	TIGER 코스닥150 IT
TIGER 200 헬스케어	TIGER 헬스케어
TIGER 200 IT	TIGER 화장품

국내/주식/스마트베타	
TIGER 로우볼	TIGER 우량가치
TIGER 모멘텀	

국내/주식/테마	

TIGER 200 동일가중	TIGER Fn반도체TOP10
TIGER 200 커버드콜 ATM	TIGER Fn신재생에너지
TIGER 200 커버드콜5%OTM	TIGER KEDI혁신기업ESG30
TIGER 2차전지테마	TIGER KRX 2차전지 K-뉴딜 ETF
TIGER 리츠부동산인프라	TIGER KRX 2차전지 K-뉴딜 레버리지
TIGER 리츠부동산인프라채권TR KIS	TIGER KRX BBIG K-뉴딜
TIGER 미디어컨텐츠	TIGER KRX BBIG K-뉴딜 레버리지
TIGER 배당성장	TIGER KRX 게임 K-뉴딜 ETF
TIGER 삼성그룹펀더멘털	TIGER KRX 바이오 K-뉴딜 ETF
TIGER 여행레저	TIGER KRX 인터넷 K-뉴딜 ETF
TIGER 우선주	TIGER KRX기후변화솔루션
TIGER 의료기기	TIGER K게임
TIGER 중국소비테마	TIGER LG그룹+펀더멘털
TIGER 지주회사	TIGER MSCI KOREA ESG 리더스
TIGER 코스피고배당	TIGER MSCI KOREA ESG 유니버셜
TIGER 탄소효율그린뉴딜	TIGER MKF배당귀족
TIGER 퓨처모빌리티액티브	TIGER 코스닥글로벌
TIGER 현대차그룹+펀더멘털	TIGER 2차전지소재Fn
TIGER AI코리아그로스액티브	TIGER 스페이스테크iSelect
TIGER Fn메타버스	

해외/글로벌/원자재	
TIGER 골드선물(H)	TIGER 농산물선물Enhanced(H)
TIGER 구리실물	TIGER 원유선물Enhanced(H)

TIGER 금속선물(H)	TIGER 원유선물인버스(H)
TIGER 금은선물(H)	

국내/채권/장기채권	
TIGER 국고채30년스트립액티브	TIGER 중장기국채

해외/미국/채권	
TIGER 미국달러단기채권액티브	TIGER 미국채30년스트립액티브(합성H)
TIGER 미국채10년선물	TIGER 미국투자등급회사채액티브(H)
TIGER 미국달러SOFR금리액티브(합성)	

해외/미국/통화	
TIGER 미국달러선물레버리지	TIGER 미국달러선물인버스2X

해외/중국/주식	
TIGER 차이나과창판STAR50(합성)	TIGER 차이나CSI300 인버스(합성)
TIGER 차이나바이오테크 SOLACTIVE	TIGER 차이나CSI300
TIGER 차이나반도체FACTSET	TIGER 차이나HSCEI
TIGER 차이나전기차 SOLACTIVE	TIGER 차이나항셍테크레버리지(합성H)
TIGER 차이나클린에너지SOLACTIVE	TIGER 한중반도체(합성)
TIGER 차이나항셍25	TIGER 한중전기차(합성)
TIGER 차이나항셍테크	TIGER 차이나전기차레버리지(합성)
TIGER 차이나CSI300 레버리지(합성)	

해외/글로벌/주식	
TIGER 글로벌4차산업혁신기술(합성 H)	TIGER 글로벌클라우드컴퓨팅INDXX
TIGER 글로벌BBIG액티브	TIGER S&P 글로벌헬스케어(합성)
TIGER글로벌리튬&2차전지 SOLACTIVE (합성)	TIGER S&P글로벌인프라(합성)
TIGER 글로벌메타버스액티브	TIGER TSMC밸류체인FACTSET

TIGER 글로벌사이버보안 INDXX	TIGER 글로벌AI&로보틱스INDXX
TIGER 글로벌자원생산기업(합성 H)	TIGER 글로벌혁신블루칩TOP10
TIGER 글로벌자율주행&전기차 SOLACTIVE	
해외/유럽/주식	
TIGER 유로스탁스50 (합성 H)	TIGER 유로스탁스배당30
TIGER 유로스탁스50 레버리지(합성H)	
해외/이머징/주식	
TIGER 라틴35	TIGER 이머징마켓MSCI 레버리지(합성H)
해외/일본/통화	
TIGER 일본엔선물	
해외/인도/주식	
TIGER 인도니프티50 레버리지(합성)	TIGER 인도니프티50
해외/글로벌/채권	
TIGER 단기선진하이일드(합성 H)	TIGER 글로벌멀티에셋TIF액티브
해외/미국/주식	
TIGER 미국 나스닥100	TIGER 미국S&P500 레버리지(합성 H)
TIGER 미국 나스닥100TR채권혼합Fn	TIGER 미국S&P500 선물(H)
TIGER 미국 나스닥100레버리지(합성)	TIGER 미국S&P500 선물인버스(H)
TIGER 미국 나스닥넥스트100	TIGER 미국S&P500배당귀족
TIGER 미국 나스닥바이오	TIGER 미국 나스닥100커버드콜(합성)
TIGER 미국다우존스30	TIGER 미국S&P500TR(H)
TIGER 미국테크TOP10 INDXX	TIGER 미국 나스닥100TR(H)
TIGER 미국필라델피아반도체나스닥	TIGER 테슬라채권혼합Fn
TIGER 미국필라델피아반도체레버리지(합성)	TIGER 미국배당+7%프리미엄다우존스

TIGER 미국MSCI리츠(합성 H)	TIGER 미국배당다우존스
TIGER 미국S&P500	TIGER 미국배당+3%프리미엄다우존스
해외/일본/주식	
TIGER 일본니케이225개인연금	TIGER 일본TOPIX (합성 H)

[표 3] 미래에셋자산운용 ETF 라인업

PART 2

단기투자와 장기투자는 종목을 선정하는 접근법부터 다릅니다. 흔히 장기투자는 기업의 가치를 보고 투자하기 때문에 안전하다고 생각하지만, 실제로도 그럴까요? 시장을 살펴 잘 오를만한 종목을 잘 선택하고, 매매할 때 외엔 계좌에 종목을 보유하지 않으며 리스크를 줄이기 위한 원칙을 잘 지키며 진행하는 단기매매라면 안전하고 꾸준히 수익을 낼 수 있는 투자법이 될 수 있습니다.

선택받은 종목만이
상승한다

인기 있는 테마를 고르자

시장을 주도하는 테마

　성공적인 단기투자의 핵심은 모두의 관심을 받아 시장을 주도하는 테마의 대장주를 찾아 공략하는 데 있습니다. 지금부터 기본 개념부터 하나하나 설명하겠습니다.

　주식시장에는 항상 테마가 존재합니다. 테마는 유행과도 같아 새로운 테마가 생겨나기도 하고 과거 유행했던 테마가 다시 유행하기도 합니다.

　코로나19로 2020년 1월 20일부터 2020년 3월 19일까지 두 달 만에 종합주가지수가 약 37% 하락했습니다. 코로나19에 대한 공포로 주가가 반토막이 난 종목들도 많았습니다. 대다수가 우량하다고 생각하는 대기업의 주가도 크게 하락했고 주식시장은 공포에 휩싸였습니다. 그러나 코로나19 진단키트, 치료제와 관련된 기업의 주가는 시장 상황과는 반대로 크게 상승했습니다.

　이처럼 피할 수 없는 악재가 발생해 종합주가지수가 급락하더라도 주식시장에는 늘 유행에 따라 상승하는 테마와 주식이 있습니다. 시장을 주도하는 테마를 잘 활용한다면 어떤 상황에서도 얼마든지 수익을 낼 수 있습니다. 예시를 통해 자세히 설명하겠습니다.

[그림 16] 2020년 종합주가지수 차트

[그림 17] 코로나19 테마주 씨젠 차트

　　　　　　　　　　　PART 2 선택받은 종목만이 상승한다

종합주가지수가 단기간 폭락하는 상황에서도(그림 16) 코로나19 관련 테마로 엮인 종목들은 급등하는 모습을 보여줬습니다. 코로나19 진단키트 업체인 씨젠은 2020년 코로나19로 종합주가지수가 급락하는 상황에서도 주가가 2배 이상 상승했습니다(그림 17).

[그림 18] 2023년 상반기 종합주가지수 차트

코로나19 테마와 같이 하락장에서 상승하는 테마도 있지만, 상승장에서도 다른 종목들과 비교하여 압도적으로 상승하는 테마도 있습니다.

2023년 상반기 종합주가지수는 14.66% 상승했습니다. 같은 기간 2차전지 관련 테마가 주식시장을 주도했는데 그 중 대장주인 에코프로는 무려 632% 상승했습니다(그림 19). 에코프로를 비롯한 2차전지 관련 테마 종목들이 종합주가지수와 비교했을 때 크게 상승했습니다.

이렇듯 어떤 이슈가 발생함에 따라 주가가 움직이는 종목군을 같은 테

[그림 19] 2023년 상반기 에코프로 차트

마로 분류합니다. 그날그날 시장을 주도하는 테마는 달라집니다. 단기
투자를 하는 경우 그날 시장을 주도하는 테마의 대장주를 찾아 매매하는
것이 기본입니다. 장이 시작하는 시간부터 끝나는 시간까지 주식시장에
는 실시간으로 쏟아져나오는 뉴스와 기업의 공시, 그날의 주가지수에 따
라 다양한 테마가 등장합니다. 테마에 따라서 오르고 내리는 종목도 다
양하고 상승·하락폭도 저마다 다릅니다. 강력한 테마는 장기적으로 크게
상승하고 약한 테마는 잠시 올랐다가 상승분을 반납하기도 합니다. 여기
서 핵심은, 당일 가장 인기 있는 테마 내에서 단기매매를 해야 한다는 것
입니다.

거래대금으로 인기 테마 찾기

주식시장에서 가장 인기 있는 테마는 거래대금 상위 종목을 참고하면 쉽게 확인할 수 있습니다. 주식시장은 계속해서 돈이 흐르는 곳입니다. 단기매매 성공 확률을 높이기 위해서는 내가 오를 것 같다고 생각하는 주식이 아니라 많은 투자자의 관심이 쏠리는 곳에 집중해야 합니다. 주식시장에서 투자자들의 관심도는 돈이 몰리는 곳에 있다고 볼 수 있습니다. 모두가 관심을 가지며 돈이 몰리는 테마는 거래대금 상위 종목을 통해 손쉽게 확인할 수 있습니다.

거래대금 상위 종목을 확인하는 것은 단기매매 종목 선정의 핵심입니다. 부동산에서 실거래가를 신뢰하는 것처럼 주식시장에서는 거래대금을 신뢰할 수 있습니다. 거래대금은 주식시장의 자금이 어디로 향하고 있는지를 보여주는 확실한 지표입니다. 세력이 주식을 비싼 가격에 매도하기 위해 호재 뉴스를 작성하거나 통정매매(사전에 정해진 시간과 가격에 서로 짜고 특정 주식을 주거니 받거니 거래하여 해당 종목의 거래량이 증가하고 주가가 오르는 것처럼 보이게 만들어 이익을 얻는 방식)를 통해 거래대금이 적은 종목의 차트를 조작할 수 있습니다. 하지만 거래대금을 조작하기 위해서 매수와 매도를 반복한다면 많은 거래세를 납부해야 하기에 거래대금은 속이기 힘든 지표입니다. 따라서 거래대금 상위 종목 목록을 확인하는 것만으로도 많은 사람이 현재 관심을 가지고 있는 테마와 단기매매에 적합한 종목을 찾을 수 있습니다.

　대중의 이목이 쏠리는 테마의 경우 눌림에서 매수하려고 대기하려는 사람도 많을 것이고 돌파할 때 매수하려는 사람도 많을 것입니다. 많은 사람이 2차전지 테마주에 관심이 있다면 2차전지 테마주가 아닌 종목은 상대적으로 매수하려는 사람이 적고 주가가 상승하기 어렵습니다. 비슷한 차트 모양 또는 기술적 지표를 보여주는 종목이라도 사람들의 관심 여부에 따라 결과가 완전히 달라질 수 있습니다. 그러므로 차트만 보고 주가를 예상하기보다는 전체적인 시장의 흐름과 사람들의 관심도를 종합해서 보아야 상승할 종목을 찾을 수 있습니다.

순위	종목명	현재가	전일대비		등락률	거래량	전일비	거래회전율	금액(백만)
1	POSCO홀딩스	392,000	▲	24,000	+6.52	2,647,969	70.29	3.13%	1,039,999
2	엘앤에프	328,000	▲	14,500	+4.63	2,866,274	144.31	7.96%	962,482
3	삼성전자	63,100	▼	900	-1.41	11,973,133	84.95	0.20%	757,289
4	에코프로비엠	232,000	▲	7,500	+3.34	2,608,823	145.26	2.67%	600,550
5	에코프로	499,500	▲	1,000	+0.20	1,182,262	96.14	4.57%	594,687
6	미래나노텍	35,850	▲	4,800	+15.46	16,216,340	585.84	52.29%	562,719
7	코스모신소재	190,300	▲	36,400	+23.65	2,912,113	219.89	9.50%	528,987
8	나노신소재	175,700	▲	30,300	+20.84	2,827,504	615.61	26.06%	474,505
9	포스코퓨처엠	288,500	▲	16,000	+5.87	1,638,721	86.97	2.12%	466,670
10	코스모화학	64,800	▲	14,950	+29.99	7,622,900	600.21	21.77%	461,729
11	하이드로리튬	49,750	▲	9,650	+24.06	7,907,864	91.08	35.41%	366,273
12	DB하이텍	75,400	▲	3,100	+4.29	4,514,920	43.06	10.17%	336,737
13	카나리아바이오	36,600	▲	200	+0.55	8,874,052	27.49	18.94%	321,776
14	써아이에스	14,950	▲	600	+4.18	15,843,660	232.03	25.62%	243,267
15	지엔원에너지	10,260	▲	800	+8.46	23,667,966	164.15	59.66%	240,990

[그림 20] 2023년 4월 3일 거래대금 상위 종목

키움증권 영웅문 HTS 기준, [0184] 당일거래 상위 화면에서 거래대금을 클릭 후 종목선택 항목에 'ETF+ETN+스팩 제외'를 선택하면 거래대금 상위 종목을 확인할 수 있습니다.

ETF
Exchange Traded Fund의 약자로, 우리말로 상장지수펀드라고 부른다. 주식처럼 거래할 수 있고, 특정 주가지수의 움직임에 따라 수익률이 결정되는 펀드로 주식과 펀드의 장점이 합쳐진 상품이다.

ETN
Exchange Traded Note의 약자로, 우리말로 상장지수증권이라고 부른다. 원자재, 통화, 금리 변동성 등을 기초자산으로 하여 이 자산의 성과대로 만기에 수익 지급을 약속한 파생결합증권이다.

스팩
비상장기업 인수합병을 목적으로 하는 페이퍼컴퍼니를 의미한다. 실제 사업이 없고 상장만을 위해 존재하는 서류상 회사에 비상장기업이 인수합병되는 형식이다.

가장 먼저, 오늘의 시장을 주도하는 테마를 찾아야 합니다. 거래대금 상위 종목 중 상승률이 높은 종목들이 어떤 테마에 속하는지 체크하면 됩니다. 거래대금 상위 15위 이내의 종목 중 상승률이 5% 이상인 종목을 체크해보겠습니다(그림 20). POSCO홀딩스, 미래나노텍, 코스모신소재, 나노신소재, 포스코퓨처엠, 코스모화학, 하이드로리튬, 지엔원에너지, 이렇게 8개 종목을 찾을 수 있습니다. 모두 2차전지 테마주입니다. 2차전지 테마주에 거래가 몰리고 상승률이 높은 종목이 많네요. 사람들의 관심이 2차전지 테마주로 쏠리고 2차전지 테마주를 매수하고 싶어 하는 사람들이 많은 날이라는 것을 확인할 수 있습니다. 거래대금 상위 15위 이내의 종목 중에서 시장을 주도하는 확실한 테마가 보이지 않는다면 범위를 조금 더 넓혀 상위 30위까지 확인해 봐도 됩니다.

순위	전일	종목명	현재가	전일대비	등락률	매도호가	매수호가	거래량	전일거래량	거래대금
1	2	삼성전자	72,000 ▲	300	+0.42	72,100	72,000	17,823,512	21,041,407	1,283,667
2	4	POSCO홀딩스	584,000 ▲	31,000	+5.61	584,000	583,000	1,831,875	928,896	1,064,306
3	3	에코프로	890,000 ▼	14,000	-1.55	890,000	889,000	950,132	682,679	848,778
4	5162	STX	35,400 ▼	4,600	-11.50	35,400	35,350	14,999,657	0	633,933
5	5	SK하이닉스	122,400 ▲	200	+0.16	122,500	122,400	3,579,662	3,948,784	440,234
6	6	레인보우로보틱	181,800 ▼	16,800	-8.46	181,800	181,700	2,067,863	2,191,113	384,265
7	25	알테오젠	65,500 ▲	2,900	+4.63	65,500	65,400	5,301,076	2,688,051	342,928
8	33	LG에너지솔루션	514,000 ▲	6,000	+1.18	514,000	513,000	515,495	294,550	265,187
9	17	NAVER	229,500 ▲	4,000	+1.77	229,500	229,000	1,162,871	990,793	265,087
10	20	포스코인터내셔	79,600 ▲	2,600	+3.38	79,800	79,600	3,133,225	2,600,891	250,675
11	12	포스코퓨처엠	408,500 ▲	7,000	+1.74	410,000	408,500	579,578	645,282	237,763
12	48	대동	18,220 ▼	80	-0.44	18,220	18,210	11,973,627	5,263,659	226,946
13	21	LG화학	573,000 ▲	20,000	+3.62	573,000	572,000	366,386	329,285	207,814
14	14	포스코DX	55,600 ▲	1,100	+2.02	55,600	55,500	3,753,385	4,524,787	206,774
15	9	영풍제지	45,000 ▼	150	-0.33	45,150	45,000	4,489,768	7,221,114	203,407

[그림 21] 2023년 9월 15일 거래대금 상위 종목

위의 그림에서는 거래대금 상위 15위 이내의 종목 중 5% 이상 상승한 종목은 POSCO홀딩스밖에 없습니다. 포스코인터내셔널, 포스코퓨처엠, 포스코DX 등 포스코그룹주 테마가 소폭 상승하긴 했지만 포스코그룹주 테마가 시장을 주도하고 있다고 보기까지는 어렵습니다. 위와 같이 시장 에서 주목받는 테마가 나오지 않는 날도 있습니다. 주식시장이 하락하 거나 거래대금이 낮은 날에는 모두에게 주목받는 테마가 나오지 않을 수 있습니다. 확실한 테마가 보이지 않는다면 관망하는 것이 좋습니다. 확 실하지 않은 종목을 매매한다면 손실을 볼 확률이 높고, 좋은 종목이 나 왔을 때 매매할 기회를 놓칠 수 있기 때문에 두 번 손실을 보는 것이나 다 름없기 때문입니다. 국내 주식시장에는 3,000개가 넘는 종목이 있고 수 익을 낼 수 있는 기회는 매일 찾아옵니다. 급하게 종목을 찾아다닐 필요 가 없고 여유롭게 지켜보며 기회를 기다려야 안정적으로 수익을 쌓아갈

PART 2 선택받은 종목만이 상승한다

수 있습니다. 정말로 매매할 종목이 없는 날에는 원칙에 맞지 않는 엉뚱한 종목을 매매하기보다는 인내하고 관망하며 기회를 기다릴 수 있어야 합니다.

[0184] 당일거래상위(거래량/회전율/거래대금)

◉전체 ○코스피 ○코스닥 ◉거래량 ○거래회전율 ○거래대금 ◉전체 ○장중 ○시간외(◉장전 ○장후) 조회 다음

종목 ETF+ETN+스 신용 전체조회 거래량 전체조회 가격 전체조회 거래대금 전체조회 시가총액 전체조회

순위	종목명	현재가	전일대비	등락률	거래량	전일비	거래회전율	금액(백만)
1	한화갤러리아	2,375	▲ 245	+11.50	99,885,890	73.76	51.52%	240,296
2	DB	1,950	▲ 265	+15.73	80,106,079	100.64	39.82%	153,244
3	한국ANKOR유전	221	↑ 51	+30.00	66,116,751	538.17	94.43%	13,373
4	에이비프로바이오	690	↑ 159	+29.94	55,650,669	160.66	20.33%	35,137
5	세원이앤씨	291	▲ 48	+19.75	52,720,296	249.48	24.42%	14,756
6	이트론	248	▲ 13	+5.53	37,255,569	69.51	5.81%	9,332
7	조일알미늄	3,545	▲ 275	+8.41	34,000,010	275.52	26.85%	119,986
8	웰크론한텍	6,850	▲ 1,330	+24.09	32,694,358	1,014.30	144.70%	211,656
9	이브이첨단소재	2,760	↑ 635	+29.88	31,535,195	102.44	65.47%	83,487
10	이구산업	4,400	↑ 1,015	+29.99	31,440,998	7,492.18	94.02%	129,835
11	대창	1,453	▲ 205	+16.43	26,016,954	10,797.07	28.55%	36,873
12	지엔원에너지	10,260	▲ 800	+8.46	23,667,966	164.15	59.66%	240,990
13	포스코 ICT	9,890	▲ 390	+4.11	23,071,761	40.05	15.18%	232,698
14	이아이디	1,924	▲ 90	+4.91	20,622,911	137.01	17.82%	40,152
15	에스코넥	2,020	▲ 256	+14.51	20,027,266	249.84	30.22%	39,601

[그림 22] 2023년 9월 15일 거래량 상위 종목

간혹 거래량 상위 종목을 보고 종목을 찾는 분들이 있는데요. 거래량 상위 종목은 위의 그림과 같이 1주당 가격이 낮아 거래량은 많지만 거래대금은 낮은 경우가 많습니다. 우리는 주식을 매매할 때 얼마의 금액을 투입할지 결정할 뿐 1,000원짜리 종목과 100,000원짜리 종목을 같은 주식 수로 매매하지는 않습니다. 따라서 거래량 상위 종목은 사람들이 어느 종목에 관심을 가지는지 확인하는 데 의미가 없으므로 반드시 거래대금 상위 종목을 확인하셔야 합니다.

이슈 파악하기

주식투자 경력이 길지 않다면 거래대금 상위에 있는 종목들이 어떤 테마에 속하는지 알기 어려울 것입니다. 오랜 투자 경력을 가지고 있더라

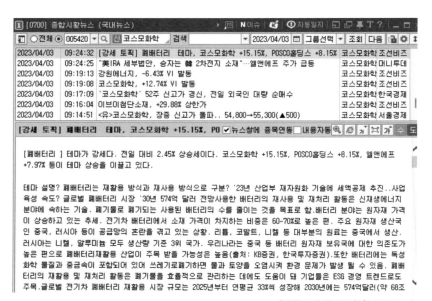

[그림 23] 코스모화학 HTS 뉴스

도 새롭게 형성된 테마를 알지 못할 수 있고 모든 종목에 대해 다 알고 있지는 못합니다. 거래대금 상위에 있는 종목이 어떤 테마에 해당하는지 쉽게 알 수 있는 방법은 크게 2가지가 있습니다. 첫 번째 방법은 뉴스를 참고하는 것입니다. HTS 뉴스 창에는 해당 종목에 대한 실시간 뉴스가 연동되어 나타납니다.

키움증권 기준 화면번호 [0700] HTS 뉴스 창에서 종목별 뉴스를 확인해 보면 어떤 테마에 속한 종목인지, 어떤 이슈로 상승했는지 확인할 수 있습니다. 앞의 [그림 20]에서 코스모화학에 관심이 간다면 해당 종목의 뉴스 제목과 내용을 살펴봅니다. 폐배터리, 2차전지 소재 등의 키워드로 2차전지 테마주라는 사실을 금방 확인할 수 있습니다. HTS에 올라온 뉴스 중에는 중요하지 않거나 중복되는 것도 많으므로 모든 뉴스를 정독하지 않아도 되며 어떤 테마인지 확인할 수 있는 중요한 키워드 위주로 체

[그림 24] 대동기어 차트

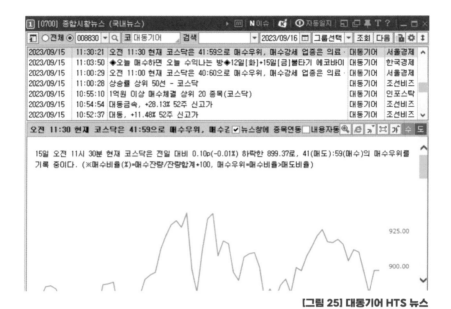

[그림 25] 대동기어 HTS 뉴스

크하면 됩니다.

　그러나 상한가로 장을 마감했지만 HTS 뉴스를 확인하여도 어떤 뉴스 또는 테마로 인해 상승했는지 확실히 파악하기 어려운 대동기어와 같은 종목도 있습니다. HTS 뉴스만으로 확인이 어렵다면 네이버에 접속해 종목명을 검색 후 뉴스 버튼, 최신순을 클릭하며 해당 종목의 최근 뉴스를 확인하는 것이 좋습니다.

　네이버 뉴스의 제목과 내용을 훑어보니 대동기어는 '자율주행 농기계 출시 기대감', '업계 최초로 자율작업 농기구로 국가시험을 통과', '농기계 로봇', '첨단농업 기술', '농업 관련주'라는 키워드가 나옵니다. 대동기어는 자율주행 농기계와 관련해 주가가 상승했다는 것을 유추할 수 있습니다.

　두 번째 방법은 네이버 종목토론실을 확인해 보는 것입니다. HTS에

　　　　　　　　　　　　　　　　PART 2 선택받은 종목만이 상승한다

[그림 26] 대동기어 네이버 뉴스

특별한 관련 기사가 없고, 네이버 뉴스에서도 이슈를 찾아볼 수 없는 경우에 네이버 종목토론실을 활용합니다. 네이버 종목토론실은 네이버 증권에 접속하여 종목명을 검색한 후 종목토론실을 클릭하면 접속할 수 있습니다. 네이버 종목토론실에 올라온 것은 가치 없는 글이 대부분이지만 글 목록을 훑어보면 어떤 이슈가 있는지 빠르게 파악할 수 있습니다.

서남의 네이버 종목토론실 게시글을 통해 '초전도', '초전도체', '퀀텀 연

| 종합정보 | 시세 | 차트 | 투자자별 매매동향 | 뉴스·공시 | 종목분석 | 종목토론실 | 전자공시 | 공매도현황 |

종목토론실　　　　　　　　　　　　　　　　　　ⓘ 토론실 활용 TIP과 운영원칙 안내　✏글쓰기

날짜	제목	글쓴이	조회	공감	비공감
2023.08.04 21:37	니들 살수 있는 유일한 방법 🅝	hb******	3	0	0
2023.08.04 21:37	여기애들 그냥 제정신이아닌듯 ㅋㅋㅋ 🅝	wfsg****	2	0	0
2023.08.04 21:36	지금 시점에서	kmj2****	22	3	0
2023.08.04 21:35	여기 글쓴님들 90%가 알바면 🅝	kyhk****	16	0	1
2023.08.04 21:35	Nasa에. 초전도 납품하는. 서남이다 [1] 🅝	jch9****	32	3	1
2023.08.04 21:35	어의가 없다	song****	31	0	0
2023.08.04 21:35	시총 1천억대 국내 최강 초전도체 연구및… [3] 🅝	kc******	36	2	0
2023.08.04 21:34	점하2방후 진짜 나락까지 흐를거같다	rldb****	12	0	2
2023.08.04 21:34	퀀텀 연구소 이상한데 있다고하는데 이거보… [1] 🅝	0301****	30	1	0
2023.08.04 21:33	월요일날 상한가 예상합니다.풀매수입니다 [2] 🅝	ydk9****	80	5	1
2023.08.04 21:33	초전도 는 맞는데 [2] 🅝	icks****	57	0	0
2023.08.04 21:33	$$$ 공 지 사 항 &&&	then****	33	0	0
2023.08.04 21:32	와 여기 글쓴님들 90프로가 알바다 ㅋ 🅝	soce****	22	2	1
2023.08.04 21:32	다 모였네	8500****	13	1	0
2023.08.04 21:32	동물가죽 만드는 피혁회사 덕성과 비교 말…	jch9****	26	1	0
2023.08.04 21:31	서남 홈페이지 공지내용 [6] 🅝	youn****	186	3	0
2023.08.04 21:31	서남에서 LK99만들어 봐라. 🅝	he******	46	0	1
2023.08.04 21:30	1주가 3천만원 월수도 있나? [2] 🅝	whsu****	101	3	0
2023.08.04 21:30	가마솥에 몇시간 굽는 실력이론 [1] 🅝	jch9****	37	3	0
2023.08.04 21:29	진카는 비프로테크 다!! 🅝	lw******	32	0	0

[그림 27] 서남 종목토론실

구소', 'LK99' 등의 키워드를 확인할 수 있고, '퀀텀 연구소', 'LK99'에 대해서 잘 모르더라도 검색해본다면 초전도체와 관련된 키워드라는 것을 확인할 수 있으므로 서남은 초전도체 관련주라고 추측할 수 있습니다.

종목토론실 글은 확실한 정보가 아니므로 검색을 통해 교차 검증하는 과정이 필요합니다. 네이버 종목토론실은 다른 사람의 투자의견을 보기보단 빠르게 이슈를 파악하기 위해 활용하는 것이 좋습니다.

뉴스 분석하기

새로운 이슈가 나오는 경우 주식시장에서 뉴스에 따라 주가가 급등락하기도 합니다. 그러나 뉴스만 보고 매매하는 것은 매우 위험합니다. 내

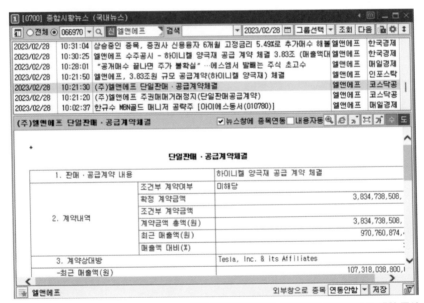

[그림 28] 엘앤에프, 테슬라에 양극재 공급 계약 공시

가 빨리 알게 됐다고 생각한 뉴스도 이미 많은 시장 참여자가 파악하고 있고 주가에 반영됐을 가능성이 큽니다.

2023년 2월 28일 엘앤에프는 테슬라에 3.83조 원 규모의 하이니켈 양극재 공급 계약을 체결했다는 공시를 했습니다. 전자공시는 금융감독원 전자공시시스템(dart.fss.or.kr) 또는 증권사에서 제공하는 HTS, MTS에서 확인할 수 있습니다. 계약 상대방이 테슬라이고 계약 규모도 3.83조 원이나 되는 엄청난 공시였습니다. 대규모 공급 계약 공시로 인해 해당 주식은 30분간 거래가 정지되었고 11시경 거래가 재개되었습니다.

[그림 29] 엘앤에프 2023년 2월 28일 3분봉

거래가 정지되기 전 241,000원이던 주가는 호재 공시로 인해 13.49%나 상승한 273,500원에 거래가 재개되었습니다. 하지만 거래 재개 후 상승하기는커녕 262,000원까지 주가가 하락한 후 마감했습니다. 뉴스 또는 공시가 나온 후에는 이미 해당 뉴스가 주가에 반영이 된 상태입니다. 뉴스가 나온 이후의 주가 흐름은 시장 참여자들의 지속적인 관심도, 수급 등 다양한 요소에 의해 결정됩니다. 아무리 좋은 뉴스가 나오더라도 거래대금이 지속적으로 동반되는 동시에 모두의 관심을 받으며 시장을 주도하는 종목이 되지 않는 경우에는 뉴스가 나오기 전 주가로 돌아가거나 심지어 뉴스가 나오기 전 가격보다 더 하락할 수 있습니다.

테마(뉴스)를 분석할 때 해당 이슈가 언제까지 지속될 수 있는지만 냉정하게 판단하는 것이 중요합니다. 지속될 수 있는 이슈라면 적극적으로 매매할 수 있겠지만 곧 결과가 확정되는 이슈의 경우 결과가 나오기 전에 주식을 반드시 매도해야 합니다. 주식은 실제로 회사가 좋아질 때 상승하는 것이 아니라 기대감이 있을 때 상승합니다. 흔히 기대하고 있던 호재가 발표된다면 주가가 상승할 것으로 생각하는 경우가 있습니다. 그러나 기다리던 호재가 나왔을 때 해당 주식을 미리 매수했던 사람들 모두가 매도하려 하기 때문에 오히려 기대감이 소멸하며 주가가 하락하는 경우가 대부분입니다. 이러한 현상을 주식시장에서는 '재료 소멸'이라고 부릅니다. 물론 누구도 전혀 예상할 수 없었던 호재가 추가로 나온다면 주가는 상승할 수도 있습니다.

재료 소멸의 대표적인 예시로 인수합병이 있습니다. 에스엠의 경우 카카오 또는 하이브가 인수할 것이라는 기대감이 있었습니다. 2023년 2월 10일 에스엠 엔터테인먼트를 설립한 이수만의 보유지분을 포함해 에스엠 지분 최대 43%를 하이브가 12만 원에 공개매수에 착수한다는 뉴스가 나왔습니다.

하이브의 공개매수 발표 이후 카카오가 에스엠 인수전에 뛰어들며 에스엠 주식을 12만 원보다 더 비싼 가격에 공개매수할 수 있다는 기대감

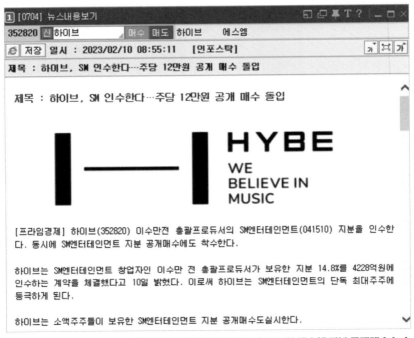

[그림 30] 2023년 2월 10일 하이브의 에스엠 지분 공개매수 뉴스

에 에스엠의 주가는 하이브가 제시했던 공개매수 가격인 12만 원을 돌파하게 됩니다. 이후 카카오는 2023년 3월 7일 하이브의 공개매수 가격보다 높은 15만 원에 최대 35%의 에스엠 지분을 공개매수하겠다고 발표합니다.

카카오의 공개매수 발표 이후 하이브가 또다시 카카오보다 더 높은 가격에 에스엠 주식을 공개매수를 할 수도 있다는 기대감에 에스엠의 주가는 161,200원까지 상승합니다. 하지만 2023년 3월 12일 하이브는 에스엠 인수를 포기하겠다고 발표합니다.

해당 뉴스가 주말에 발표되어 다음날 장 시작과 동시에 에스엠 주가는

[그림 31] 2023년 3월 7일 카카오의 에스엠 지분 공개매수 뉴스

8.66% 하락으로 시작하여 종가 기준 무려 23.48%나 하락했습니다. 이후 주가는 지속적으로 하락하여 87,600원까지 하락하게 됩니다. 이렇게 인수합병 뉴스의 경우 결과가 발표되기 전까지는 기대감으로 인해 주가가 상승할 수 있지만, 실제 어떤 회사가 인수할지 확정된다면 재료 소멸로 인해 주가가 급락할 수 있습니다.

인수합병 외에도 다양한 재료 소멸 예시가 있는데, 대표적으로 정치 테마주가 있습니다. 정치 테마주는 당선자가 결정되기 전까지는 기대감

[그림 32] 2023년 3월 12일 하이브 에스엠 인수 중단 뉴스

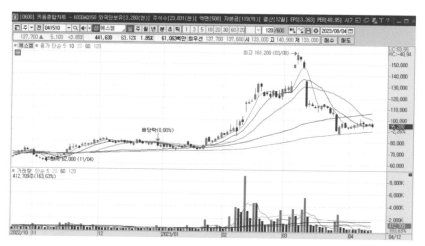

[그림 33] 에스엠 차트

PART 2 선택받은 종목만이 상승한다

으로 인해 상승하지만, 당선자가 발표되면 재료 소멸로 급락합니다.

2021년 11월 5일 제 20대 대선후보 결정을 앞두고 국민의힘 당내 경선 후보 윤석열과 홍준표 관련주의 흐름을 살펴보겠습니다. 차트(그림 34, 35)

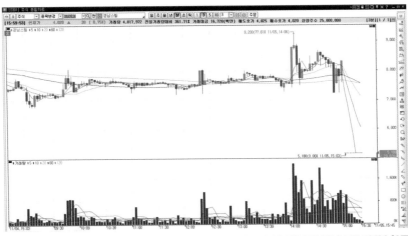

[그림 34] 2021년 11월 5일 경남스틸 3분봉 차트

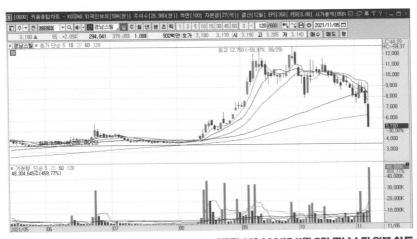

[그림 35] 2021년 11월 5일 경남스틸 일봉 차트

는 홍준표 관련주로 대표되는 경남스틸의 일봉 차트입니다. 2021년 11월 5일 국민의힘 대선후보가 윤석열로 결정됐다는 뉴스가 나온 후 홍준표 관련주인 경남스틸은 하한가를 기록했습니다. 그렇다면 경선에서 승리한 윤석열 관련주의 주가는 어떻게 됐을까요?

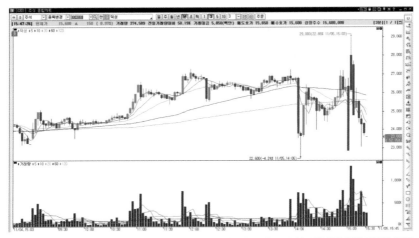

[그림 36] 2021년 11월 5일 덕성 3분봉 차트

PART 2 선택받은 종목만이 상승한다

[그림 37] 2021년 11월 5일 덕성 일봉 차트

[그림 36, 37]은 윤석열 관련주 덕성의 차트입니다. 덕성의 주가 흐름을 살펴보면 국민의힘 대선후보 발표가 진행되었던 오후 3시경 잠시 급등했다가 이후 상승폭을 반납하고 발표 전보다 주가가 더 내려간 것을 볼 수 있습니다. 이처럼 윤석열 후보가 대선 후보로 결정이 되었는데도 윤석열 관련주는 재료 소멸로 하락했고, 패배한 홍준표 관련주는 하한가를 맞았습니다.

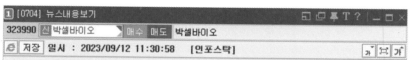

제목 : 박셀바이오, 간암 말기 환자 '완전관해' 더 늘었다…질병통제율 100% '쾌거'

[프라임경제] 항암 면역세포 치료제 전문회사 박셀바이오(323990)의 진행성 간암 치료제 임상에서 암이 관찰되지 않는 완전반응(complete response, CR) 환자가 지난 1상보다 증가하는 결과를 도출했다.

박셀바이오는 12일 여의도에서 열린 'Vax-NK 2a상 임상연구, 차세대 파이프라인 설명 기자간담회'를 통해 해당 사실을 알렸다.

[그림 38] 박셀바이오 호재 뉴스

박셀바이오는 2023년 9월 12일 간암 치료제 임상에서 암이 관찰되지 않는 완전반응 환자가 지난 1상보다 증가하는 결과가 나왔다는 사실을 기자간담회를 통해 알렸습니다.

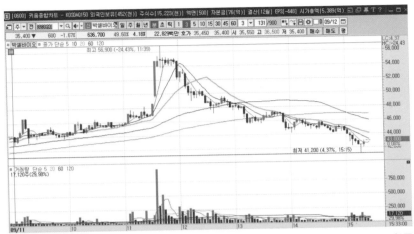

[그림 39] 박셀바이오 3분봉 차트

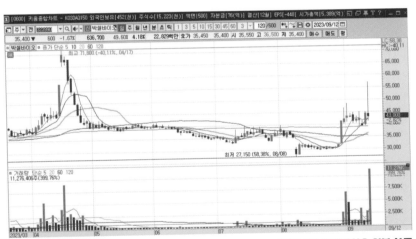

[그림 40] 박셀바이오 일봉 차트

2023년 9월 12일 11시 30분경 뉴스가 발표되고 주가는 28.59%까지 상승했지만, 장 마감 시 상승폭을 모두 반납하고 하락했습니다.

종합정보 | 시세 | 차트 | 투자자별 매매동향 | 뉴스·공시 | 종목분석 | **종목토론실** | 전자공시 | 공매도현황

종목토론실 [답변하기] [목록]

오전 10시 시작 11시30종료
intr**** 106.102.***.190 | 작성자글 더보기 >

조회 461 | 공감 7 | 비공감 0 | 🔊신고
2023.09.12 10:03

오늘 기자 간담회 일정이다.

[그림 41] 박셀바이오 네이버 종목토론실 글

박셀바이오 네이버 종목토론실에 올라온 글입니다. 작성 시간을 보면 기자간담회가 진행 중인 시간대, 즉 뉴스가 나오기 전에 올라온 것을 알 수 있습니다. 내용의 사실 여부는 확인해 보아야겠지만 회사에서 기자간담회를 진행한다는 것은 기자간담회를 통해 호재를 발표할 것으로 추측할 수 있습니다. 박셀바이오 주가를 확인했더니 기자간담회 전일 주가는 12.60% 상승했고, 뉴스가 나오기 전에도 약 10% 정도 상승하고 있었습니다. 기자간담회에 대한 기대감으로 주가는 미리 상승했던 것이고 뉴스가 발표된 후 미리 매수했던 사람들이 차익실현을 하며 재료 소멸로 인해 주가는 뉴스 발표 전보다 더 하락했습니다.

위와 같이 인수합병 결과발표, 선거 결과발표, 임상시험 결과발표 등 수많은 재료 소멸 예시가 있습니다. 어떤 이슈가 있을 때 해당 이슈의 결과가 발표되기 전까지는 기대감으로 인해 주가가 강세를 보일 수 있지만, 이슈의 결과를 확인되면 좋은 결과가 나오더라도 재료 소멸로 주가가 하락하고, 심지어 안 좋은 결과가 나온다면 주가가 폭락할 수 있습니다. 뉴스 결과를 기대하고 주식을 보유하는 것은 매우 위험하므로 기대감이 지속가능한 종목만 매매해야 합니다.

05

1등만이 살아남는다

대세를 따르자

사람마다 이상형이 다른 것처럼 개인별로 좋아하는 종목이 다를 수 있습니다. 개인의 성향에 따라 선호하는 종목이 있을 수도 있고 자신만의 기준 혹은 원칙에 맞춰서 봤을 때 좋아 보이는 종목이 있을 수 있습니다. 하지만 단기투자를 할 때는 내가 좋아하는 종목보다 많은 사람이 좋아하는 종목에 투자해야 한다는 점을 반드시 명심해야 합니다. 내 눈에 좋아 보이는 종목이 남들의 눈에도 좋아 보여야만 매수세가 붙고 크게 상승할 수 있습니다.

경제학자 케인스는 주식투자에 관하여 "주식투자는 미인대회에서 가장 아름다운 사람을 고르는 것이 아니라 1등 할 사람을 고르는 것과 같다."라고 말했습니다. 미인대회 심사위원들은 자신의 눈에 예쁘게 보이는 참가자가 아니라 다른 사람들이 예쁘다고 판단할 사람, 즉 1등을 할 사람에게 투표한다는 이야기인데요. 그래야 우승자를 맞힐 확률이 높아지기 때문입니다.

주식시장도 마찬가지입니다. 자신이 우량하다고 판단하는 주식보다는

PART 2 선택받은 종목만이 상승한다

다수의 투자자가 선호하는 주식에 집중해야만 수익을 낼 수 있습니다. 펀더멘털이 우수하고 저평가된 주식은 기다리면 언젠간 상승할 수 있겠지만 그 언젠가가 10년 후, 20년 후가 될 수도 있다는 것을 기억해야 합니다. 기다리는 기간 동안 수많은 변수에 노출될 수 있습니다.

당장 주가가 상승할 수 있어 단기매매에 적합하고 수익을 낼 수 있는 종목은 내가 좋아하는 종목이 아니라 그날의 테마, 대장주 여부, 수급, 차트 등의 지표를 종합적으로 고려하여 많은 사람이 좋아할 만한 종목을 찾아야 합니다.

가장 잘 오르는 종목에 집중하자

거래대금 상위 종목을 통해 오늘의 주도 테마가 무엇인지 알아낸 후에는 가장 잘 오르는 종목에 집중해야 합니다. 같은 테마로 분류되는 종목 중에서 상승률이 제일 높은 종목을 공략해야 하는 것입니다. 같은 테마 내에서 안정적인 재무 상황, 저평가 여부는 크게 중요하지 않습니다. 내가 좋아하는 종목이나 가치에 비해 저평가되었다고 판단되는 종목이 아니라 당일 주식시장에서 가장 주목을 받는 종목이 그날 매매하기 가장 적합한 종목이라는 점을 명심해야 합니다.

먼저 오른 종목에 비해 덜 올랐으니 앞으로는 오를 거라는 생각 역시 단기투자에는 적합하지 않습니다. 일반적으로 같은 테마 내에서 많이 상승한 종목이 더 상승하며 오르지 못하는 종목은 계속 오르지 못합니다. 오르지 못하던 종목이 뒤늦게 상승하는 경우는 해당 테마주들이 오를 대로 다 올라 과열된 상태로 하락을 앞둔 상승의 막바지 단계인 경우가 많습니다.

PART 2 선택받은 종목만이 상승한다

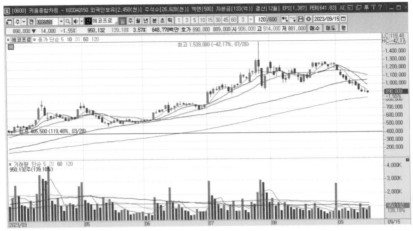

[그림 42] 에코프로 일봉 차트

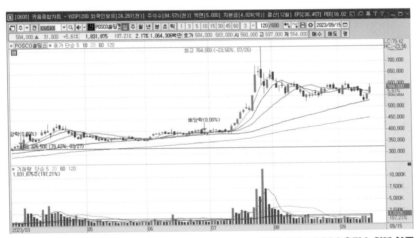

[그림 43] POSCO홀딩스 일봉 차트

대표적인 2차전지 테마주인 에코프로와 POSCO홀딩스의 차트입니다. 에코프로와 POSCO홀딩스는 번갈아가며 2차전지 테마주의 상승을 이 끈 대장주 종목입니다. 에코프로와 POSCO홀딩스는 꾸준히 상승하다가

2023년 7월 26일 고점을 찍고 하락하고 있습니다.

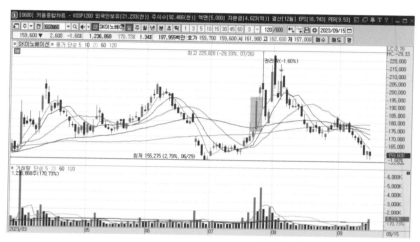

[그림 44] SK이노베이션 일봉 차트

역시 2차전지 테마주인 SK이노베이션의 일봉 차트입니다. 같은 2차전지 테마주이지만 에코프로와 POSCO홀딩스가 상승할 때 상승하지 못하다가 2023년 7월 24일부터 상승하기 시작합니다. 하지만 2023년 7월 26일부터 에코프로, POSCO홀딩스와 마찬가지로 하락하기 시작하더니 상승 전 가격으로 되돌아갔습니다.

위와 같이 같은 테마 내에서 상승하지 못하던 종목이 뒤늦게 상승할 때에는 그 테마주는 고점에 가까운 상황인 경우가 많습니다. 상승하지 못하던 종목을 공략하면 상승하더라도 금방 다시 하락할 가능성이 크기에 가장 잘 오르는 대장주에 집중해야 하는 것입니다.

단기투자 매매 시에는 해당 기업이 이슈와 얼마나 깊은 연관성이 있는지, 저평가된 종목인지, 우량한 기업인지는 별로 중요하지 않습니다. 이

PART 2 선택받은 종목만이 상승한다

런 내용을 고려하기보다는 주도 테마에 해당하는 종목 중 가장 상승률이 높아 많은 사람에게 인기 있는 종목에 집중하는 것이 수익을 낼 수 있는 확률을 높이는 방법입니다.

2등주는 안 된다

　간혹 테마의 대장주 다음으로 상승률이 높은 2등주를 매매하는 사람들이 있습니다. 대부분 대장주 상승률이 너무 높아 부담스럽다거나 2등주가 1등인 대장주를 곧 따라서 오를 것이라고 생각하기 때문입니다. 그러나 2등주 매매는 되도록 피하는 것이 좋습니다. 같은 테마에서 1등주라는 것은 다른 종목에 비해 더 많이 오른 대장주를 사고 싶은 사람들이 그만큼 많다는 의미입니다. 즉, 많은 사람 눈에 해당 주식이 1등으로 보인다는 뜻입니다. 1등주는 이미 많은 사람이 사고 싶어 한다고 인증받은 종목으로, 매수세가 지속적으로 유입되며 그만큼 높은 상승률을 보여줍니다. 2등주를 보유하고 있는 사람도 기회만 된다면 1등주로 갈아타고 싶어 합니다. 1등주가 가격이나 상승률이 높아 부담스러울 수 있겠지만 상승할 때에도 1등주가 2등주보다 더 크게 상승하며 하락할 때도 1등주는 매수하고 싶은 사람들이 줄을 서 있으므로 쉽게 하락하지 않습니다.

순위	종목코드	종목명	종가일 종가	대비	등락률	거래량 합계	거래량 일평균	거래대금 합계	거래대금 일평균
1	086520	에코프로	1,257,000	▲ 9,000	+0.72	2,705,429	2,705,429	3,385,813,164,000	3,385,813,164,000
2	022100	포스코DX	56,100	▲ 7,800	+16.15	26,246,682	26,246,682	1,409,301,217,200	1,409,301,217,200
3	005930	삼성전자	66,900	▼ 200	-0.30	15,964,630	15,964,630	1,066,351,061,800	1,066,351,061,800
4	277810	레인보우로보틱스	151,500	▲ 34,900	+29.93	6,053,800	6,053,800	838,003,403,500	838,003,403,500
5	373220	LG에너지솔루션	544,000	▼ 9,000	-1.63	1,211,809	1,211,809	660,053,689,000	660,053,689,000
6	000660	SK하이닉스	121,800	▼ 2,400	-2.01	4,403,695	4,403,695	536,628,688,400	536,628,688,400
7	005490	POSCO홀딩스	579,000	▼ 1,000	-0.17	888,954	888,954	514,406,656,000	514,406,656,000
8	041020	폴라리스오피스	6,800	▲ 880	+14.86	63,483,708	63,483,708	435,947,981,210	435,947,981,210
9	042700	한미반도체	59,600	▲ 2,700	+4.73	7,087,487	7,087,487	418,019,506,000	418,019,506,000
10	035900	JYP Ent.	112,200	▲ 4,800	-3.77	3,518,801	3,518,801	396,628,171,700	396,628,171,700
11	389470	인벤티지랩	25,500	▲ 2,600	+11.35	12,060,873	12,060,873	325,889,932,200	325,889,932,200
12	034020	두산에너빌리티	18,220	▲ 470	+2.65	17,523,405	17,523,405	321,071,052,770	321,071,052,770
13	424960	스마트레이더시스템	23,100	▲ 1,000	+4.52	13,270,331	13,270,331	320,697,343,950	320,697,343,950
14	065350	신성델타테크	48,250	▼ 4,750	-8.96	5,925,997	5,925,997	297,037,976,800	297,037,976,800
15	323990	박셀바이오	42,000	▲ 800	+1.94	6,742,718	6,742,718	296,080,117,850	296,080,117,850
16	047050	포스코인터내셔널	79,200	▼ 1,000	-1.25	3,566,535	3,566,535	274,341,340,550	274,341,340,550
17	348340	뉴로메카	42,800	▲ 6,800	+18.89	6,886,839	6,886,839	257,325,818,500	257,325,818,500
18	247540	에코프로비엠	824,500	0	0.00	795,872	795,872	257,325,818,500	257,325,818,500
19	388870	파로스아이바이오	25,000	▲ 5,750	+29.87	10,790,733	10,790,733	244,083,966,740	244,083,966,740
20	003670	포스코퓨처엠	449,500	▼ 4,000	-0.88	495,272	495,272	223,119,970,000	223,119,970,000

[그림 45] 2023년 8월 31일 거래대금 상위 종목

2023년 8월 31일 종가 기준 거래대금 상위 종목입니다. 주가가 5% 이상 상승한 종목으로는 포스코DX, 레인보우로보틱스, 폴라리스오피스, 인벤티지랩, 뉴로메카, 파로스아이바이오가 있습니다. 포스코DX, 레인보우로보틱스, 뉴로메카는 로봇 테마주인데 2023년 8월 31일은 로봇 테마주가 시장을 주도한 것을 확인할 수 있습니다. 그중에서도 레인보우우로

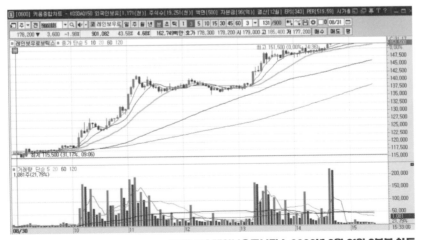

[그림 46] 레인보우로보틱스 2023년 8월 31일 3분봉 차트

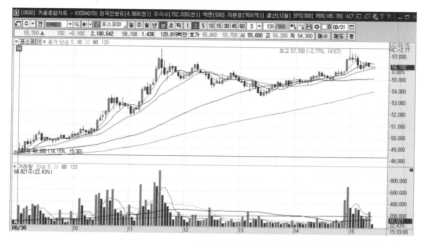

[그림 47] 포스코DX 2023년 8월 31일 3분봉 차트

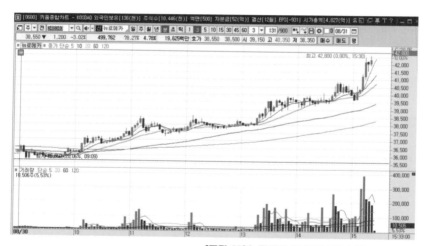

[그림 48] 뉴로메카 2023년 8월 31일 3분봉 차트

보틱스가 상한가로 마감하여 가장 상승률이 높았으며 대장주라고 볼 수 있습니다.

　　　　　　　　　　　　　　PART 2 선택받은 종목만이 상승한다

장 초반에는 어떤 종목이 대장주인지 판단하기 쉽지 않았지만, 오전 11시경부터 레인보우로보틱스가 높은 상승률을 보여줬고 오후 1시경부터는 포스코DX와 뉴로메카를 압도하는 상승으로 상한가로 종가를 마감

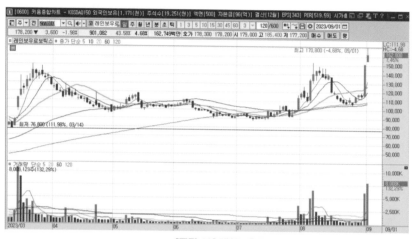

[그림 49] 레인보우로보틱스 2023년 9월 1일 일봉 차트

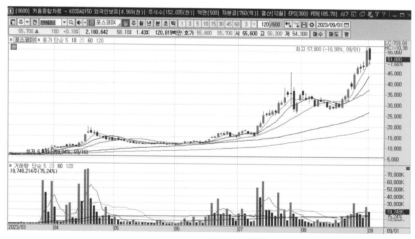

[그림 50] 포스코DX 2023년 9월 1일 일봉 차트

[그림 51] 뉴로메카 2023년 9월 1일 일봉 차트

했습니다.

[그림 49, 50, 51]은 다음날 레인보우로보틱스, 포스코DX, 뉴로메카의 일봉 차트입니다. 대장주였던 레인보우로보틱스는 다음날에도 장중 12.74%까지 상승하고 종가 기준 7.46% 상승 마감했습니다. 하지만 포스코DX는 종가 기준 7.66% 하락, 뉴로메카는 종가 기준 1.29% 하락했습니다. 전일 대장주인 레인보우로보틱스를 사고 싶었지만 상한가라서 사지 못했던 사람들과 2등주인 포스코DX, 뉴로메카를 보유하고 있던 사람들이 레인보우로보틱스로 갈아타려 했기에 레인보우로보틱스는 다음날에도 크게 상승했습니다. 이처럼 주도 테마의 대장주로 장을 마감한 종목은 다음날에도 강세를 보이는 경우가 많습니다. 2023년 8월 31일에는 레인보우로보틱스가 매우 강력히 상승했고 상한가에 진입한 후 한 번도 풀리지 않고 마감했으며 포스코DX, 뉴로메카도 레인보우로보틱스를 따라 상승했습니다.

PART 2 선택받은 종목만이 상승한다

하지만 다음날인 2023년 9월 1일에는 레인보우로보틱스로 수급이 집중되면서 2등주인 포스코DX와 뉴로메카는 약세를 보일 수밖에 없었습니다.

다른 사례도 살펴볼까요? STX와 STX그린로지스가 인적분할되어 상장된 2023년 9월 15일, 시초가가 결정된 후 STX그린로지스에 강력한 매수세가 몰려 상한가에 진입한 대장주가 됐습니다. STX그린로지스가 상한가에 진입하자 STX그린로지스를 매수하지 못한 투자자들이 2등주인 STX라도 매수하자는 심리로 STX의 주가는 고가 기준 23.76%까지 상승하게 됩니다. STX그린로지스는 오전 9시 11분과 9시 25분 상한가가 잠시 풀리게 되는데 순간적으로 상한가가 풀리자 STX의 주가가 급락하기 시작합니다. STX그린로지스가 상한가라 매수하지 못해 어쩔 수 없이 STX를 매수한 투자자들이 STX를 매도하고 STX그린로지스를 매수하려고 했기 때문입니다. 이날 대장주인 STX그린로지스는 상한가로 종가를 마감했지만, STX는 종가 기준 11.50% 하락하여 마감했습니다(그림 52, 53).

이처럼 대장주가 상한가에 진입해 매매하지 못한다고 해서 2등주를 매매하는 것은 매우 위험합니다. 대장주가 상한가 풀릴 때를 기다려 매수한 뒤 다음날 수익을 내고 나오거나 상한가가 풀리지 않는다면 2등주를 매매할 것이 아니라 관망해야 합니다. 그것이 단기매매에서 손실을 보지 않고 수익을 지킬 수 있는 방법입니다.

간혹 대장주가 단기 과열종목 지정으로 인한 단일가거래, 투자 경고종목 지정 이후 주가 상승으로 인해 거래정지되는 기간 등 대장주를 거래할 수 없는 상황이라면 2등주가 크게 상승하는 경우도 있지만, 대장주의

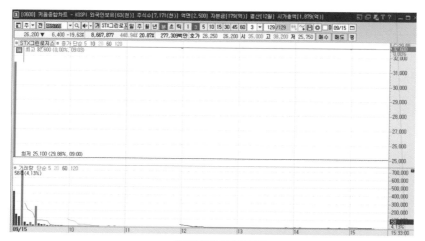

[그림 52] STX그린로지스 2023년 9월 15일 3분봉 차트

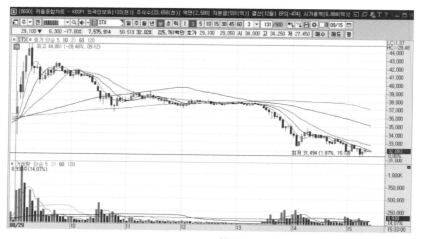

[그림 53] STX 2023년 9월 15일 3분봉 차트

거래가 정상적으로 재개되면 2등주는 급락할 가능성이 높으므로 주의해
야 합니다.

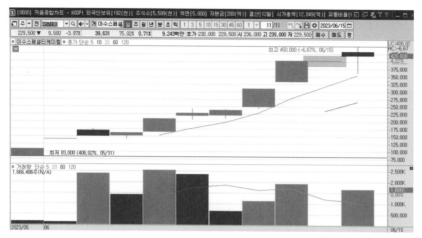

[그림 54] 이수스페셜티케미컬 일봉 차트

[그림 55] 이수화학 일봉 차트

이수스페셜티케미컬은 2023년 5월 31일부터 2023년 6월 13일까지 엄청난 상승률을 보여준 대장주였습니다. 하지만 투자 경고종목 지정 이후 주가 상승으로 2023년 6월 14일 거래가 정지됩니다. 2023년 6월 14일 이수스페셜티케미컬의 거래정지로 2등주인 이수화학에 매수세가 집중되며 이수화학은 장중 상한가까지 진입하게 됩니다.

[그림 56] 이수화학 2023년 6월 14일 3분봉 차트

그러나 다음날인 2023년 6월 15일 이수스페셜티케미컬 거래 재개 소식이 나오자 오후부터 이수화학의 주가는 급락하게 되고 6월 15일에도 약세를 보입니다. 위와 같이 대장주를 거래할 수 없을 때 2등주가 잠깐 상승할 수는 있지만 오래가지 않습니다. 따라서 만약 2등주를 매매한다면 대장주가 거래 재개되기 전 먼저 탈출해야 합니다.

역전의 순간에는 갈아탄다

일반적으로 대장주는 잘 바뀌지 않습니다. 대장주가 바뀔 것이라고 예상하고 2등주를 미리 매매하면 실패할 확률이 높아집니다. 그러나 가끔 2등주가 상승률이 더 높아져 대장주가 바뀌는 순간도 있습니다. 이처럼 대장주가 바뀐다면 시장 참여자들은 기존 대장주를 매도하고 바뀐 대장주로 이동하고 싶어 합니다.

1. 장중 대장주 변경

파두와 하나마이크론은 반도체 테마주입니다. 2023년 9월 1일 오전 10시 30분경까지는 파두가 높은 상승률을 보여주며 대장주로 판단됐습니다. 저 역시 파두를 대장주로 판단하고 매매하고 있었습니다. 하지만 2등주였던 하나마이크론의 주가가 꾸준히 상승하여 대장주가 파두에서 하나마이크론으로 변경되었습니다(그림 57, 58). 저는 대장주가 바뀌었다고 판단하고 즉시 파두를 매도하고 하나마이크론을 매수했습니다. 대장주가 바뀐다면 많은 사람이 기존 대장주였던 종목을 매도하고 새로운 대

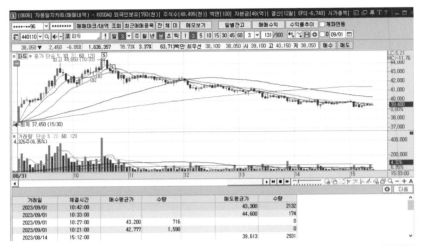

[그림 57] 파두 2023년 9월 1일 3분봉 매매 마크내역

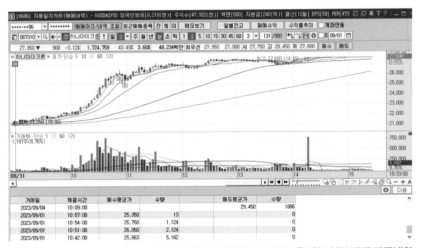

[그림 58] 하나마이크론 2023년 9월 1일 3분봉 매매 마크내역

장주로 이동하려 하기에 기존 대장주는 하락하고 새로운 대장주는 상승

하는 경향을 보입니다.

PART 2 선택받은 종목만이 상승한다

[그림 59] 하나마이크론 2023년 9월 4일 일봉 차트

파두는 종가까지 하락하여 상승폭을 대부분 반납했지만, 하나마이크
론은 상한가에 마감했고 다음날도 6.88% 상승했습니다.

[그림 60] 하나마이크론 실현손익

				매수			매도		
매매일	종목명	실현손익	수익률(%)	평균단가	거래비용	정산금액	수량	평균단가	거래비용	정산
2023/09/01	하나마이크론	14,325,249	2.13	26,465	24,410	670,729,410	25,343	27,086	1,397,841	685,0
2023/09/04	하나마이크론	2,419,925	0.65	29,099	13,487	370,601,787	12,735	29,350	761,138	373,0

[그림 61] 하나마이크론 2023년 9월 1일~4일 수익 내역

파두를 매도하고 변경된 대장주인 하나마이크론을 매수하여 5,000만 원에 가까운 수익(3,246만 원 + 1,674만 원)이 났습니다(그림 60은 오버나잇 계좌, 그림 61은 데이트레이딩 계좌). 만약 대장주가 변경된 것을 인정하지 않고 파두를 계속 보유했다면 5,000만 원의 수익을 얻기는커녕 엄청난 손실을 봤을 것입니다.

2. 다음날 대장주 변경

다음은 LS와 LS네트웍스의 3분봉 차트입니다. 2차전지 관련주로 분류가 된 LS는 2023년 7월 25일 10시 51분경 가장 먼저 상한가에 진입한 대장주였습니다. LS네트웍스는 LS가 상승한 후 뒤늦게 상승하여 11시 45분경 상한가에 들어간 2등주입니다. 시장 참여자들은 대장주를 매매하고 싶어 하기에 상한가 이후 거래가 가능한 다음날에는 많은 사람이 LS에 관심을 가짐에 따라 LS의 상승률이 높으리라 생각할 수 있습니다.

　　　　　　　　　　　PART 2 선택받은 종목만이 상승한다

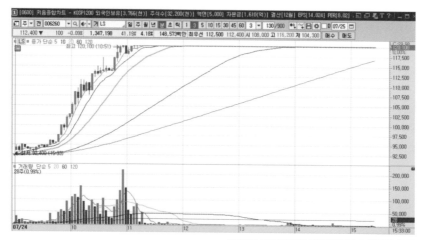

[그림 62] 2023년 7월 25일 LS 3분봉 차트

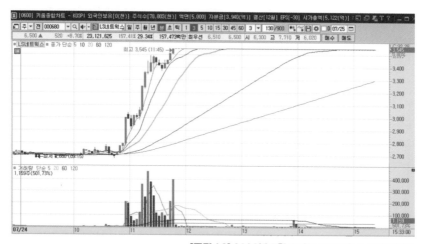

[그림 63] 2023년 7월 25일 LS네트웍스 3분봉 차트

[그림 64] 2023년 7월 26일 LS 3분봉 차트

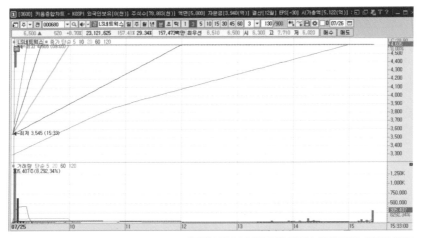

[그림 65] 2023년 7월 26일 LS네트웍스 3분봉 차트

하지만 다음날 예상과 다르게 LS는 시초가가 14.90% 상승하고 LS네트웍스는 22.71% 상승했습니다. 대장주가 바뀐 것입니다. 많은 사람이 LS가 대장이라고 생각했지만, LS네트웍스로 대장주가 바뀌었습니다. LS를

         PART 2 선택받은 종목만이 상승한다

보유하고 있던 사람은 LS를 매도하고 LS네트웍스를 매수하려고 할 것이고 두 종목 모두 보유하고 있지 않던 사람도 LS네트웍스에 더 관심을 가질 것입니다. 결국, LS네트웍스는 상한가로 마감했고 대장 자리를 뺏긴 LS는 -5.91%로 장을 마감하게 됩니다.

　대장주가 바뀌는 순간은 자주 일어나지 않지만 위와 같이 명확히 대장주가 바뀐 것을 인식한다면 바뀐 대장주로 갈아타야 합니다. 최소한 기존 대장주였던 종목은 다들 빠져나가려고 하기 때문에 이런 경우에는 신속하게 판단하여 대장주 자리를 빼앗긴 종목은 빠르게 매도해야 합니다.

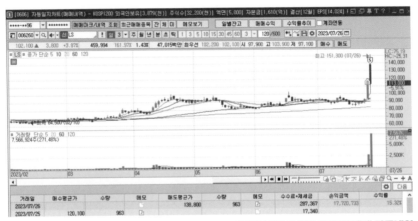

[그림 66] LS 일봉 차트 및 매매 마크내역

　위의 매매 마크내역을 보면 알 수 있듯이, 저는 2023년 7월 25일 LS를 대장으로 판단해 상한가에 매수하여 오버나잇 했습니다. 하지만 다음날 LS네트웍스가 LS보다 더 높은 시초가로 시작하자 대장주가 바뀐 것으로 판단했습니다. LS네트웍스를 매수하지는 못했지만 즉시 LS를 매도하여 고점에 수익을 실현할 수 있었습니다.

지금까지의 예시들과 같이 대장주가 바뀌는 역전의 순간에는 빠른 판단과 움직임이 필요합니다. 기존의 대장주를 즉시 매도하고 새로운 대장주로 갈아타야만 수익을 극대화하고 손실을 최소화할 수 있습니다.

내 종목은 오르지 않는
이유가 있다

주식투자를 하면서 '왜 내 종목은 안 오를까?', '내 수익률은 왜 이 모양이 꼴일까?' 하는 생각을 누구나 한 번은 했을 것입니다. 내 종목만 오르지 않고 손실이 커지는 이유는 대부분 하나로 귀결됩니다. 바로 크게 상승한 주가가 부담스러워 대장주를 매매하지 않았기 때문입니다.

1. 내가 좋아하는 주식을 사서

투자로 돈을 벌기 위해서는 내가 좋아하는 주식이 아닌 다수가 좋아하는 주식을 사야 합니다. 시장에서 인기가 있는 대장주일수록 주가가 크게 오릅니다. 인기가 많을수록 더 크게, 더 오랫동안 오르는 것입니다. 내가 좋아하는 주식을 남들이 좋아하지 않으면 주가가 오르려야 오를 수가 없고 결국 주가가 지속적으로 하락해 나도 싫어하는 주식이 될 가능성이 있습니다.

2. 나만 아는 주식을 사서

인기 있는 주식인 대장주는 대다수 시장 참여자에게 인지도가 높습니다. 사람들이 잘 모르고 유동성도 없는 주식을 사 놓고 지금은 시장에서 관심이 없을지라도 나중에는 시장의 주목을 받을 수 있을 것이라고 여기며 투자를 지속하는 것은 당장의 수익은 물론이고 기회비용까지 날리는 어리석은 행동입니다. 주식시장에서 단기투자로 돈을 벌기 위해서는 그날그날 시장의 상태를 파악하여 인기 있는 대장주에 집중해야 한다는 것을 늘 명심해야 합니다. 아무도 모르는 종목을 매수한 뒤 숨은 진주를 찾은 것이라는 생각은 착각일 뿐입니다. 시장은 보물찾기하는 곳이 아닙니다. 주식시장은 미인대회라는 점을 꼭 기억해야 합니다.

3. 싼 주식을 사서

현재 시장의 주도 테마와 대장주가 급격히 올라 비싸다고 생각해 비교적 저평가된 주식을 사려는 사람들이 있습니다. 장기적으로 봤을 때는 거품이 긴 주식보다는 현재 저평가된 주식을 사서 오르기를 기다리는 것이 올바른 투자법일 수도 있습니다. 그러나 단기투자를 하는 경우, 많이 오른 종목이 더 많이 오를 가능성이 큽니다. 시장에서 대장주로 인식되고 많은 사람의 이목이 쏠리는 종목이 한번 오를 때 크게, 더 오랫동안 오릅니다. 가는 놈만 간다는 말처럼 주식시장도 그렇습니다. 강력한 테마의 대장주의 경우 주가가 조금이라도 조정받으면 사고 싶어 하는 사람들이 줄을 서 있어 오랫동안 지속적으로 오릅니다. 이후 후발주로 오르는 종목이 있다 하더라도 대장주가 상승을 멈추고 무너질 때는 대장주보다 더 큰 폭으로 하락하는 경우가 많습니다.

4. 언제 오를지 모르기 때문에

주식시장은 타이밍이 정말 중요합니다. 그런데 어떤 종목이 언제 오를지 알기는 매우 어렵습니다. 저조차도 당장 주식 중 하나를 랜덤으로 골라 오를지 내릴지 맞혀보라고 하면 전혀 맞출 수 없습니다. 장 개시 후 인기 있는 테마와 대장주를 파악하고 대장주만이 높은 확률로 강세를 보인다는 것을 활용하기 때문에 모든 종목의 흐름을 예상하는 것은 불가능합니다. 좋은 주식이더라도 주가가 오를 때까지 얼마나 걸릴지 알 수 없고 얼마까지 오를지도 예상할 수 없는 영역입니다. 그뿐만 아니라 투자를 지속하는 과정에서 시장에 어떤 변수가 나타날지도 알 수 없습니다. 투자한 기업에서 예상할 수 없었던 문제가 생기는 경우 개인투자자가 대처하는 방법은 그저 손실을 떠안고 매도하는 것뿐입니다. 또한, 결혼, 부동산 거래, 가족 돌봄 등 자금이 꼭 필요한 이벤트가 있어 주식을 급하게 팔아야 하는 상황이라면 원하지 않는 가격에라도 주식을 매도해야 합니다. 주식은 언제 오를지 모르기 때문에 아무리 좋은 주식이라도 타이밍을 예측하는 것은 매우 어려운 일이라는 것을 유념해야 합니다.

5. 수익은 짧게, 손실은 길게 버티는 습관

수익을 보는 경우 주식을 쉽게 팔아버리지만, 손실 중인 주식은 쉽게 매도하지 못하는 경우가 많습니다. 손실 회피 성향은 인간의 본성 중 하나로, 동일한 크기의 이익보다 손실을 겪을 경우 감정적으로 더 크게 동요하는 것을 의미합니다. 이러한 손실 회피 성향은 투자에도 영향을 미칩니다. 주식에서 손실이 나는 경우 의사결정에 감정이 개입하게 되며 이성적인 판단을 하지 못하곤 합니다. 수익이 나는 대장주 같은 종목은 손쉽게 팔아버리면서도 손실 중인 종목은 버티면 오를 것이라는 생각으로 계속 보유하거나 이만큼 내렸으니 이제 오를 차례라고 생각하는 것은 옳지 못한 태도입니다. 주식시장은 일반적인 생각과는 반대로 움직입니다. 오르는 종목은 계속 오르고 내리는 종목은 계속 내립니다. 그것을 모르기 때문에 대부분의 사람이 상승하는 대장주는 빨리 팔아버려 수익이 제한되고, 하락하는 종목은 끝까지 버텨서 손실을 키웁니다. 손실을 줄여보겠다며 손실 중인 종목에 물타기하는 것은 정말 최악의 습관입니다. 지속적으로 하락해온 주식을 추가로 매수하는 것은 이미 공연이 끝나 관객이 다 떠난 콘서트장에서 혼자 앙코르를 외치고 있는 것과 마찬가지입니다. 이런 습관은 당장 버려야 합니다.

06

끼 있는 종목

과거 차트에 답이 있다

종목의 특성에 따라 큰 상승이 쉽게 나오는 종목이 있는 반면 5% 이상 상승하기 힘든 종목이 있습니다. 예를 들어 삼성전자의 경우 거래대금이 크고 전 국민에게 인기가 많은 종목이지만 하루에 상승할 수 있는 폭이 크지 않습니다. 장기투자로 접근할 수는 있겠지만 일일 변동성이 작으므

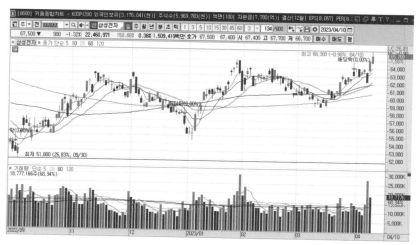

[그림 67] 삼성전자 일봉 차트

로 단기매매에 적합한 종목은 아닙니다.

[그림 67]은 삼성전자의 6개월간 주가 흐름을 일봉으로 나타낸 차트입니다.

삼성전자의 차트를 확인해 보면 6개월 중 상승폭이 가장 큰 날은 4.33% 상승했습니다. 삼성전자와 같이 변동성이 작은 주식을 단기매매로 접근한다면 추가 상승 여력이 낮아 거래비용을 납부하다 보면 수익을 쌓기 쉽지 않습니다. 지루한 흐름을 보여주며 다른 종목을 매매할 기회비용까지 날릴 수 있습니다.

반대로 시가총액이 큰 종목이지만 한번 오르는 경우 큰 폭으로 상승하는 에코프로와 같은 종목도 있습니다.

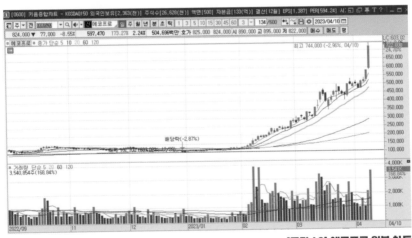

[그림 68] 에코프로 일봉 차트

에코프로의 6개월 일봉 차트를 확인해 보면 10% 이상 상승하는 날을 흔하게 찾아볼 수 있고 20% 이상 상승하는 날도 찾을 수 있습니다.

삼성전자와 같이 하루에 5% 이상 상승하기 쉽지 않은 종목은 주도 테마의 대장주가 되더라도 추가 상승에 대한 기대가 크지 않을 것입니다. 하지만 에코프로와 같이 상승할 때 크게 상승하는 종목이라면 추가 상승에 대한 기대가 클 것입니다. 시가총액, 유통주식 수 등으로 상승 여력을 가늠해볼 수도 있겠지만 가장 쉽고 정확하게 상승 여력을 판단하는 방법은 최근 6개월 정도의 일봉 차트를 확인해 보는 것입니다.

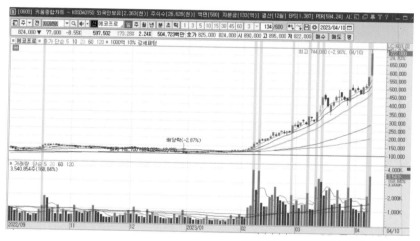

[그림 69] 에코프로 강세패턴 적용 차트

쉽게 상승하는 종목을 빠르게 찾기 위해 차트에 위와 같이 강세패턴을 적용했습니다(분홍색). 강세패턴이 보이도록 설정하는 방법은 다음과 같습니다. 키움증권 영웅문 HTS 기준 [0600] 키움종합차트 화면에서 오른쪽 마우스를 클릭 후 수식관리자(M)을 클릭합니다. 수식관리 창에서 강세약세를 클릭 후 사용자강세약세를 추가합니다.

거래대금 1,000억 이상, 시초가(o) 대비 종가(c)가 10% 이상 상승한 캔

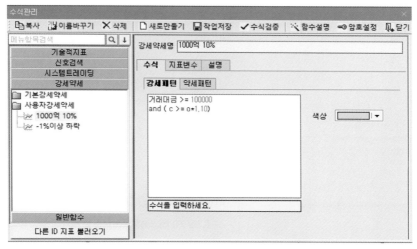

[그림 70] 강세약세 설정

들을 분홍색으로 표시하도록 설정했습니다. 강세패턴을 쉽게 체크하기
위해 활용할 수 있는 기능입니다. 최근 6개월간 차트에서 강세패턴이 많
이 나온 종목일수록 주도 테마의 대장주가 됐을 때 상대적으로 쉽게 상
승할 가능성이 큽니다.

　다음 페이지의 차트들과 같이 최근 강세패턴이 자주 등장한 종목일수
록 단기매매에 활용하기 좋습니다. 강세패턴이 나온다고 해서 반드시 주
가가 상승하는 것은 아닙니다. 그러나 강세패턴이 자주 등장하는 종목
은 사람들의 관심을 받게 되면 상대적으로 쉽게 상승해 단기매매에 적합
한 종목이라 할 수 있습니다. 과거 차트를 돌려보면 하루에 올라봤자 5%
이하의 변동성을 보이는 삼성전자 같은 종목보다 한번 오르면 10%, 20%
상승하는 종목으로 인식이 되어 있는 종목이 단기투자에 적합하다는 것
을 알 수 있습니다.

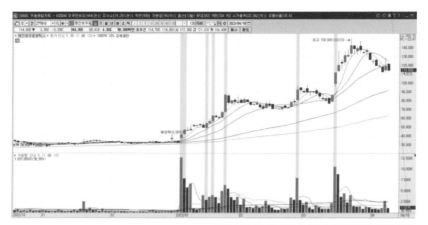

[그림 71] 레인보우로보틱스 강세약세 설정 차트

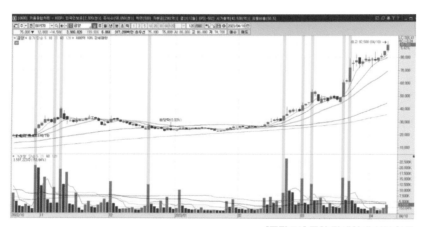

[그림 72] 금양 강세약세 설정 차트

PART 2 선택받은 종목만이 상승한다

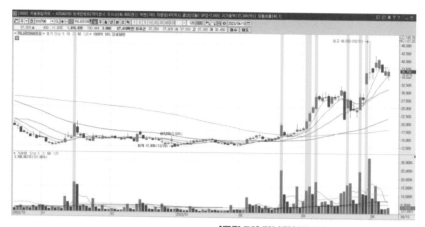

[그림 73] 카나리아바이오 강세약세 설정 차트

[그림 74] 포스코엠텍 강세약세 설정 차트

상한가도 가본 놈이 간다

 끼가 있는 종목은 앞서 설명한 내용처럼 한번 오를 때 크게 오르는 종 목입니다. 그런데 오를 때 크게 오르는 것도 중요하지만 상승세를 유지 하는 것도 굉장히 중요합니다. 위꼬리를 달지 않고 상한가에 자주 도달 하는 종목이 매매하기 가장 좋은 종목이라 할 수 있죠. 차트를 보는 방법 은 파트 3에서 설명할 예정입니다.

 종목이 끼가 있다는 의미는 상승할 때 상승폭이 다른 종목에 비해 크 고, 상한가에 더 쉽게 도달하는 종목을 의미합니다. 과거의 차트를 참고 해 보았을 때 상한가에 자주 들어가는 종목들이 매매하기에 적합하다는 이야기입니다. 그래서 '상한가도 가본 놈이 간다'라고 하는 거죠. 크게 오 르는 것도 중요하지만 올라서 그걸 잘 유지해주는지를 반드시 살펴보아 야 합니다. 대부분의 시장 참여자는 단기매매 시 과거의 기억과 차트를 참고해 매매를 진행합니다. 과거에도 크게 오르고 상한가에 자주 도달하 는 종목이라면 큰 금액을 쉽게 베팅하는 사람들이 많을 것입니다. 그러 나 오를 때마다 오른 주가를 유지하지 못하고 위꼬리를 자주 다는 종목인 경우에는 주가가 오르는 순간이 있을지라도 많은 사람이 매도 기회라고 생각하기 때문에 언제든지 또다시 주가가 하락할 가능성이 큽니다. 따라서 매매 시 되도록 피하는 것이 좋습니다.

[그림 75] 삼부토건 일봉 차트

삼부토건의 경우 본격적으로 첫 상승을 시작한 2023년 5월 22일과 5월 23일, 2일 연속 상한가에 들어갔습니다. 최근 2일 연속 상한가에 들어간 이력이 있기에 시장 참여자들은 삼부토건이라는 종목은 한 번 더 주목을 받는다면 또다시 상한가에 들어갈 수 있는 종목이라는 생각을 가지게 됩니다. 이후 2023년 6월 19일에도 상한가에 들어갔고 투자자들의 관심을 받는 날에는 10% 정도는 쉽게 상승하는 종목이 됐습니다. 이렇게 최근 상한가에 들어간 이력이 있는 종목은 다음에도 상대적으로 쉽게 상한가에 진입할 수 있습니다.

[그림 76] 셀바스헬스케어 2023년 3월~9월 일봉 차트

    위는 셀바스헬스케어의 2023년 3월~9월 일봉 차트입니다. 2023년 8월 1일 상한가를 기록했습니다. 2023년 8월 1일 이후 투자자들은 셀바스헬스케어가 상승할 때 잘하면 또 한 번 상한가에 들어갈 수도 있겠다는 생각으로 매매를 할 것입니다. 이후 셀바스헬스케어는 2023년 9월 6일과 9월 22일에도 상한가를 기록하게 됩니다.

    다음 페이지 셀바스헬스케어의 2022년 12월~2023년 6월 일봉 차트를 보세요. 2023년 2월 20일 첫 상한가를 시작으로 2월 23일, 2월 24일, 2월 27일, 3월 21일까지 총 5번이나 상한가를 갔습니다. 이렇게 자주 상한가에 들어가는 종목은 크게 상승하는 날에 또다시 상한가를 갈 수 있다는 기대로 주식을 보유하고 있던 사람도 최대한 매도하지 않으며 추가 매수하므로 사람은 더 적극적으로 매수하는 쉽게 상승하는 종목이 됩니다.

    시가총액, 주식 수, 유통비율 등을 머리 아프게 분석하는 것보다 이렇게 과거 일봉 차트를 돌려보는 것이 쉽게 상승하는 종목을 더 빠르고 정

PART 2 선택받은 종목만이 상승한다

[그림 77] 셀바스헬스케어 2022년 12월~2023년 6월 일봉 차트

확하게 발견하는 방법입니다. 그러나 끼 있는 종목이라고 아무 때나 매수하는 것은 주의해야 합니다. 단타 매매에서 사람들의 관심을 최고로 많이 받는 주도 테마의 대장주가 될 때에야 끼 있는 종목이 상대적으로 쉽게 상승할 수 있는 것이지 항상 상승하는 것은 아니기 때문입니다.

다음 페이지는 카나리아바이오의 일봉 차트입니다. 2023년 초 여러 번 장대양봉이 나왔으며 상한가도 2번 나온 끼가 있는 종목입니다. 그러나 불과 6개월 만에 주가는 고점 대비 1/4 토막이 났습니다. 일봉 차트가 역배열이 되었고 사람들의 관심을 받지 못하게 되자 끼 있는 종목임에도 불구하고 처참히 하락했습니다. 끼 있는 종목이라고 항상 상승하는 것이 아니라 사람들의 관심을 받을 때여야만 상대적으로 쉽게 상승하는 것이라는 사실을 유의해야 합니다.

오디텍처럼(그림 79) 상승했다 하면 위꼬리를 쉽게 다는 종목도 있습니다. 위꼬리가 자주 나오는 종목은 상승했다 하면 서로 매도하려고 하고

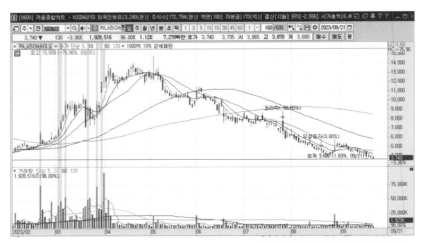

[그림 78] 카나리아바이오 일봉 차트

[그림 79] 오디텍 일봉 차트

사람들의 안 좋은 기억 때문에 확률상 앞으로도 상승을 유지하기 쉽지 않습니다. 위꼬리가 자주 발생하는 종목은 주식의 대량 보유자가 상승했다 하면 대량 매물을 쏟아낸다던가 저마다 다양한 이유가 있겠지만 복잡

PART 2 선택받은 종목만이 상승한다

하게 이유를 분석할 필요 없이 최근 일봉 차트를 확인하는 것만으로 쉽게 분석할 수 있습니다.

지금까지 살펴본대로 끼가 있는 종목이라고 무조건 상한가에 가고 위꼬리를 자주 다는 종목이라고 항상 하락하는 것은 아니지만 과거 차트를 확인해 보는 것은 상승 여력과 지속 여부를 판단하는 데 많은 도움이 될 것입니다.

매매하기 좋은 종목의 조건

단기매매에 적합한 시가총액

　단기투자에서 시가총액이 낮은 종목을 공략하라고 이야기하는 경우가 있습니다. 이유를 들어보면 시가총액이 큰 종목에 비해 시가총액이 작은 종목이 더 변동성이 크기 때문이라고 하는데요. 시가총액이 작은 종목일수록 적은 금액으로도 주가를 크게 올리고 내릴 수 있으므로 변동성이 큰 것은 사실이지만, 주가의 흐름을 예측하기가 어렵습니다. 이후 수급 파트에서 자세히 다루겠지만, 시가총액이 대략 3,000억 원 이하인 종목은 외국인이나 기관의 수급이 아닌 개인 수급으로 주가가 움직이는 경우가 많기 때문에 예상하기 힘든 주가 흐름을 보이는 경우가 많습니다.

　다음 페이지는 시가총액이 약 600억 원인 한일화학 일봉 차트입니다. 상한가를 간 후 다음날 갭하락 후 급락하거나 추세가 완전히 무너졌다고 생각되는 상황에서 급등하는 차트를 볼 수 있습니다. 예시와 같이 시가총액이 낮아 적은 금액으로도 주가가 쉽게 변동하는 종목은 회사의 좋고 나쁨을 떠나 주가가 어디로 움직일지 예상하기가 정말 어렵습니다.

　제 경험으로는 시가총액이 3,000억 원~10조 원 사이에 있는 종목을 공

락했을 때 좋은 결과가 나왔던 경우가 많습니다. 보통 시가총액 3,000억 원 이하의 종목은 상승하다가도 쉽게 위꼬리를 다는 등 흐름이 지저분한 경우가 많고 주가 흐름을 매우 예상하기 어렵습니다. 반대로 시가총액이 10조 원이 넘어가는 종목은 변동성이 크지 않아 높은 수익률을 추구하기가 어렵습니다. 10조 원 이상의 시가총액이 큰 대형주는 주식을 대량으로 보유하고 있는 기관투자자가 많습니다. 따라서 주가를 올리려는 매수세가 있더라도 기관투자자가 수익 실현을 위해 매도할 수 있어 주가 상승을 방해하기도 합니다.

[그림 81] 삼성전자 3분봉 차트

위의 그림은 시가총액이 약 400조 원인 삼성전자의 2023년 9월 27일 3분봉 차트입니다. 당일 최고가는 69,100원, 최저가는 68,200원으로 최고가와 최저가가 대략 1% 정도밖에 차이나지 않습니다. 이렇게 시가총액이 높은 종목들은 변동성이 작아 단기매매로는 적합하지 않은 경우가 많습니다.

그러나 저는 시가총액 10조 원 이상의 대형주라도 최근 차트에서 끼를 자주 보여준 종목이라면 적극적으로 매매에 활용하고 있습니다.

[그림 82] 에코프로비엠 일봉 차트

　그 예를 들어볼까요. 위는 에코프로비엠의 일봉 차트입니다. 에코프로
비엠은 2023년 7월 584,000원까지 상승했을 때 시가총액이 50조 원이 넘
기도 했지만 2개월도 채 지나지 않아 주가가 25만 원대까지 하락하는 등
엄청난 변동성을 보여준 종목입니다.

　이처럼 시가총액이 10조 원이 넘는 종목도 끼가 있어 적극적으로 매매
하는 경우가 있고, 시가총액이 3,000억 원 이하인 종목도 시장의 관심을
정말로 많이 받는다고 판단된다면 매매하는 경우도 있습니다. 단기매매
했던 종목들을 추려보면 주로 시가총액 3,000억 원에서 10조 원 사이의
종목에서 좋은 결과가 나올 확률이 높다는 뜻이지 시가총액에 너무 얽매
여 편견을 가지고 종목을 바라볼 필요는 없습니다.

공매도가 불가능하거나
공매도 잔고비율이 낮은 종목

공매도는 다른 투자자에게 주식을 빌려서 매도하고 주가가 하락하면 다시 주식을 매수해 빌렸던 주식을 갚고 수익을 얻는 투자전략입니다. 주가가 하락할 것으로 예상되면 주식을 빌린 후 팔았다가 가격이 떨어질 때 다시 주식을 사서 차익을 남깁니다. 예를 들어, A 기업의 주식 가격이 10,000원일 때 B 투자자가 이 주식을 빌려서 10,000원에 매도합니다. 나중에 A 기업의 주식 가격이 8,000원으로 하락하면 B 투자자는 8,000원에 주식을 다시 사서 빌렸던 주식을 반납합니다. 이렇게 하면 주가가 하락한 2,000원만큼의 이익을 얻을 수 있습니다. 공매도는 일반적으로 주가가 상승할 것으로 기대하여 투자하는 것과는 반대되는 전략입니다. 10,000원에 주식을 공매도하는 경우 최대 수익은 1주당 10,000원으로 제한되지만, 주식이 상승한다면 어디까지 상승할지 모르기에 손실은 제한되지 않아 매우 높은 위험을 가지고 있습니다.

공매도는 일반 개인투자자보다는 외국인 또는 기관투자자들이 더 많이 사용하는 전략입니다. 그렇다면 단기매매 시 공매도 잔고수량을 살펴봐야 하는 이유는 무엇일까요? 공매도 잔고수량이 많다는 것은 누군가 이 주식의 주가를 내리기 위해서 노력을 하고 있다는 의미이기 때문입니다. 따라서 상장된 주식 수에 비해 공매도 잔고수량의 비율이 높은 주식은 주의할 필요가 있습니다. 공매도 잔고수량은 KRX정보데이터시스템 홈페이지에 접속해 통계 - 공매도 통계를 통해 확인할 수 있습니다.

		[31001] 개별종목 공매도 종합정보			♠ 통계 › 공매도 통계 › 공매도 종합정보 › 개별종목 공매도 종합정보

종목명　005930/삼성전자 🔍　　조회
조회기간　20230818 ~ 20230918 📅　1일　1개월　6개월　1년

Close ✕

2023.09.19 AM 01:08:43　　　　　　　　주 ▼　원 ▼

일자	공매도 수량				공매도 금액			
	거래량			잔고수량	거래대금			잔고금액
	전체	업틱룰적용분	업틱룰예외		전체	업틱룰적용분	업틱룰예외	
2023/09/18	389,594	365,347	24,247	-	27,495,680,100	25,783,878,...	1,711,801,500	-
2023/09/15	206,509	125,021	81,488	-	14,858,625,600	9,010,173,3...	5,848,452,300	-
2023/09/14	887,621	736,054	151,567	8,802,257	63,565,455,400	52,753,437,...	10,812,017,600	631,121,826,900
2023/09/13	278,595	164,016	114,579	9,141,442	19,756,533,100	11,618,635,...	8,137,898,100	648,128,237,800
2023/09/12	361,636	152,863	208,773	7,151,427	25,533,924,800	10,779,852,...	14,754,072,000	504,175,603,500
2023/09/11	246,283	157,579	88,704	9,121,821	17,351,632,800	11,114,824,...	6,236,808,600	645,824,926,800
2023/09/08	467,789	139,569	328,220	9,204,552	32,757,127,000	9,771,146,9...	22,985,980,100	647,080,005,600
2023/09/07	273,292	79,536	193,756	9,612,345	19,168,721,900	5,579,992,9...	13,588,729,000	676,709,088,000
2023/09/06	182,383	80,256	102,127	9,510,377	12,803,388,800	5,625,484,4...	7,177,904,400	665,726,390,000
2023/09/05	421,571	76,149	345,422	9,139,469	29,836,439,000	5,381,697,0...	24,454,742,000	646,160,458,300
2023/09/04	1,121,985	194,263	927,722	9,189,155	80,697,991,100	14,038,172,...	66,659,819,100	654,267,836,000
2023/09/01	310,930	140,586	170,344	9,078,635	21,839,613,900	9,917,402,9...	11,922,211,000	644,583,085,000
2023/08/31	570,592	478,244	92,348	9,168,106	38,105,571,000	31,922,046,...	6,183,524,300	613,346,291,400
2023/08/30	330,103	275,047	55,056	9,142,137	22,236,295,500	18,528,705,...	3,707,590,000	613,437,392,700
2023/08/29	440,107	302,598	137,509	9,123,682	29,392,984,700	20,203,529,...	9,189,454,900	609,461,957,600
2023/08/28	232,121	134,024	98,097	9,069,944	15,495,404,100	8,943,733,2...	6,551,670,900	605,872,259,200
2023/08/25	407,387	171,669	235,718	9,178,023	27,345,697,300	11,521,256,...	15,824,441,100	615,845,343,300

[그림 83] 공매도 잔고수량 확인하기

시장의 수많은 종목 중에서 굳이 주가를 내리기 위해 노력하는 세력이 있는 종목을 선택할 필요가 있을까요? 수익을 내기 위해서는 공매도와 맞서 싸우려고 하지 말고 그날 가장 인기 있는 테마의 대장주에 집중해야 합니다. 간혹 '공매도 세력, 이 나쁜 놈들…. 누가 이기나 한번 해보

자!' 하며 공매도 잔량이 쌓여있는 종목과 외로운 싸움을 하는 투자자들이 있습니다. 이외에도 주가가 하락하고 있는 종목을 사서 오를 때까지 기다린다거나 큰 손실을 본 종목에서 손실을 메꾸기 위해 수익을 내고 나와야겠다며 무작정 버티는 것은 투자에 있어서 잘못된 태도입니다. 주식시장에서 돈을 버는 사람은 정의구현을 하려는 사람이 아니라 시장의 흐름에 올라타는 사람이라는 것을 잊지 마세요.

[31001] 개별종목 공매도 종합정보

통계 > 공매도 통계 > 공매도 종합정보 > 개별종목 공매도 종합정보

종목명 205470/휴마시스 조회

조회기간 20230825 ~ 20230927 1일 1개월 6개월 1년

Close ×

2023.09.29 AM 12:06:11 주 원

일자	공매도 수량				공매도 금액			
	거래량			잔고수량	거래대금			잔고금액
	전체	업틱룰적용	업틱룰예외		전체	업틱룰적용	업틱룰예외	
2023/09/27	196,201	190,027	6,174	-	472,329,935	457,067,395	15,262,540	-
2023/09/26	201,403	188,452	12,951	-	447,028,830	419,394,490	27,634,340	-
2023/09/25	74,576	67,285	7,291	10,479,556	159,639,230	143,815,275	15,823,955	22,111,863,160
2023/09/22	55,738	42,218	13,520	10,548,383	121,635,015	92,139,805	29,495,210	22,995,474,940
2023/09/21	121,584	76,835	44,749	10,848,128	265,965,665	167,909,715	98,055,950	23,377,715,840
2023/09/20	79,678	59,537	20,141	10,960,199	177,056,415	132,287,050	44,769,365	24,386,442,775
2023/09/19	90,995	70,688	20,307	11,137,942	206,099,740	160,473,100	45,626,640	24,837,610,660
2023/09/18	121,858	112,230	9,628	11,127,749	281,379,020	259,118,180	22,260,840	25,482,545,210
2023/09/15	155,391	128,237	27,154	10,701,481	359,587,740	296,756,240	62,831,500	24,613,406,300
2023/09/14	53,216	48,036	5,180	10,980,607	124,461,310	112,347,075	12,114,235	25,255,396,100
2023/09/13	51,569	35,760	15,809	11,349,895	121,557,815	84,355,830	37,201,985	26,388,505,875
2023/09/12	157,900	120,711	37,189	11,408,974	376,880,960	288,539,185	88,341,775	26,525,864,550
2023/09/11	226,037	181,077	44,960	11,215,160	552,959,450	443,309,900	109,649,550	27,252,838,800
2023/09/08	139,468	111,181	28,287	10,989,644	333,816,420	265,914,525	67,901,895	26,649,886,700
2023/09/07	112,469	83,105	29,364	11,198,352	270,869,785	200,174,375	70,695,410	26,820,053,040
2023/09/06	193,419	154,282	39,137	11,251,018	472,509,070	378,469,670	94,039,400	26,946,188,110
2023/09/05	231,874	198,329	33,545	10,898,601	558,482,345	478,396,040	80,086,305	25,884,177,375

[그림 84] 휴마시스 공매도 잔고

휴마시스의 공매도 잔고수량은 2023년 9월 25일 기준 10,479,556주로 상장주식 수인 129,375,009주의 약 8.1%입니다. 휴마시스는 상장주식 수 대비 공매도 잔고수량이 높은 종목으로, 주가를 내리기 위해 노력하

[그림 85] 휴마시스 일봉 차트

는 세력이 있는 종목입니다.

휴마시스의 일봉 차트를 보십시오. 주가가 역배열 상태로 우하향하는 것을 확인할 수 있습니다. 상장주식 수 대비 공매도 잔고비율이 높은 종목이라고 무조건 하락한다고 할 수는 없습니다. 하지만 주가를 하락시키려는 세력들이 악재를 부각시켜 상승을 막으려고 노력하기에 공매도 잔고비율이 높은 종목은 피하는 것이 좋습니다. 공매도 잔고비율이 높은 종목이 상승하기 위해서는 공매도 세력을 이길만한 더 강력한 수급과 호재 뉴스가 필요합니다.

그러나 간혹 공매도 잔고비율이 높더라도 공매도 세력을 이기고 숏커버링을 유발하여 급등하는 주식도 있습니다.

숏커버링
주가 상승시 공매도했던 투자자들이 주식을 되갚기 위해 매수하는 것이다.

　　　　　　　　　　　　　　PART 2 선택받은 종목만이 상승한다

일자 ⇕	공매도 수량				공매도 금액			
	거래량			잔고수량 ⇕	거래대금			잔고금액 ⇕
	전체 ⇕	업틱물적용 ⇕	업틱물예외 ⇕		전체 ⇕	업틱물적용 ⇕	업틱물예외 ⇕	
2023/07/28	349,178	0	349,178	1,951,934	136,322,889,...	0	136,322,889,...	795,413,105,000
2023/07/27	197,050	0	197,050	2,221,861	82,131,567,500	0	82,131,567,500	836,530,666,500
2023/07/26	806,750	327,225	479,525	2,781,261	413,326,082,...	167,404,47...	245,921,608,...	1,265,473,755,000
2023/07/25	508,751	174,422	334,329	3,121,153	216,602,430,...	74,987,522,...	141,614,907,...	1,441,972,686,000
2023/07/24	431,248	185,194	246,054	3,418,343	171,669,280,...	74,058,875,...	97,610,405,000	1,382,719,743,500
2023/07/21	343,459	71,519	271,940	3,563,391	126,731,072,...	26,473,459,...	100,257,612,...	1,359,433,666,500
2023/07/20	315,461	109,115	206,346	3,836,224	111,132,637,...	37,794,678,...	73,337,959,000	1,390,631,200,000
2023/07/19	436,668	169,629	267,039	3,813,602	154,310,502,...	60,215,672,...	94,094,830,000	1,376,710,322,000
2023/07/18	340,120	33,043	307,077	4,293,426	103,174,324,...	10,058,564,...	93,115,759,500	1,399,656,876,000
2023/07/17	112,902	29,792	83,110	5,187,407	31,537,777,500	8,290,452,5...	23,247,325,000	1,447,286,553,000
2023/07/14	116,135	48,660	67,475	5,184,196	32,505,370,000	13,596,916,...	18,908,454,000	1,459,351,174,000
2023/07/13	266,587	127,958	138,629	5,163,243	74,382,994,000	35,620,358,...	38,762,635,500	1,453,452,904,500
2023/07/12	466,268	270,211	196,057	5,063,718	132,683,602,...	76,725,596,...	55,958,006,500	1,412,777,322,000
2023/07/11	195,861	100,190	95,671	4,656,546	57,147,562,500	29,226,295,...	27,921,267,000	1,373,681,070,000
2023/07/10	303,021	124,351	178,670	4,649,549	86,874,426,000	35,530,129,...	51,344,296,500	1,325,121,465,000
2023/07/07	247,098	161,063	86,035	4,672,335	68,034,092,500	44,390,060,...	23,644,032,500	1,308,253,800,000
2023/07/06	285,268	94,565	190,703	4,608,782	79,579,502,000	26,353,126,...	53,226,376,000	1,267,415,050,000

[그림 86] 에코프로비엠 공매도 잔고

2023년 7월 에코프로비엠의 공매도 잔고는 5백만 주가 넘기도 했습니다. 상장주식 수인 97,801,344주의 5%가 넘습니다.

2023년 7월 18일부터 공매도 잔고가 급격히 감소하며 주가가 급등합니다. 주가가 크게 상승하자 공매도 세력이 패배를 인정하고 숏커버링을 시작한 것입니다. 공매도는 손실의 폭이 제한되지 않아 주가가 상승한다면 손실금액이 무한히 커질 수 있어 공매도 잔고비율이 높은 종목이 상승하는 경우 숏커버링을 유발할 수 있습니다. 에코프로비엠의 주가는 단기간에 2배 상승했고 공매도 잔고도 2백만 주 이하로 줄어들었습니다. 이처럼 공매도 세력이 숏커버링을 시작하여 주가가 상승할 때 단기매매로 접근할 수 있겠지만 굳이 힘든 싸움을 할 필요는 없습니다.

[그림 87] 에코프로비엠 일봉 차트

코스피200, 코스닥150에 들어가는 종목은 공매도할 수 있지만, 2023년 11월 6일부터 2024년 6월까지 한시적으로 공매도 금지 상태입니다. 현재가 창 상단을 확인하면 코스피200, 코스닥150 종목인지 쉽게 확인할 수 있습니다. 또한, 신 글자에 네모 테두리가 있는 종목은 현재 키움증권에서 공매도가 가능한 종목이고, 네모 테두리가 없으면 공매도가 가능하지만 더 빌릴 주식이 없어 공매도하기 힘든 종목입니다.

공매도가 가능한 종목이라고 무조건 매매를 하지 않아야 하는 것은 아닙니다. 시장의 관심을 최고로 받는 주도 테마의 대장주라면 공매도를 이기고 상승할 수 있는 힘이 있을 수 있습니다. 다른 조건이 모두 동일한 경우 공매도가 불가능한 종목이거나 공매도 잔고비율이 낮은 종목이 공략하기 더 좋다는 뜻이지 공매도 불가 종목이 무조건 단타 매매에 유리하다는 뜻은 아닙니다.

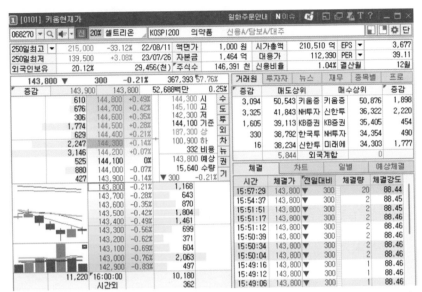

[그림 88] 셀트리온 현재가창

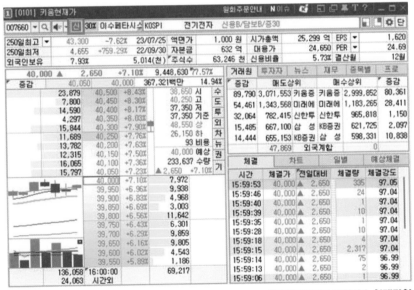

[그림 89] 이수페타시스 현재가창

PART 3

단기매매를 잘하려면 전문가 수준으로 차트를 읽고 분석할 수 있어야만 할까요? 그렇지 않습니다. 차트를 보고 이해하는 능력과 수급을 보고 시장 동향을 파악하는 정도면 괜찮습니다. 수익 내는 종목, 상승을 시작한 종목을 선별할 수 있는 차트 읽는 법을 알려드립니다.

성공적인 단기매매를 위한 기술적 분석

08

차트

기본 차트 설명

차트에 대한 기본적인 내용을 설명해 드리겠습니다. 차트에 관한 내용은 아주 간단하니 제대로만 이해하면 됩니다. 주식 차트는 기본적으로 이렇게 생겼습니다.

[그림 90] 일봉 차트

차트를 통해 주가 흐름을 파악할 수 있으니 읽는 방법을 알아야겠죠. 차트는 캔들 여러 개로 이루어져 있고, 캔들을 봉이라고 부르기도 합니다. 캔들은 색깔로 구분되며 빨간색은 양봉, 파란색은 음봉이라고 부릅니다. 간혹 빨간색 양봉이면 주식이 오른 것이고, 음봉이면 내린 것이라고 생각을 하는데 일부는 맞고 일부는 틀립니다. 캔들의 길이가 짧을수록 단봉, 길어지면 장대양봉, 장대음봉이라고 부릅니다.

캔들은 주가의 움직임을 나타냅니다. 하루 동안 주가의 움직임을 보여주는 건 일봉, 주 단위로 나타내는 건 주봉, 월 단위로 나타내는 건 월봉입니다. 단기매매를 하는 경우 비교적 짧은 주가 흐름에 집중하기 때문에 일봉, 또는 분 단위로 주가의 흐름을 확인하기 위해 분봉을 자주 사용합니다. 1분봉은 1분간의 주가 움직임을 나타내고, 3분봉, 5분봉, 30분봉 등도 마찬가지입니다.

1. 캔들로 시가, 종가 파악하기

캔들을 이해하기 위해서 가장 먼저 알아야 하는 것은 시가, 종가, 고가, 저가라는 개념입니다. 시가는 정규장이 시작되는 9시에 동시호가로 결정된 주식의 가격을 의미하고 종가는 15시 30분 정규장이 끝날 때 동시호가로 결정된 가격을 의미합니다. 시가는 전날 종가의 ±30% 이내에서 결정됩니다. 여기서 시가 대비 종가가 높게 끝나면 빨간색인 양봉이 되는 것이고, 시가 대비 종가가 낮게 끝나면 파란색인 음봉이 되는 겁니다. 고가는 장중 가장 높았던 가격을 의미하고 저가는 가장 낮았던 가격을 의미합니다.

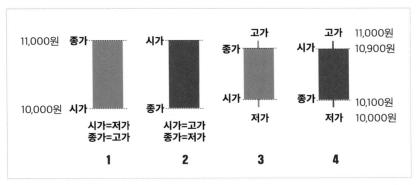

[그림 91] 캔들 모양과 의미

위의 그림에서 왼쪽부터 순서대로 1번, 2번, 3번, 4번 캔들이라고 하겠습니다. 1번 캔들은 빨간색 양봉인 것을 확인할 수 있습니다. 장이 열린 9시에 10,000원으로 시작해 10% 상승해 11,000원에 마감한 상태입니다. 이날 해당 주식의 시작 가격(시가)은 가장 낮은 가격인 저가에 해당하고 가장 높은 가격인 고가는 종가와 일치합니다. 즉, 시가와 저가는 10,000원으로 일치하고 종가와 고가 또한 11,000원으로 동일합니다. 2번 캔들은 파란색 음봉인 것을 확인할 수 있습니다. 주가가 9시에 11,000원으로 시작해 대략 9% 하락해 10,000원에 마감한 상태입니다. 이때는 시작한 가격이 이날 가장 높은 가격인 고가에 해당하고 끝난 가격이 가장 낮은 가격인 저가에 해당합니다. 즉, 시가와 고가는 11,000원이고 종가와 저가는 10,000원입니다.

2. 캔들 꼬리로 주가 파악하기

이어서 3번, 4번 캔들을 보겠습니다. 두 캔들 모두 위아래로 삐죽 꼬리가 있는 것을 볼 수 있습니다. 3번 캔들의 경우 10,100원에 시작해서 장중 저가는 10,000원, 장중 고가는 11,000원이고 종가는 10,900원을 기록한 형태입니다. 4번 캔들의 경우 10,900원에 시작해서 장중 고가는 11,000원, 장중 저가는 10,000원이고 종가는 10,100원을 기록한 형태입니다. 지금까지 캔들 설명을 이해하셨다면 당일 시가에 비해 종가가 높은 가격에 마감한 경우 양봉, 그게 아니라면 음봉인 것을 알 수 있습니다. 초보자 중에서 단순히 양봉은 오른 것, 음봉은 내린 것이라고 알고 있는 경우가 있습니다. 그러나 전날보다 주가가 올라도 음봉인 경우가 있습니다. 예를 들어, 장이 마감한 뒤 A 주식에 호재 뉴스가 나와 다음날 시가를 상한가에 해당하는 30%로 시작해 장중 5%까지 하락했다가 종가 기준 20%로 마감했다면 A 주식의 차트는 아래꼬리를 길게 단 음봉캔들 형태로 나타납니다. 다음 그림을 통해 캔들의 꼬리에 대해서도 좀 더 자세히 알아보겠습니다.

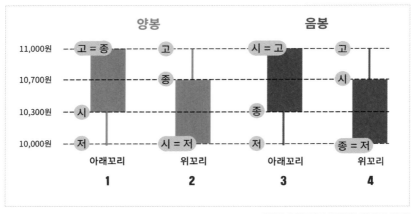

[그림 92] 캔들 꼬리의 의미와 차이

캔들의 꼬리는 위에 달려있는 경우 위꼬리, 아래에 달려있는 경우 아

PART 3 성공적인 단기매매를 위한 기술적 분석

래꼬리라고 부릅니다. 위의 그림도 아까와 마찬가지로 1번, 2번, 3번, 4번 캔들이라고 하겠습니다. 1번 캔들은 10,300원에 시작해 장중 저가인 10,000원을 기록하고 종가는 11,000원으로 마감한 아래꼬리 달린 양봉입니다. 1번 캔들의 경우 고가와 종가가 11,000원으로 일치하고 장중에 10,000원까지 내려갔다가 올라서 상승 마감한 상황을 보여줍니다. 2번 캔들은 10,000원에 시작해 장중 고가인 11,000원을 기록하고 종가는 10,700원으로 마감한 위꼬리 달린 양봉입니다. 2번 캔들의 경우 시가와 저가가 10,000원으로 일치하고 장중 11,000원까지 올랐다가 주가가 조금 내려 10,700원에 마감한 상황입니다. 1번 캔들의 경우 끝난 가격이 가장 높은 고가에 해당하니 마지막까지 매수세가 이어진 상태로 볼 수 있습니다. 2번 캔들의 경우 장중 고가를 유지하지 못하고 살짝 내려서 마감했습니다. 두 캔들 모두 시가에 비해 종가가 올라서 마감했지만, 이런 경우 1번 캔들 같은 형태가 장을 마감하는 시간으로 갈수록 힘이 있는 모습이라고 해석할 수 있습니다. 2번 캔들은 장중 고가를 유지하지 못하고 위꼬리를 단 모습인 반면, 1번 캔들은 장중 10,000원까지 하락했지만 종가 기준 고가에 해당하는 11,000원까지 올라 마감한 형태이기 때문입니다.

3번 캔들은 11,000원에 시작해 장중 저가인 10,000원을 기록하고 종가는 10,300원으로 마감한 아래꼬리 달린 음봉입니다. 해당 캔들은 시가와 고가가 11,000원으로 일치하고 장중 10,000원까지 하락했다가 종가는 10,300원으로 마감한 형태입니다. 4번 캔들은 10,700원에 시작해 장중 고가인 11,000원을 기록하고 종가는 10,000원으로 마감한 위꼬리 달린 음봉입니다. 4번 캔들의 경우 종가와 저가가 10,000원으로 일치하고 장중 11,000원까지 올랐다가 하락 마감한 모습을 보여줍니다. 같은 음봉일지라도 3번 캔들처럼 아래꼬리가 달려 마감한 것이 더 좋습니다. 장중 저가를 찍고 종가는 저가에 비해 높은 가격에서 마감한 것이기 때문에 하락이 이어지다가 아래꼬리가 달리며 반등 후 마감한 것이라고 볼 수 있습니다.

3. 갭

다음으로 갭gap에 대해서 알아보겠습니다. 갭의 사전적 정의는 틈, 간격, 공백을 의미합니다. 차트에서도 틈이 벌어지는 경우가 있습니다. 예를 들어 무한동력을 현실화할 수 있는 초전도체가 개발됐다는 뉴스가 나오면 초전도체 관련주들에 기대감이 반영될 것입니다. 이렇게 엄청난 호재가 있는 경우 해당 주식을 사고 싶어 하는 사람이 많아 주가가 전날보다 크게 올라서 시작하겠지요. 이때 발생하는 것이 바로 '갭'입니다. 주가가 상승해 빈틈이 생기는 경우 상승갭, 하락해 생기는 경우 하락갭이라

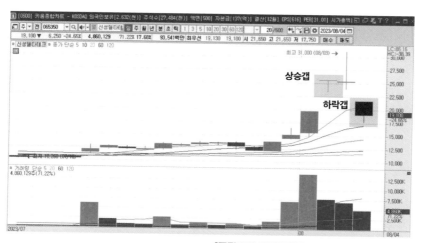

[그림 93] 신성델타테크 일봉(상승갭, 하락갭)

PART 3 성공적인 단기매매를 위한 기술적 분석

고 표현합니다.

 일반적으로 차트에서 갭이 생기면 해당 공간을 메우려는 심리가 강하게 작용하기 때문에 갭이 뜬 종목은 유의해서 매매하는 것이 좋습니다. 그러나 상승갭을 형성하고 그 위치를 지켜주는 경우 해당 종목의 매수세가 강하다고 보며 매매 시 활용할 수 있습니다.

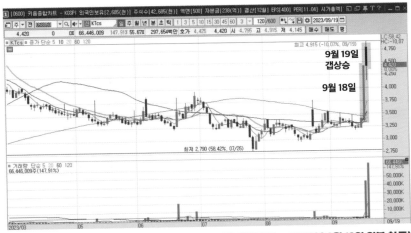

[그림 94] 갭 메운 예시(KTcs 2023년 9월 19일 일봉 차트)

 KTcs의 경우 2023년 9월 18일 상한가인 4,420원으로 장을 마감했습니다. 상한가로 장을 마감한 다음날 4,795원으로 갭상승하여 시가가 결정됐습니다. 하지만 장중에 전일 종가인 4,420원 이하까지 하락해 상승갭을 메운 모습을 보여줍니다. 위와 같이 상승갭이 발생한 경우 4,420원에서 4,795원 사이의 매물을 모두 소화하지 않은 채 상승했기 때문에 지속적으로 강한 매수세가 들어오지 않는다면 상승갭을 메우며 하락할 수 있습니다(차트에서 음봉).

[그림 95] 갭 지지 예시(롯데손해보험 2023년 9월 19일 일봉 차트)

[그림 96] 갭 지지 예시(롯데손해보험 2023년 9월 19일 3분봉 차트)

　　롯데손해보험의 경우 2023년 9월 18일 상한가인 2,390원으로 장을 마
감했습니다. 상한가로 장을 마감한 다음날 2,680원으로 갭상승하여 시

　　　　　　　　　　　PART 3 성공적인 단기매매를 위한 기술적 분석

가가 결정됐습니다. 2,680원의 시가 결정 후 잠시 시가 이하로 하락했지만 반등하여 시가 위에서 움직였고 10시 29분경 시가 지지 후 상승했습니다. 롯데손해보험은 KTcs와 달리 갭상승 후에도 지속적으로 매수세가 들어왔고 매물을 모두 소화해 상승한 것을 확인할 수 있습니다.

양봉, 음봉, 캔들 모양 및 위꼬리, 아래꼬리 등을 통해 캔들이 담고 있는 많은 정보를 확인할 수 있습니다. 그러나 차트는 단기매매를 할 때 활용하는 보조지표 중 하나일 뿐 차트에 목을 매는 것은 올바르지 않은 태도입니다. 만약 차트의 모양을 통해 패턴을 분석하고 돈을 벌 수 있다면 코딩으로 차트 패턴을 입력해 자동매매로 엄청난 수익을 벌어들일수 있을 겁니다. 전체적인 시장 흐름을 고려하여 주도 테마의 대장주가 되는 시장에서 최고로 관심을 받는 종목이 차트상 좋은 위치에 놓였을 때 상승할 가능성이 더 커지겠지만 차트만 보고 미래의 주가를 예측하는 것은 절대 불가능합니다. 그러므로 차트 공부에 너무 많은 시간을 쏟기보다 사람들이 관심을 가지는 주식은 무엇인지, 그중 대장주는 어떤 종목인지를 찾는 데 보다 많은 시간을 투자하시길 바랍니다.

4. 이동평균선

이동평균선은 캔들보다 더 쉬운 개념입니다. 주식 이동평균선Moving Average은 특정 기간 동안의 주가의 평균값을 연결하여 그린 선입니다. 우리가 주로 보는 이동평균선은 단순 이동평균선으로 특정 기간 동안의 주가를 단순 평균을 내 그린 선입니다. 5, 20, 60, 120일선이 기본적으로 활용되며 5일선은 당일을 포함하여 5일간의 주가 평균을 이은 선을 나타내고, 나머지 이동평균선도 동일한 개념입니다. 기간이 짧을수록 주가의 단기적인 흐름을 보여주고, 길수록 장기간의 주가 추이를 보여줍니다. 일반적으로 5일선은 단기 이동평균선으로 부릅니다. 20일선과 60일선은 중기, 120일선은 장기 이동평균선이라고 부릅니다. 일반적으로 미래에 대한 기대가 있고 많은 사람이 관심을 가지고 있는 주식이라면 주가가 지속적으로 상승했을 것입니다. 주가가 지속적으로 상승해왔다면 장기 이동평균선이 가장 아래에 있고, 그 위에 중기, 그 위에 단기 이동평균선이 위치합니다. 이러한 상태를 정배열이라고 부릅니다. 반면 지속적으로 하락해온 기업의 주식은 단기 이동평균선이 가장 아래에, 그 위에 중기, 그 위에 장기 이동평균선이 있을 것입니다. 이러한 상태를 역배열이라고 부릅니다.

[그림 97] 정배열차트 예시

일봉 차트가 정배열이라면 추가 상승에 대한 기대가 있어 매수하려는 사람이 많다는 의미입니다. 지속적으로 주가가 상승하고 있다는 것은 호

　　　　　　　PART 3 성공적인 단기매매를 위한 기술적 분석

재에 대한 기대가 있다고 해석할 수도 있습니다. 정배열이라고 무조건 주가가 상승할 것이라고 볼 수는 없지만 주도 테마의 대장주가 되었을 때 다른 종목에 비해 상대적으로 쉽게 상승할 수 있습니다.

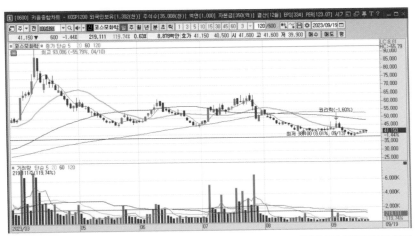

[그림 98] 역배열차트 예시

    일봉 차트가 역배열이라면 해당 주식에 물려있는 사람들이 많아 상승하면 다들 매도하려고 하기 때문에 매물을 소화하지 못하고 상승하기 어려운 경우가 많습니다. 역배열 상태인 종목이 상승하려면 정배열 종목에 비해 더 강력한 매수세가 필요합니다. 역배열 종목이라고 무조건 하락한다고 볼 수는 없지만 상승하기 위해선 큰 힘이 필요합니다. 따라서 쉽게 상승할 가능성이 있는 정배열 종목 위주로 공략하는 것이 단기매매의 승률을 높일 수 있는 방법입니다.

지지와 저항

　지지와 저항은 주식에서 가장 중요한 개념 중 하나입니다. 지지와 저항으로 작용하는 가격을 알고 매매를 하는 것과 모르고 매매를 하는 것은 천지 차이입니다. 그만큼 지지와 저항은 주가의 움직임에 강력한 영향을 주는 개념입니다.

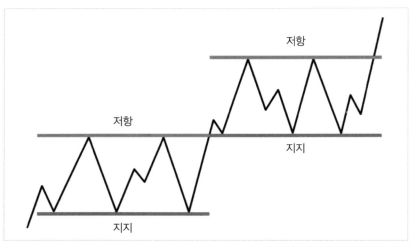

[그림 99] 지지와 저항 예시 차트

지지(Support)
- 지지는 주가가 하락하는 경향에서 일시적으로 더 이상 하락하지 않는 가격 수준을 말한다.
- 주가가 특정 가격 수준까지 하락하면 많은 매수 주문이 발생하여 주가가 더 이상 떨어지지 않고 회복되는 현상을 보인다.
- 이러한 지점을 지지선이라고 하며, 해당 가격 수준에서 주식을 구매하는 구매자들이 모이는 지점이다.
- 지지선은 주가가 더 이상 하락하지 않을 것으로 예상하므로 주식을 보유하거나 매수할 좋은 기회로 여겨진다.

저항(Resistance)
- 저항은 주가가 상승하는 경향에서 일시적으로 더 이상 상승하지 않는 가격 수준을 말한다.
- 주가가 특정 가격 수준까지 상승하면 많은 매도 주문이 발생하여 주가가 더 이상 오르지 않고 하락하는 현상을 보인다.
- 이러한 지점을 저항선이라고 하며, 해당 가격 수준에서 주식을 매도하는 매도자들이 모이는 지점이다.
- 저항선은 주가가 더 이상 상승하지 않을 것으로 예상되므로 주식을 매도하는 좋은 기회로 간주된다.

주식의 가격은 지지선과 저항선 사이에서 상승과 하락을 반복하며 움직이는 경향이 있습니다. 지지선을 깨고 내려가는 경우 과거의 지지선은 저항선으로 작용하고, 저항선을 돌파하는 경우 과거의 저항선은 새로운 지지선이 됩니다. 지지선과 저항선은 주가가 앞으로 어느 방향으로 움직일지 결정되는 위치이기 때문에 매수 및 매도 판단에 중요한 요소입니다.

하지만 주가가 지지선과 저항선의 가격을 정확히 지키며 움직이지는 않습니다. 시장 상황과 분위기에 따라 지지선과 저항선의 ±5% 이내의 지점에서 지지 및 저항 여부가 결정될 수 있습니다.

다음 페이지의 차트에서 2차전지 테마주인 LG에너지솔루션의 저항선은 신규 상장일 시초가인 약 60만 원입니다. 하지만 2차전지 테마주가 강

[그림 100] LG에너지솔루션 차트

세를 보였던 2022년 11월, 2023년 4월, 2023년 7월에 60만 원이 조금 넘어가는 가격에서 저항을 받고 하락한 것을 확인할 수 있습니다.

　　　PART 3 성공적인 단기매매를 위한 기술적 분석

지지와 저항이 될 수 있는 가격

1. 역사적 고점

역사적 고점은 차트상에서 가장 강력한 지지와 저항으로 작용합니다. 역사적 고점이란 주식이 상장된 이후의 가격 중에서 가장 높은 값을 말합니다. 주식이 역사적 고점을 돌파한 경우, 처음 도달한 가격 지점이기 때문에 저항, 즉 천장이 없는 상태로 볼 수 있습니다. 이러한 경우 강한 저항이 없기 때문에 주가가 어디까지 상승할지 알 수 없습니다. 차트에서 직전 고점이 존재하는 경우에는 주가가 직전 고점에 도달하면 해당 가격에 물려있는 사람들이 매도하려고 합니다. 그러나 강력한 저항으로 작용하는 역사적 고점을 돌파하여 신고가를 기록하고 있는 주식은 더 이상 물려있는 사람이 없는 상태입니다. 역사적 고점을 돌파한 뒤에는 주가가 새로운 가격을 쓰기 시작하기 때문에 해당 종목을 눈여겨 봐야 합니다.

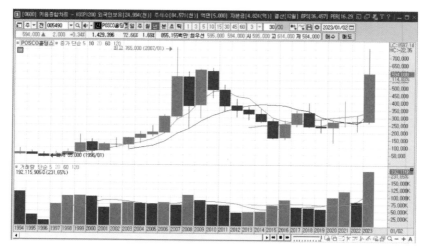

[그림 101] POSCO홀딩스 년봉 차트

위의 차트는 POSCO홀딩스의 년봉 차트입니다. POSCO홀딩스의 차트
를 보면 과거 2007년에 역사적 고점인 765,000원을 기록한 것을 볼 수 있
습니다.

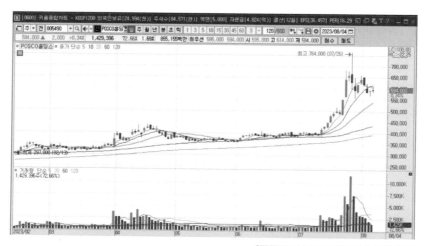

[그림 102] POSCO홀딩스 일봉 차트

       PART 3 성공적인 단기매매를 위한 기술적 분석

POSCO홀딩스의 일봉 차트를 볼까요. 2023년 7월 26일 장중 최고가인 764,000원을 찍고 주가가 하락한 것을 볼 수 있습니다. 과거의 역사적 고점 765,000원이 강력한 저항으로 작용한 예시입니다.

[그림 103] 에코프로 주봉 차트

위의 차트는 에코프로의 주봉 차트입니다. 2021년 11월 에코프로는 약 153,000원(수정주가 적용 기준)의 고가를 기록했습니다. 이후 2022년 9월 역사적 고점을 뚫지 못하고 약 145,000원에서 조정 받았고, 2022년 10월 또다시 15만 원을 뚫지 못하고 하락했습니다. 이때도 마찬가지로 역사적 고점을 돌파하지 못하고 저항을 받았습니다. 그러나 2023년 2월 에코프로는 저항으로 작용하던 15만 원을 강하게 돌파했습니다. 차트를 보면 이전에도 해당 가격을 뚫기 위해 2번의 돌파 시도가 있었던 것을 알 수 있습니다. 역사적 고점을 강하게 돌파하고 난 뒤 에코프로의 주가는 어떻게 됐을까요?

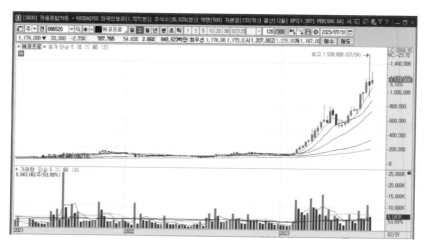

[그림 104] 에코프로 주봉 차트

위의 차트는 역사적 고점을 돌파한 후 주가 흐름을 보여주는 에코프로의 주봉 차트입니다. 역사적 고점을 강하게 돌파하고 난 뒤 에코프로의 주가는 2023년 7월 26일 최고가 기준 무려 1,539,000원까지 상승했습니다. 에코프로의 경우 역사적 고점을 강하게 돌파한 뒤 2023년의 대장주로 자리매김해 시장을 주도하는 종목으로 활약했습니다. 일반적으로 역사적 고점은 매물대가 매우 강해 저항을 맞고 떨어질 가능성이 큽니다. 하지만 에코프로처럼 주도 테마의 대장주가 된 종목이라면 모두의 관심과 함께 강한 저항대를 뚫을 가능성이 크고, 저항 돌파에 성공한다면 신고가 상태로 남아있는 매물대가 없기 때문에 몇 년에 한 번 찾아오는 큰 상승, 즉 대시세가 나올 가능성이 큽니다.

저는 2023년 2월 이전에는 에코프로를 매매하지 않았습니다. 하지만 강력한 저항대인 역사적 고점 돌파 후 에코프로가 시장에서 가장 관심을 많이 받는 종목이 되자 적극적으로 매매했습니다(그림 105). 역사적 고점

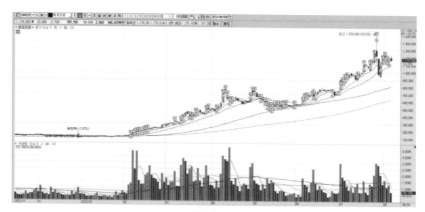

[그림 105] 에코프로 역사적 고점 돌파 후 buy & sell

을 돌파한다고 해서 무조건 대시세가 나온다고 예상할 순 없지만, 확률
이 높은 자리이기에 지속적으로 관찰할 필요가 있습니다.

　반대로 역사적 저점의 경우도 강력한 지지가 될 수 있습니다. 하지만
역사적 저점을 기록하는 종목의 경우 주가가 지속적으로 하락해온 역배
열 상태일 것이고 해당 주식에 물려있는 사람도 많으며 개인투자자는 알
지 못하는 악재가 존재할 가능성이 큽니다. 역사적 저점이 지지로 작용
해 역사적 저점을 터치하고 반등할 가능성도 있지만, 이것은 단기매매에
서 활용할 만한 지지와 저항은 아닙니다. 따라서 역사적 저점 종목은 단
기매매에서 고려하지 않는 것이 좋습니다.

2. 6개월 내 전고점

다음은 6개월 내 전고점입니다. 한 달은 대략 20거래일이기 때문에 HTS 차트에서 120개의 일봉을 보면 6개월간 주가 흐름을 확인해 볼 수 있습니다.

[그림 106] 삼성전자 일봉 차트

차트의 오른쪽 위 메뉴의 120/600 부분에서 120을 입력하면 차트에서 120개의 봉을 확인할 수 있습니다.

역사적 고점 가격이 현재 주가에 비해 괴리가 너무 클 경우에는 6개월 내 전고점을 활용할 수 있습니다. 6개월 내 전고점 활용 방법도 앞서 설명해 드린 역사적 고점 내용과 동일합니다.

PART 3 성공적인 단기매매를 위한 기술적 분석

[그림 107] 에코프로 일봉 차트

위의 차트는 에코프로의 일봉 차트입니다. 차트의 흐름을 보면 에코프로는 2023년 4월 11일 82만 원의 고가를 형성했습니다. 그 후 2023년 4월 28일 고가 791,000원을 형성하고 조정을 받았습니다. 그 후 6월 14일 다시 79만 원에 도달해 80만 원대 저항을 돌파하기 위한 두 번째 시도가 이어졌습니다. 이후 80만 원 부근에서 주가를 유지하다가 2023년 7월 3일 드디어 6개월 내 전고점에 해당하는 82만 원을 강하게 돌파하는 장대양봉이 나왔습니다.

이후 에코프로의 차트를 보면 한 달도 채 되지 않아 1,539,000원까지 빠르게 주가가 상승한 것을 볼 수 있습니다. 이렇듯 6개월 내 전고점 돌파가 나오기 시작한 주도주는 비교적 빠른 속도로 주가가 상승할 수 있습니다. 고점을 돌파한 주도주는 모든 시장 참여자가 매매를 하기 위해 지켜보고 있는 경우가 많습니다. 따라서 좋은 이슈가 나오거나 차트 위치상 괜찮은 자리에 있다고 판단되면 쉽게 매수세가 몰리게 됩니다. 바

[그림 108] 에코프로 일봉 차트

닥을 기고 있는 역배열 종목을 매매해서는 단기매매에서 수익을 낼 수 없습니다. 시장의 관심을 받는 인기 종목이 과거 고점을 돌파하는 자리 근처 또는 돌파 후 매매한다면 상대적으로 쉽게 수익을 낼 수 있습니다.

순위	종목명	종료일 종가	대비	등락률	거래대금 합계	거래대금 일평균
1	에코프로	908,000	▲ 154,000	+20.42	2,512,734,458,000	2,512,734,458,000
2	삼성전자	73,000	▲ 800	+1.11	782,251,095,800	782,251,095,800
3	이수페타시스	31,400	▲ 3,200	+11.35	469,943,570,600	469,943,570,600
4	에코프로비엠	263,500	▲ 14,500	+5.82	457,609,103,500	457,609,103,500
5	신성이엔지	2,955	▲ 620	+26.55	406,596,939,735	406,596,939,735
6	SK하이닉스	117,600	▲ 2,400	+2.08	356,161,886,500	356,161,886,500
7	POSCO홀딩스	402,000	▲ 14,000	+3.61	337,799,905,500	337,799,905,500
8	포스코퓨처엠	369,000	▲ 16,000	+4.53	270,935,489,000	270,935,489,000
9	포스코DX	17,140	▲ 1,890	+12.39	269,580,579,130	269,580,579,130
10	오픈놀	16,980	▲ 1,230	+7.81	263,809,103,300	263,809,103,300
11	삼성SDI	717,000	▲ 48,000	+7.17	240,648,467,000	240,648,467,000
12	칩스앤미디어	38,400	▲ 6,950	+22.10	235,040,433,300	235,040,433,300
13	이수스페셜티케미컬	333,000	▲ 8,000	+2.46	178,288,741,000	178,288,741,000
14	삼부토건	3,460	▲ 370	+11.97	174,470,808,895	174,470,808,895
15	LG에너지솔루션	573,000	▲ 20,000	+3.62	165,225,463,000	165,225,463,000

[그림 109] 2023년 7월 3일 거래대금 상위 종목

에코프로가 6개월 내 전고점을 돌파하며 장대양봉이 나온 2023년 7월 3일의 거래대금을 확인했더니 2.5조 원의 압도적인 거래대금을 동반하며 시장에서 가장 인기 있는 종목이었던 것을 확인할 수 있습니다.

[그림 110] 에코프로비엠 일봉 차트

위의 차트는 에코프로비엠 일봉 차트입니다. 에코프로비엠은 2023년 7월 18일 16.85% 올라 326,500원으로 마감하며 신고가를 기록했습니다. 해당 가격은 과거 6개월 이내 고점이었던 4월 10일의 315,500원을 돌파한 모습을 보여줍니다.

[그림 111] 에코프로비엠 일봉 차트

6개월 내 전고점을 돌파한 이후 2023년 7월 26일 장중 584,000원까지 오르는 모습을 확인할 수 있습니다. 에코프로비엠의 주가는 6거래일만에 무려 78.87% 상승했습니다. 에코프로비엠의 차트를 보면 과거에도 6개월 전 고점을 지속적으로 돌파하며 상승을 지속해 왔습니다.

[그림 112] LS 일봉 차트

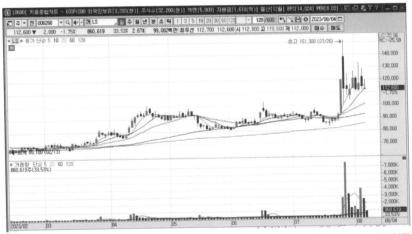

[그림 113] LS 일봉 차트

　위의 차트는 LS의 일봉 차트입니다. LS는 2023년 7월 25일 상한가에 도달하며 6개월 내 전고점을 강하게 돌파했습니다. LS의 경우 4월 19일 장중 100,500원까지 상승했다가 다시 하락했고, 6월 19일에도 103,000원을 찍고 하락했습니다. 이처럼 10만 원대 안착을 위한 두 번의 돌파 시도가 있었고, 드디어 2023년 7월 25일 거래대금을 동반한 장대양봉으로 이전의 고점을 돌파했습니다.

바로 다음날 LS는 장중 25.98% 상승해 최고가 151,300원을 기록했습니다. 에코프로, 에코프로비엠과 같이 대시세는 아니었지만 큰 상승이었습니다. 2023년 7월 25일 LS가 6개월 내 고점인 103,000원을 강하게 돌파하는 것을 확인하고 상한가에라도 매수했다면 다음날 시초가에 매도했을 경우 하루 만에 14.9%의 수익을 챙길 수 있었습니다. 이처럼 6개월 내 고점을 매매에 적극적으로 활용하는 것이 중요합니다.

[그림 114] 유진로봇 일봉 차트

유진로봇은 2023년 8월 8일, 2023년 3월 6일에 기록했던 6개월 내 고점인 8,190원을 돌파하는 신고가가 나왔습니다.

PART 3 성공적인 단기매매를 위한 기술적 분석

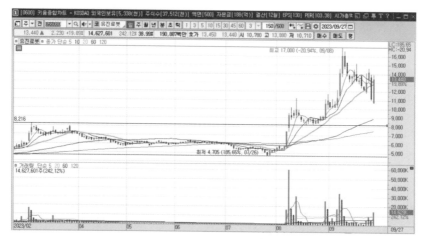

[그림 115] 유진로봇 신고가 지지 차트

강력한 저항이었던 8,190원을 돌파하자 저항이 지지로 변경되어 2023년 8월 8,190원에서 여러 번 지지를 받고 다시 상승하게 됩니다. 이렇게 6개월 내 고점을 돌파하면 해당 가격이 강한 지지선으로 작용할 가능성도 있습니다.

위의 예시들과 같이 신고가 돌파 종목은 대시세가 나올 가능성이 크지만, 차트만 보고 매매해서는 절대 안 됩니다. 시장의 주도 테마의 대장주가 되며 고점을 돌파하는 장대양봉이 나오는 경우가 가장 성공 가능성이 높습니다. 만약 시장에서 최고의 관심을 받으며 고점을 돌파한 것이 아니라 시장이 상승추세여서 또는 다른 종목들이 올라서 뒤따라 오른 종목의 경우에는 과거 고점을 돌파했더라도 쉽게 하락할 수 있습니다.

3. 당일 시가, 고가, 전일 종가

데이트레이딩하는 경우 지지와 저항 기준으로 당일 시가, 고가, 전일 종가를 볼 수 있습니다. 9시에 장이 시작한 뒤 주가 흐름에 따라 시가는 지지 또는 저항으로 작용합니다. 만약 장 시작 이후 시가에 비해 주가가 하락한 경우 시가는 저항으로 작용하고, 시가에 비해 주가가 상승한 경우 시가는 지지로 작용합니다.

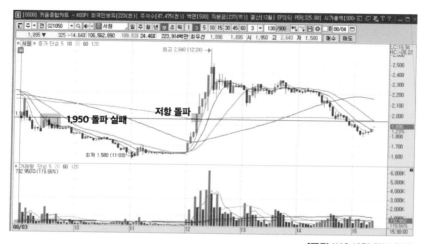

[그림 116] 서원 일봉 차트

위의 차트는 2023년 8월 4일 서원의 3분봉 차트입니다. 서원은 시초가 1,950원으로 시작했습니다. 시초가를 지지한 뒤 주가가 올랐다면, 시가는 지지로 작용하게 됩니다. 그러나 지지선이었던 시가를 하향 돌파하는 경우 시가는 저항으로 작용합니다. 9시 30분과 9시 42분에 시가에 해당하는 1,950원을 돌파하기 위한 시도가 있었지만, 시가를 돌파하지 못하고 하락한 것을 볼 수 있습니다. 시가가 저항선으로 작용하는 것입니

PART 3 성공적인 단기매매를 위한 기술적 분석

다. 저항인 시가를 돌파하기 위한 2번의 시도가 있었지만 실패한 이후 서원의 주가는 지속 하락하게 됩니다. 11시 3분 당일 저가인 1,580원을 기록하고 서원의 주가가 반등하기 시작합니다. 이후 12시 12분 저항선으로 작용하던 시가 1,950원을 강하게 돌파한 뒤 더 강력한 상승이 나오는 것을 볼 수 있습니다.

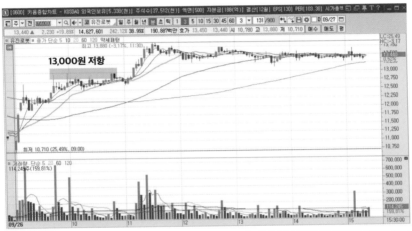

[그림 117] 유진로봇 2023년 9월 27일 3분봉 차트

유진로봇의 2023년 9월 27일 3분봉 차트입니다. 지지 성공, 저항 돌파 가능성은 시장에서의 관심도 여부, 수급 등 다양한 요소가 결합하여 결정됩니다. 9시 42분, 9시 57분, 10시 45분에 13,000원 근처의 가격에서 저항을 받으며 당일 고가를 형성했습니다. 하지만 11시 9분 저항선인 당일 고가를 돌파하고 13,880원까지 상승합니다. 이후 13시 42분에는 당일 고가였던 13,000원 조금 위의 가격이 지지선으로 작용해 반등한 것을 확인할 수 있습니다.

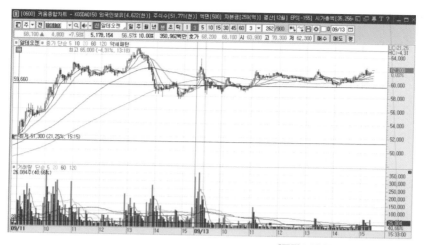

[그림 118] 알테오젠 3분봉 차트

　알테오젠의 2023년 9월 12일과 9월 13일 3분봉 차트입니다. 9월 12일에는 종가 59,600원에 마감했고 9월 13일에는 전일 종가인 59,600원 근처의 가격이 지지선으로 작용하는 것을 확인할 수 있습니다. 주로 전일 장대양봉 또는 상한가인 경우 전일 종가가 지지선으로 작용하는 경우가 많습니다. 전일 종가 근처에서 지지에 성공한다면 상승 전환할 수 있지만, 전일 종가 지지에 실패하고 하락해 전일 종가가 저항선으로 작용한다면 주가가 어디까지 하락할지 모르는 상황이 됩니다. 전일 대비 하락하는 종목은 잘못하면 큰 손실이 날 수 있기 때문에 전일 종가를 완전히 이탈했다고 판단되는 경우에는 매매하지 말아야 하고, 보유하고 있다면 손절하는 것이 좋습니다.

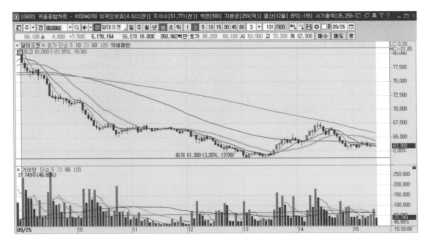

[그림 119] 알테오젠 2023년 9월 26일 3분봉 차트

2023년 9월 26일 알테오젠은 전일 종가인 81,100원 대비 하락하여 종가까지 하락한 모습을 확인할 수 있습니다. 저는 전일 종가 대비 1% 이상 하락한 경우 전일 종가를 완전히 지지하지 못했다고 판단해 매매를 피하는 편입니다. 전일 종가 대비 1% 이상 하락한 경우 차트에 약세패턴을 적용하여 매매를 주의하고 있습니다.

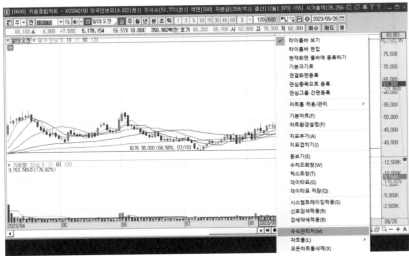

[그림 120] 수식관리자 설정하기

전일 종가 지지선 이탈을 쉽게 확인하고 싶다면 약세패턴을 설정해두면
됩니다. 차트에서 오른쪽 마우스를 클릭한 후 수식관리자(M)를 엽니다.

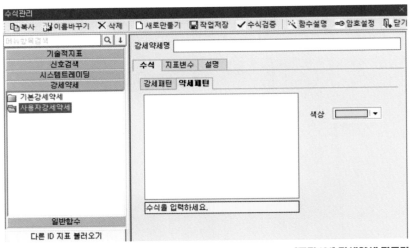

[그림 121] 강세약세 만들기

강세약세를 클릭 후 사용자강세약세를 클릭합니다. 새로 만들기 클릭
후 약세패턴을 입력하면 됩니다.

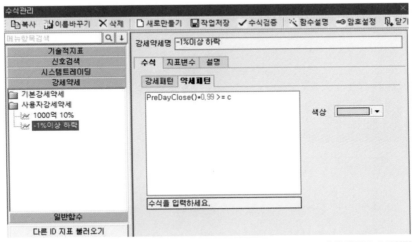

[그림 122] 약세패턴 수식입력

약세패턴 수식에 'PreDayClose()*0.99 >= c'라고 입력합니다. 수식검
증 후 작업 저장을 누릅니다. 전일 종가보다 1% 이상 하락한 경우 약세
패턴을 표시하는 수식이 저장되었습니다.

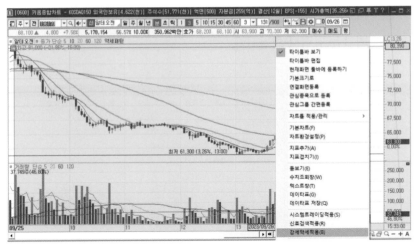

다시 차트로 돌아와 오른쪽 마우스 클릭 후 강세약세적용(B)를 클릭 후
설정했던 지표를 분봉 차트에 적용하면 1% 이상 하락한 경우 차트가 하
늘색으로 표시됩니다. 일봉 차트에 적용하면 1% 이상 하락한 날이 모두
약세패턴으로 적용되므로 분봉 차트에만 적용하는 것이 보다 판단하기
편합니다.

전일 종가 대비 1% 이상 하락한 경우에도 충분히 판단하기 쉽지만, 차
트에 약세패턴까지 적용해둔 이유는 뇌동매매를 최대한 줄이기 위함입
니다. 손실을 많이 봐서 심리가 무너진 상태에서는 올바른 판단을 하기
어렵습니다. 정상적인 심리상태에서는 뇌동매매를 하지 않겠지만 손실
을 본 상황에선 잘못된 판단을 할 수 있습니다. 따라서 평소 매매하면서
손실을 많이 보는 패턴이 있다면 위와 같이 약세패턴으로 설정해 상기시
키도록 하여 주의하는 것이 좋습니다.

　　　　　　　　　　　　　PART 3 성공적인 단기매매를 위한 기술적 분석

4. 호가 단위가 변하는 가격

호가란 주식시장에서 매수와 매도 주문들의 가격과 수량을 나타내는 정보를 말합니다. 호가창은 주식시장에서 거래되는 종목들의 현재 거래 상태를 시각적으로 표시하는 도구 중 하나입니다. 주식 호가 정보는 매수세, 매도세, 투자자들의 심리 상태를 파악하는 데에 도움을 주며, 거래 결정을 내리는 데에도 활용됩니다.

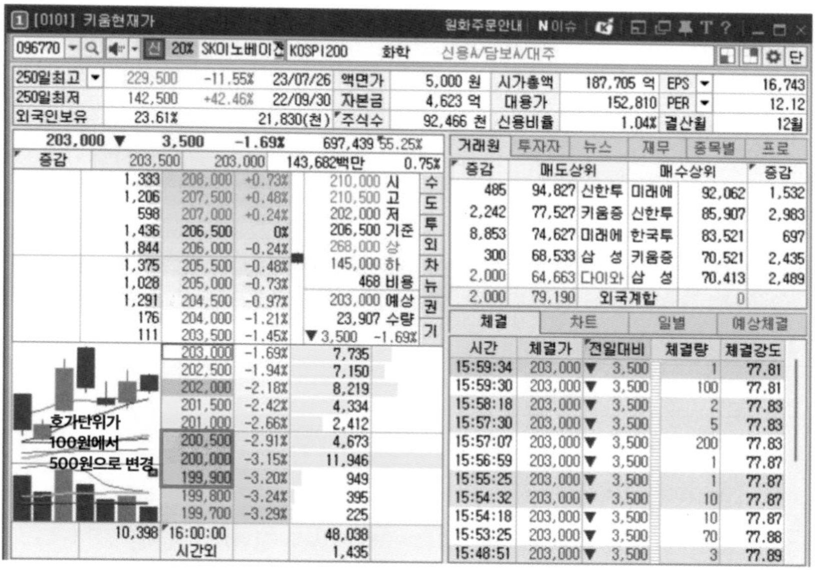

[그림 124] SK이노베이션 호가창

위의 사진은 SK이노베이션의 호가창입니다. 호가창을 기준으로 보면 SK이노베이션의 현재가는 203,000원입니다. 호가창에는 각각 10개의 매도호가와 매수호가가 보입니다. 매도호가는 주식을 팔려고 하는 사람들의 주문을 나타내고, 매수호가는 주식을 사고자 하는 사람들의 주문을 나타냅니다. 여기서 호가 단위는 각 주식의 가격을 표시하는 단위를 말합니다. 주식시장에서는 주식의 가격을 일정한 단위로 나눠서 표현하는데, 이를 호가 단위라고 부르며 주가에 따라 호가 단위에 차이가 있습니다. 어떤 주식의 호가 단위가 1원이라면 주식의 가격은 1원 단위로 변동합니다. 따라서 1,000원에서 1,001원, 1,002원 등으로 주식의 가격이 변경될 수 있습니다. 호가 단위는 주식 거래를 원활하게 하고, 주식 가격의 변동을 투자자들이 잘 파악할 수 있도록 하는 역할을 합니다.

SK이노베이션의 호가창을 유심히 살펴보면 뭔가 다른 점을 찾아볼 수 있습니다. 20만 원을 기준으로 호가 단위가 달라진 것이죠. 20만 원 아래의 호가에서는 호가 단위가 100원이지만, 20만 원 위의 호가에서는 호가 단위가 500원인 것을 확인할 수 있습니다.

가격	호가단위(2023.1.25. 변경)
2,000원 이하	1원
2,000~5,000원	5원
5,000~20,000원	10원
20,000~50,000원	50원
50,000~200,000원	100원
200,000~500,000원	500원
500,000원 이상	1,000원

[그림 125] 호가 단위 기준

위의 그림은 현재 주식시장의 호가 단위를 정리한 표입니다. 가격대별로 호가 단위의 기준이 다른 것을 볼 수 있습니다. 2,000원 미만의 주식

PART 3 성공적인 단기매매를 위한 기술적 분석

은 호가 단위가 1원, 2천 원 이상~5천 원 미만은 호가 단위가 5원, 5천 원 이상~2만 원 미만은 10원, 2만 원 이상~5만 원 미만은 50원, 5만 원 이상 ~20만 원 미만은 100원, 20만 원 이상~50만 원 미만은 500원, 50만 원 이 상은 1,000원의 호가 단위로 나타냅니다. 호가 단위가 중요한 이유는 지 지와 저항의 기준점 중 하나이기 때문입니다. 단기매매를 할 때 호가 단 위를 염두에 두면 해당 호가 단위가 변하는 지점까지 쉽게 상승할 수 있 을 것이라 생각하고 매수 타점을 잡을 수 있습니다. 예시 차트를 보면서 자세한 설명을 이어가겠습니다.

아래 그림은 포스코DX의 일봉과 5분봉 차트입니다. 호가 단위가 변하 는 20,000원 근처의 주가 흐름을 분봉을 통해 더욱 자세히 살펴보겠습니 다. 2023년 7월 10일 포스코DX의 5분봉 차트를 보면 호가 단위가 변하 는 가격인 20,000원까지 쉽게 도달한 뒤 주가가 20,000원 부근에서 눈치 를 보며 횡보하고 있는 모습을 볼 수 있습니다. 이날 종가는 20,250원으

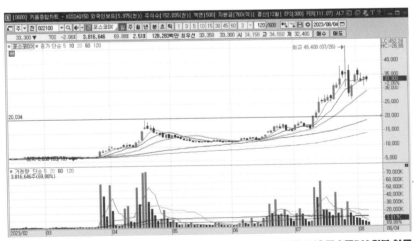

[그림 126] 포스코DX 일봉 차트

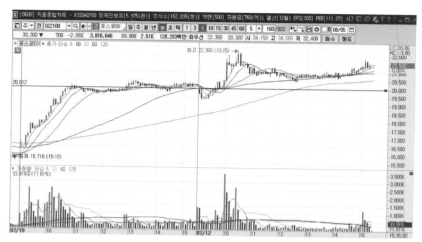

[그림 127] 포스코DX 2023년 7월 11일, 12일 5분봉 차트

로, 호가 단위가 변하는 가격인 20,000원과 6개월 내 전고점인 19,420원
을 돌파한 것으로 보입니다. 하지만 조금만 하락한다면 20,000원의 지지
선을 이탈하고 20,000원이 다시 저항선이 될 가능성도 있습니다. 눈치싸
움이 치열한 구간입니다. 호가 단위가 변하는 가격을 돌파한 후 확실하
게 지지를 받지 못하는 경우 또다시 하락하여 호가 단위가 변하는 가격
이 저항선이 될 수 있기 때문입니다.

　그다음 거래일인 2023년 7월 12일 포스코DX의 흐름을 보면 시가
19,930원으로 하락 출발을 했습니다. 이때까지도 투자자들은 눈치를 보
면서 포스코DX의 주가 흐름을 지켜보고 있는 것으로 볼 수 있습니다. 이
후에도 20,000원 부근에서 상승·하락을 반복하다가 오전 10시 20,000원
을 돌파한 뒤 안정적인 주가 흐름을 보입니다. 2023년 7월 12일 포스코
DX의 종가는 21,500원으로, 호가 단위 50원인 20,000원대에 안착했습
니다. 20,000원대에 완전히 안착했다고 판단된 뒤 주식을 매수하면 전날

에 주식을 사는 것보다 확신을 가지고 주식을 매수할 수 있습니다. 변경된 호가 단위가 지지로 작용하는 것을 확인하고 주식을 매수했기 때문입니다. 이후 포스코DX의 주가는 10거래일 만에 45,400원까지 상승했습니다. 변경된 호가 단위 범위 내에서 그다음 저항으로 작용하는 50,000원 근처까지 비교적 쉽게 주가가 오르기 때문입니다.

[그림 128] 코스모화학 일봉 차트

위의 그림은 코스모화학의 일봉 차트입니다. 코스모화학의 차트를 보면 호가 단위가 변하는 가격인 50,000원 부근이 지지와 저항으로 작용하는 것을 볼 수 있습니다. 2023년 3월 8일과 3월 28일 50,000원 돌파를 시도할 때마다 호가 단위가 변하는 50,000원이 저항으로 작용해 주가가 조정을 받았습니다. 그러나 2023년 4월 3일 코스모화학은 상한가에 도달하면서 종가 기준 64,800원으로 마감하며 호가 단위가 변하는 50,000원 저항 위에 완전히 안착하여 저항이 지지로 변경되었습니다. 그 후 2023년

4월 10일 최고가 94,600원까지 빠른 속도로 주가가 상승한 것을 볼 수 있습니다. 이후 코스모화학의 주가는 조정을 받았지만, 차트의 모습을 보면 50,000원 근처 지지 가격에 도달할 때마다 주가가 다시금 반등을 시도하는 걸 볼 수 있습니다. 코스모화학의 차트를 통해 저항이었던 50,000원을 강하게 돌파한 이후에는 50,000원이 지지로 작용하는 것을 알 수 있습니다.

5. 딱 떨어지는 가격

다음으로 지지와 저항으로 작용할 수 있는 가격은 딱 떨어지는 가격입니다. 딱 떨어지는 가격은 10,000원, 15,000원, 20,000원, 50,000원, 130,000원처럼 우수리 없이 딱 떨어지는 가격을 의미합니다. 시장 참여자들은 주식을 매수한 뒤 일정 가격이 되면 팔아야겠다고 생각하는데, 그 가격이 대부분 딱 떨어지는 가격인 경우가 많습니다. 예를 들어 'A 기업 주식을 50,000원 되면 팔아야지'라는 식으로 생각하는 투자자들이 많습니다. 46,500원, 52,400원이 오면 팔아야 한다고 생각하는 사람은 잘 없을 것입니다. 사람들은 직관적이고 익숙한 가격을 매도 기준으로 하는 경우가 많아 이러한 심리 때문에 주가가 해당 가격 근처에 도달하면 지지와 저항으로 작용합니다. 그래서 딱 떨어지는 가격이 심리적 지지와 저항이 되는 것이죠. 장중에 어떤 종목의 주가가 9,500원 부근에서 상승하고 있으면 사람들은 10,000원 가는 거 아니야? 하는 생각에 매수세가 몰려 10,000원까지는 주가가 쉽게 상승하기도 하고, 주가가 11,000원에서 10,500원까지 하락하면 10,000원 깨는 거 아니야? 하는 생각에 10,000원까지 매도세가 몰리기도 하는 것입니다. 따라서 딱 떨어지는 가격 부근에서는 매도와 매수가 활발히 일어납니다. 이렇듯 지지와 저항은 매수매도가 활발하게 일어나는 지점, 투자자들이 관심 있게 지켜보고 있는 지점에서 작용합니다.

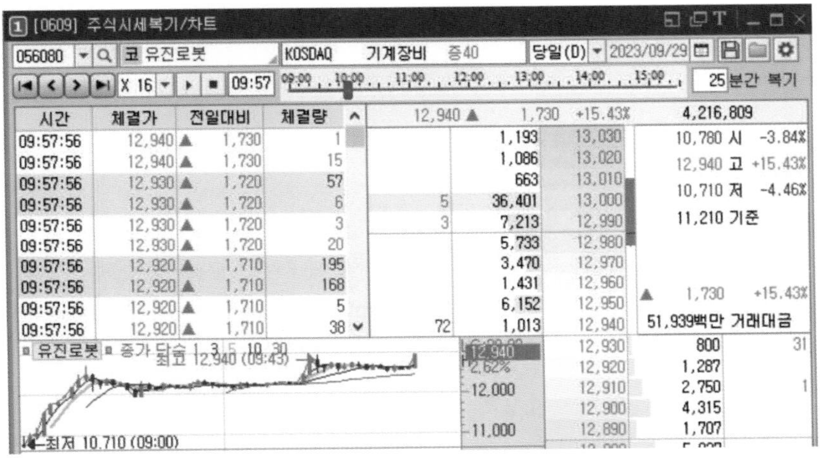

[그림 129] 유진로봇 호가창

유진로봇의 호가창입니다. 다른 호가에 비해 13,000원에 매도 잔량이 많은 것을 확인할 수 있습니다. 딱 떨어지는 가격인 13,000원이 심리적 저항선이 되어 13,000원 근처가 저항으로 작용할 가능성이 큰 것입니다.

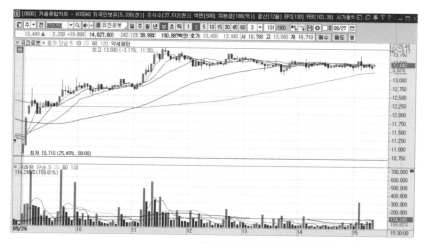

[그림 130] 유진로봇 2023년 9월 27일 3분봉 차트

　유진로봇의 2023년 9월 27일 3분봉 차트를 확인해 보면 딱 떨어지는 가격인 13,000원 근처에서 3번 저항을 받은 후 돌파하자 13,000원이 지지선으로 변경됐습니다. 9시 6분에도 딱 떨어지는 가격인 12,000원을 돌파한 후 9시 15분 12,000원에서 지지를 받아 상승한 것을 확인해 볼 수 있습니다.

　다음 페이지 차트는 LS의 일봉 차트입니다. LS의 경우 100,000원이라는 딱 떨어지는 가격이 저항으로 작용해 100,000원에 도달할 때마다 주가가 조정을 받은 것을 확인할 수 있습니다. 그런데 저항이었던 100,000원을 돌파하고 난 뒤에는 100,000원이 기준 가격이 되며 지지를 받고 있습니다. LS를 보면 저항인 100,000원을 돌파하기 위한 시도가 여러 번 있었던 것을 확인할 수 있습니다.

　지금까지 차트를 보면서 지지와 저항을 잘 이해했다면 공통점을 찾아낼 수 있었을 것입니다. 바로 여러 번의 시도를 통해 저항을 돌파하거나

　　　　　　　　　　　PART 3 성공적인 단기매매를 위한 기술적 분석

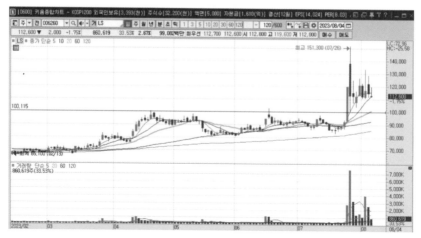

[그림 131] LS 일봉 차트

지지를 이탈한다는 점입니다. 저항으로 강하게 작용하는 부근은 저항선을 돌파하기 위한 시도가 여러 번 이루어집니다. 마찬가지로 지지를 확인하기 위해서도 주가가 지지선 근처에서 지지를 깨지 않고 지지 가격을 지켜가며 반등을 하는지를 여러 번 확인해야 합니다. LS의 경우 6개월 내 전고점인 동시에 딱 떨어지는 가격인 100,000원에서 돌파가 나온 뒤 주가가 강하게 상승한 것을 볼 수 있습니다. 이렇게 지지와 저항을 고려하며 종목을 공략한다면 매매 성공률을 좀 더 높일 수 있으며 지지 및 저항에서의 분할매수와 분할매도를 통해 수익을 극대화할 수 있습니다.

6. 정적 VI 발동 가격

다음은 정적 VI 발동 가격입니다. 주식시장에서 특정 종목의 주가 급등락이 심할 경우 변동성 완화장치(VI)가 발동됩니다. 변동성 완화장치를 통해 주식시장에서 급격한 가격 변동을 완화하고 시장 안정성을 유지하기 위해 도입된 시스템입니다. 이는 주식시장에서 과도한 가격 변동이 발생할 경우 시장 참여자들의 불안정한 심리를 진정시키고 과도한 가격 변동으로 인한 급격한 시장 하락을 방지하는 데 목적이 있습니다. VI는 순간적인 수급 불균형이나 주문 착오로 인한 변동성을 완화하는 동적 VI와 기준가격 대비 ±10% 이상 변동 시 발생하는 정적 VI로 구분됩니다. VI가 발동되는 경우 2분간 단일가매매를 통한 호가 접수가 이루어지고 VI 발동이 해제될 때 동시호가로 결정된 가격에서 거래가 재개됩니다. 동적 VI · 정적 VI에 관한 설명은 아래 박스를 참조하십시오.

단일가 매매
특정 주식 거래에 있어 주문 유입 시마다 거래를 체결시키는 것이 아니라 일정 시간 동안 주문을 모아(pooling) 일정 시점에 하나의 가격으로 체결하는 방식을 말한다. 투자자 주문을 일정 시간 동안 모아 일시에 체결시킴으로써 투기성 추종 매매를 억제하고 미확인 정보에 의한 비정상적 과열 현상을 완화시키는 효과가 있다.

동적 VI
특정 호가에 의한 순간적인 수급 불균형이나 주문 착오 등으로 야기되는 일시적 변동성 완화. 호가 제출 직전 체결가격이 참조가격이며, 코스피200에 해당하는 종목의 경우 9시부터 15시 20분까지 3% 이상 변동이 있는 경우 발동된다. 일반 유가종목(코스피200 이외의 코스피 상장 종목), 코스닥 종목의 경우 6% 이상 변동이 있는 경우 발동된다. 단일가 매매 발동 기준은 [그림 132] 참고.

정적 VI
특정 단일 호가 또는 여러 호가로 야기되는 누적적이고, 보다 장기간의 가격 변동 완화 호가 제출 직전 단일가격이 참조가격으로 장전에는 당일 기준 가격, 장 종료 후에는 직전 단일가격이 참조가격이다.
-9시 장전: 전일 종가 기준 ±10% 이상 변동이 있는 경우 발동
-접속매매시간(9시~15시 20분)

발동 요건

- 참조가격

동적 VI	정적 VI
호가제출직전 체결가격	호가제출직전 단일가격 - 시가결정전 : 당일 기준가격 - 시가결정후 : 직전 단일가격

- 발동가격 : 참조가격 ± (참조가격X발동가격율)

구분		동적 VI			정적 VI
		접속매매시간 (09:00~15:20)	종가단일가 매매시간[1] (15:20~15:30)	시간외단일가 매매시간 (16:00~18:00)	정규시장 모든세션
주식	KOSPI200 구성종목	3%	2%	3%	10%
	유가 일반종목, 코스닥종목	6%	4%	6%	

[그림 132] 변동성 완화장치(VI) 발동 기준

1 [0193] 변동성완화장치(VI) 발동종목현황

◉전체○코스피○코스닥 | 전체 | 정적VI | ◉전체 ○ | 조회 | 다음 | VI안내

* 변동성 완화장치(VI) 발동시 2분간 단일가매매 적용되며, 해제시에는 임의연장(30초 이내) 적용됩니다.

종목명	구분	발동가격	시가대비 등락률	기준가격		괴리율		거래량	발동시간	해지시간	발동횟수
				동적VI	정적VI	동적VI	정적VI				
신성델타테크	정적	27,200	-10.82		24,700		+10.12	39,243,678	14:36:36	14:38:50	4
덕성	정적	10,870	-14.75		9,880		+10.02	28,720,545	14:36:18	14:38:41	5
파워로직스	정적	9,620	-8.38		8,740		+10.07	50,824,227	14:36:10	14:38:37	6
모비스	정적	3,345	-19.40		3,040		+10.03	39,577,540	14:35:31	14:37:56	6
제룡전기	정적	23,100	+10.00		21,000		+10.00	936,390	14:34:06	14:36:25	1
서원	정적	2,335	-18.07		2,120		+10.14	84,146,989	14:33:06	14:35:18	5
오가닉티코스	정적	155	-10.40		173		-10.40	10,253,172	14:28:07	14:30:13	1
파워로직스	정적	8,950	-14.76		8,130		+10.09	50,824,227	14:26:54	14:29:15	5
덕성우	정적	8,830	-16.93		8,020		+10.10	1,901,341	14:26:24	14:28:50	6
한양이엔지	정적	16,800	-10.02		18,670		-10.02	3,400,642	14:24:50	14:26:58	1
국일신동	정적	3,435	-27.68		3,820		-10.08	16,057,484	14:24:16	14:26:28	4
서원	정적	2,040	-28.42		2,270		-10.13	84,146,989	14:23:59	14:26:21	4
파워로직스	정적	7,720	-26.48		8,580		-10.02	50,824,227	14:23:57	14:26:01	4

[그림 133] 변동성 완화장치(VI) 발동종목 현황

키움증권 영웅문 기준 [0193]에서 변동성 완화장치(VI) 발동종목 현황을 확인할 수 있습니다. 동적 VI가 특정 호가에 의한 단기간의 가격 급변을 완화하기 위한 것이라면, 정적 VI는 누적적이고 장기적인 가격 변동을 완화하기 위한 장치입니다. 우리가 흔히 이야기하는 VI 발동은 대부분 정적 VI가 발동되는 것을 의미합니다. 동적 VI는 주로 거래대금이 거

의 없는 종목에서 발생하므로 단기매매가 가능한 종목에서 발생하는 VI는 대부분 정적 VI라고 판단할 수 있습니다.

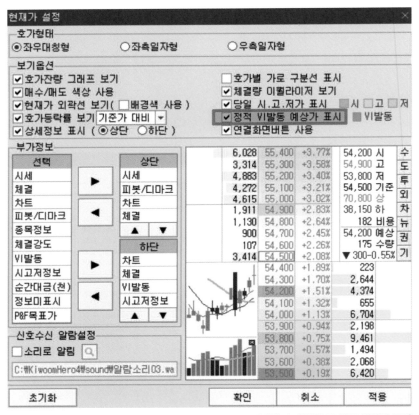

[그림 134] 정적 VI 발동 예상가 표시

PART 3 성공적인 단기매매를 위한 기술적 분석

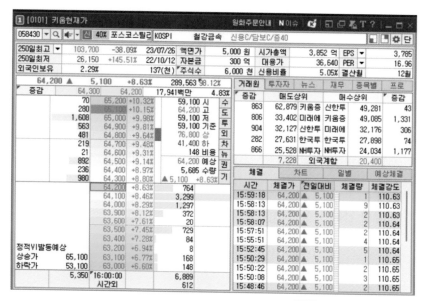

[그림 135] VI 발동가격 확인

　현재가 창에서 오른쪽 위 설정 버튼을 클릭 후 정적 VI 발동 예상가격 표시를 체크하면 정적 VI 발동 예상가격이 호가창에서 주황색으로 표시됩니다. 정적 VI 발동 예상가격에 도달하면 주문이 체결되지 않고 정적 VI가 발동하여 2분간 단일가 매매로 전환됩니다.

　정적 VI 발동가격은 지지와 저항으로 작용할 수 있습니다. 정적 VI 가격은 기준 가격을 기준으로 10% 상승하거나 10% 하락하는 경우 발동합니다. VI가 발동되면 주식 매매가 정지된 후 2분~2분 30초(최대)간 단일가 매매로 주문을 처리합니다. 예를 들어 시가가 10,000원인 주식이 9시 5분에 10% 상승해 11,000원이 되는 경우 정적 VI가 발동합니다. 9시 5분에 정적 VI가 발동된 시점을 기준으로 2분~2분 30초 동안 주식 거래가 정지됩니다. 이때 호가 주문 접수는 가능합니다. 이때 들어온 매수와 매

08. 차트

도 주문은 단일가 매매로 처리합니다. 이후 VI가 발동된 시점을 기준으로 2분~2분 30초가 지난 뒤 VI가 해제되면 다시 일반매매가 가능해집니다. VI가 풀리고 난 뒤 가격은 거래가 정지되고 동시호가에서 들어온 매수매도 주문의 합으로 결정됩니다. VI 발동가격은 투자자들이 모두 인지하고 있는 가격이고 발동 시 2분~2분 30초 거래가 정지되며 이후 주가 변동성이 커질 수 있기 때문에 VI 가격을 매수매도 기준점으로 잡는 경우가 많습니다. VI 발동가격은 대다수가 주목하고 있는 가격으로, 지지와 저항의 기준점이 될 수 있습니다.

7. 신규 상장(공모가, 상장일 시초가)

신규 상장주의 경우 공모가와 상장 당일 시초가가 강력한 지지와 저항으로 작용합니다. 신규 상장이란, 기업이 주식시장에 처음으로 상장되는 것을 말합니다. 신규 상장주의 경우 주식시장에 처음 상장했기 때문에 기존의 차트 정보가 없습니다. 그렇기 때문에 대부분의 신규 상장주는 공모가와 신규 상장 당일 시초가를 기준 가격으로 매매 시 참고합니다. 공모가 아래에서 움직이는 주식이라면 공모가가 되자마자 공모를 받은 사람들이 본전에 매도하려는 심리가 강할 것이고 공모가 위에서 움직이는 주식은 공모를 받지 못한 투자자들이 매수하고 싶은 가격일 수 있습니다. 이처럼 공모가와 신규 상장일 시초가는 이해관계가 많은 가격이기에 지지와 저항으로 작용할 수 있습니다.

PART 3 성공적인 단기매매를 위한 기술적 분석

· **LG에너지솔루션-상장일 시초가 597,000원**

[그림 136] LG에너지솔루션 일봉 차트

위의 그림은 LG에너지솔루션의 주봉 차트입니다. 차트를 보면 LG에너지솔루션의 상장일 시초가인 597,000원이 강력한 저항으로 작용하는 것을 볼 수 있습니다. 상장 첫날의 시초가 597,000원 근처에 도달할 때마다 주가가 조정을 받는 모습입니다. 2022년 11월 11일에 최고가 629,000원을 기록한 뒤 주가가 조정을 받았습니다. 이후에도 세 차례나 상장일 시초가인 597,000원 위에 완전히 안착하지 못하자 상장일 시초가 부근에서 저항을 받고 주가가 하락한 것을 볼 수 있습니다.

· **크래프톤-공모가 498,000원**

다음 페이지는 크래프톤의 일봉 차트입니다. 크래프톤의 경우 공모가가 498,000원이었습니다. 공모가 498,000원을 기준으로 주가가 근처에 도달할 때마다 저항을 받았던 것을 볼 수 있습니다. 공모를 받았던 투자

[그림 137] 크래프톤 일봉 차트

자들이 본전인 공모가까지 반등하자 매도하려는 심리가 강해졌기 때문
입니다. 공모가 돌파를 위한 여러 차례의 시도 끝에 2021년 11월 17일 주
가가 장중 최고가 기준 580,000원까지 상승했습니다. 그러나 공모가인
498,000원에서 지지를 하지 못하고 주가가 다시 공모가 아래로 하락했습
니다.

· 카카오뱅크-공모가 39,000원

옆 페이지 그림은 카카오뱅크의 일봉 차트입니다. 카카오뱅크의 경우
공모가 39,000원에서 지지와 저항이 작용하는 것을 볼 수 있습니다. 주
가가 지속 하락하다가 공모가에 해당하는 39,000원 부근에 도달하자 반
등하기 시작합니다. 공모주 청약 경쟁률이 높아 원하는 수량만큼 받지
못했던 투자자들이 매수하고 싶은 가격이기 때문에 카카오뱅크의 공모
가 39,000원이 지지로 작용한 것입니다. 그러나 이후 다시 공모가 부근

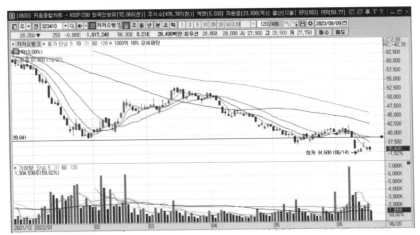

[그림 138] 카카오뱅크 일봉 차트

까지 하락하였고 공모가 근처에서 지지하지 못하고 주가는 추가 하락을 했습니다. 공모가 39,000원에 매수하려고 기다리고 있었던 사람들은 대부분 39,000원 근처에서 매수했겠지만, 매도세가 더 강해서 지지에 실패한 것입니다. 매수하려고 했던 사람들은 이미 대다수 매수했기에 더 이상 매수세가 없자 공모가를 지지하지 못하고 지속적으로 하락했습니다.

신규 상장주는 상장한 지 오래된 종목에 비해 지지와 저항으로 작용하는 가격이 별로 없고 주가가 안정된 상태가 아니기 때문에 변동성이 심한 편입니다. 변동성을 잘 활용한다면 큰 수익을 낼 수도 있겠지만 잘못되는 경우 큰 손실이 발생할 수 있습니다.

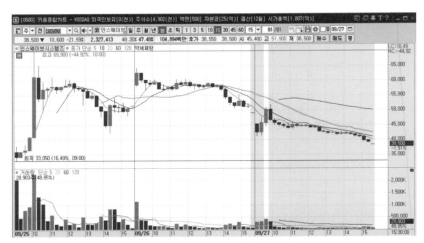

[그림 139] 인스웨이브시스템즈 15분봉 차트

· 인스웨이브시스템즈-상장일 시초가 36,100원

2023년 9월 25일에 상장한 인스웨이브시스템즈의 15분봉 차트입니다. 상장일 시초가인 36,100원에서 상장 후 한 시간 만에 2배 가까이 상승한 69,900원까지 상승했습니다. 하지만 2거래일이 지난 후 주가는 38,500원까지 하락해 고점 대비 반 토막이 되었습니다. 신규 상장주를 잘 공략하면 큰 수익을 낼 수도 있겠지만 공모가 대비 시초가가 너무 높게 결정된 종목 또는 인스웨이브시스템즈와 같이 단기 급등한 신규주의 경우 추세가 무너졌을 때 엄청난 손실이 날 수 있으니 주의가 필요합니다.

PART 3 성공적인 단기매매를 위한 기술적 분석

가장 강력한 차트

마지막으로 가장 강력한 차트에 대해서 알아보겠습니다. 앞서 지지와 저항으로 작용할 수 있는 조건들에 대해서 배웠는데요. 해당 내용에 몇 가지 조건이 더해지면 장대양봉이 쉽게 나오는 가장 강력한 차트가 될 수 있습니다. 가장 강력한 차트를 통해 제가 단기 매매 시 주의 깊게 살펴보는 차트상 위치에 관해서 설명해 드리겠습니다.

제가 생각하는 가장 강력한 차트는 '전고점 돌파하는 장대양봉이 처음으로 나오는 자리'입니다. 거래대금을 동반하며 신고가가 나오는 급등 패턴입니다. 이때 신고가는 6개월 내 고점을 돌파하는 자리를 주로 의미하며, 만일 역사적 신고가까지 돌파하는 경우에는 더 좋다고 볼 수 있습니다. 지금까지 나온 대박주들을 살펴보면 가장 강력한 차트 패턴을 시작으로 상승을 지속해 온 것을 확인해 볼 수 있습니다.

전고점을 돌파하며 장대양봉이 나오는 자리가 가장 강력한 차트인 이유는 보통 다른 패턴에 비해 주가가 쉽게 상승할 확률이 높기 때문입니다. 거래대금을 동반하며 전고점을 돌파하는 자리는 과거 저항이었던 고점을 돌파하며 신고가를 그리는 자리입니다. 그렇기 때문에 물린 사람이 없는 상태로 매도세가 적어 주식을 팔 사람은 없고, 사고 싶은 사람은 많은 상태입니다. 이러한 점을 다른 투자자들도 알고 있으므로 이런 자리에서는 쉽게 매수세가 몰려 주가가 큰 폭으로 상승하는 경우가 많습니다. 예시를 통해 좀 더 자세히 알아보도록 하겠습니다.

[그림 140] 이수페타시스 전고점 돌파 장대양봉

위의 그림은 이수페타시스의 일봉 차트입니다. 이수페타시스는 2023년 5월 25일 역사적 신고가를 돌파하며 종가 기준 17.10% 상승해 신고가를 기록했습니다. 전고점 돌파 장대양봉이 나온 뒤 이수페타시스의 차트는 어떻게 되었을까요?

PART 3 성공적인 단기매매를 위한 기술적 분석

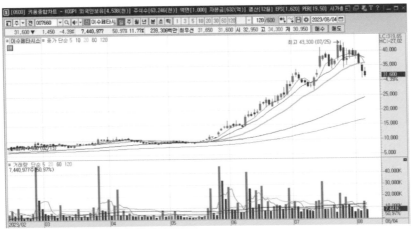

[그림 141] 이수페타시스 일봉 차트

이후 이수페타시스는 지속적으로 상승하며 2023년 7월 25일 장중 최고가 기준 무려 43,300원까지 상승했습니다. 역사적 신고가를 돌파해 신고가를 기록한 뒤에도 주가가 지속 상승한 것을 볼 수 있습니다. 2023년 5월 25일 역사적 고점을 돌파한 날의 종가 12,870원에서 무려 236.44%나 오른 것이죠.

신고가를 기록했다고 해서 많이 올랐다며 냉큼 주식을 팔아버릴 것이 아니라 이때부터 더 강력한 상승이 나올 수 있으니 해당 종목을 유심히 살펴봐야 합니다. 대박주들은 보통 이런 패턴을 시작으로 지속적으로 상승합니다. 신고가를 돌파했다고 해서 비싸다고 매매를 하지 않을 것이 아니라 이런 종목들을 매매 대상으로 적극적으로 고려해야 합니다. 주식은 싸게 사서 비싸게 팔아야 합니다. 장기투자자의 경우 저평가된 주식을 사서 오랫동안 기다려 비싸게 팔아 수익을 낼 수도 있습니다. 그러나 단기간만 본다면 상승하는 종목이 더 상승할 확률이 높기 때문에 단기투자 시에는 달리는 말에 적극적으로 올라타는 자세가 필요합니다. 개미들이 너무 높아 겁을 내는 자리라도 해당 종목이 주도 테마의 대장주인 것으로 판단된다면 적극적으로 매매에 임해야 합니다. 저는 신고가 돌파를 앞두고 있거나 신고가를 돌파한 후 지속적으로 상승하고 있는 패턴이 아니라면 매매하는 경우가 거의 없습니다. 바닥에 있는 주식의 경우 상승하려고 하면 서로 탈출하려고 해 상승이 유지되기 쉽지 않고 언제 상승할지 몰라 기다려야 하므로 기회비용이 너무 크기 때문입니다. 단타 매매를 할 때는 싼 종목을 사서 수익을 내는 것을 바라기보다 그날그날 인기 있는 상승하는 주식을 통해 수익을 내려고 해야 수익을 쌓아갈 수 있습니다. 일반적으로 소외되는 종목은 계속해서 소외되고 대장주의 경우 지속적으로 수급이 들어오고 장기간 상승하는 경우가 많습니다.

[그림 142] 레인보우로보틱스 전고점 돌파 장대양봉

PART 3 성공적인 단기매매를 위한 기술적 분석

레인보우로보틱스의 차트를 보겠습니다. 레인보우로보틱스는 2023년 1월 3일 거래대금을 동반한 장대양봉을 그리며 전고점을 돌파해 신고가를 기록했습니다. 이후 레인보우로보틱스의 흐름을 살펴보겠습니다.

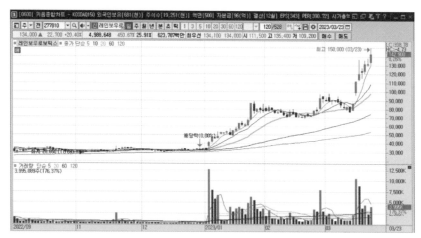

[그림 143] 레인보우로보틱스 일봉 차트

레인보우로보틱스의 주가는 채 3개월도 지나지 않아 무려 150,000원까지 상승했습니다. 2023년 1분기 시장에서 가장 인기 있었던 테마는 로봇, 인공지능이었습니다. 이때 그 테마의 대장주였던 레인보우로보틱스가 전고점 돌파 이후 가파르게 상승하며 대박주의 흐름을 보여주었습니다. 차트상 중요한 자리에서 인기 있는 테마의 대장주로 자리매김하는 경우 수급이 집중되며 주가가 빠르게 오를 수 있다는 것을 다시금 확인해 볼 수 있습니다.

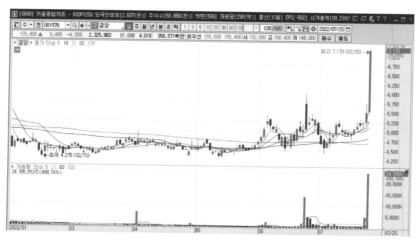

[그림 144] 금양 전고점 돌파 장대양봉

위의 그림은 금양의 일봉 차트입니다. 금양은 2022년 7월 25일 상한가에 도달하며 신고가를 기록했습니다. 2022년과 2023년을 관통하는 인기테마는 단연 2차전지였습니다. 2차전지 관련주로 대표되는 금양은 이후어떻게 되었을까요?

금양은 2023년 7월 장중 최고가 기준 194,000원을 기록했습니다. 전고점을 돌파하는 첫 장대양봉으로 7,170원까지 상승한 이후 1년 동안 무려27배나 상승한 것입니다.

금양의 경우를 보면 인기 있는 테마의 대장주로 자리매김한 종목들을눈여겨봐야 한다는 것을 알 수 있습니다. 시장에서 가장 인기 있는 테마에 속하며, 해당 테마 내에서도 상승률이 높은 대장주이며, 차트상 좋은자리에 위치해 있고, 끼가 좋으며, 거래대금을 동반해 상승하는 종목을공략한다면 안정적인 단기매매를 하면서 큰 수익을 내는 것이 가능합니다. 인기 있는 테마의 대장주는 혹시 주가가 조정을 받더라도 해당 주식

PART 3 성공적인 단기매매를 위한 기술적 분석

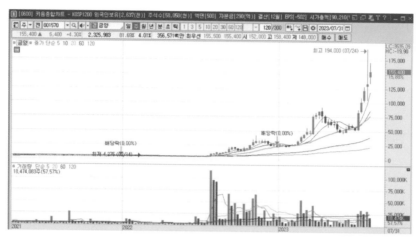

[그림 145] 금양 주봉 차트

을 사고 싶어 하는 사람이 줄을 서 있으므로 빠르게 반등하며 계속해서 매매 기회를 줍니다. 따라서 늘 대장주 위주로 매매해야 하며 다양한 경험을 쌓으면서 실력을 키워나가야 합니다.

다음 페이지 차트는 큐렉소입니다. 큐렉소의 경우 2023년 8월 24일에 전고점이었던 22,750원을 돌파하는 장대양봉이 나왔습니다. 하지만 다음날인 2023년 8월 25일 전일 대비 2.25% 하락한 상태로 시초가가 결정되어 전일 대비 1% 이상 하락한 상태를 유지했는데, 그다음 거래일인 2023년 8월 28일에는 장대음봉이 나왔습니다.

일반적으로 전고점을 돌파하는 장대양봉이 나온 후에는 최소 2거래일 정도는 쉽게 상승하며 강세를 보이는 경우가 많지만, 큐렉소와 같이 상승하지 못하고 바로 하락하는 경우에는 괜히 시간을 끌지 말고 바로 손절을 고려해야 합니다. 전고점을 돌파하는 장대양봉이 나오는 경우 성공확률이 높은 차트이지만 큐렉소와 같이 예상과 달리 빠르게 하락하는 경

08. 차트

213 ▲

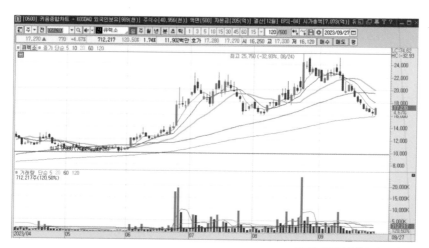

[그림 146] 큐렉소 일봉 차트

우 빨리 손절해야 손실을 줄이며 다른 종목을 매매할 기회를 잡을 수 있
다는 것을 명심해야 합니다.

PART 3 성공적인 단기매매를 위한 기술적 분석

상승하는 종목과 하락하는 종목

단타 매매 시에는 올라가는 추세를 유지하고 있는 종목만을 공략해야 합니다. 상승 추세를 유지하고 있는 차트를 정배열이라고 부릅니다. 그 반대의 경우는 역배열입니다. 역배열 매매를 하는 투자자들도 있겠지만 성공적인 단기매매를 위해선 올라가는 종목인 정배열만을 공략해야 합니다. 역배열 종목이라는 것은 장기 이동평균선이 가장 위에 있고 그 아래에 중기 이평선, 그 아래에 단기 이평선이 위치하고 있는 종목을 뜻합니다. 즉, 장기간 주가가 하락 추세를 나타내고 있는 것입니다. 역배열 종목의 경우 주가가 지속적으로 하락했기 때문에 저 위의 고점에서부터 해당 주식에 물려있는 투자자들이 많습니다. 따라서 주가가 반등을 한다고 하더라도 물려있던 사람들이 서로 매도하려고 하기 때문에 한번 오를 때 웬만큼 강력한 수급과 재료가 아닌 이상 위꼬리를 달 가능성이 크며 지속적으로 상승하기 어렵습니다. 어쩌다 바닥을 잡아서 수익을 낼 수도 있겠지만 우리가 신이 아닌 이상 주식의 저점은 알기 어렵습니다. 따라서 역배열에 있는 주식보다는 정배열 종목을 공략해 적절한 타이밍에 주식을 사고파는 것이 성공률이 높고 지속적으로 수익을 낼 수 있는 매매 방법입니다.

[그림 147] 코스모화학 3분봉 차트

코스모화학의 2023년 9월 1일 3분봉 차트입니다. 10시 30분 상승을 시작하여 전일 대비 +10%까지 상승했지만, 위꼬리를 달며 상승폭을 대부분 반납했습니다.

　　　　　　　　PART 3 성공적인 단기매매를 위한 기술적 분석

[그림 148] 코스모화학 일봉 차트

　코스모화학의 일봉 차트입니다. 장기 이동평균선이 단기 이동평균선 위에 있는 역배열 상태입니다. 여러 가지 복합적인 이유가 있겠지만 코스모화학이 위꼬리를 달고 하락한 큰 이유는 역배열 상태였기 때문입니다. 많은 투자자가 하락 추세인 코스모화학에 물려 있어 상승하면 본전에라도 팔고 탈출하려는 심리가 강해 매물대가 많기 때문에 상승하기 쉽지 않습니다. 일봉을 확인했을 때 역배열 상태인 종목은 상승하면 서로 매도하려고 하므로 접근하지 않는 것이 좋습니다.

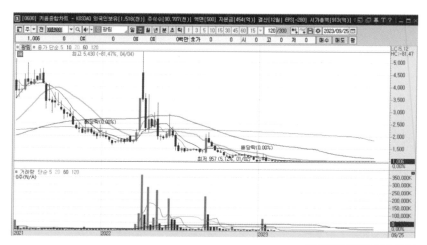

광림의 주봉 차트입니다. 역배열 상태로 하락이 지속되다 아예 거래가 정지된 것을 확인할 수 있는데요. 광림은 과거 쌍용차 인수 테마로 분류되어 한때 주목을 받았던 종목이었습니다. 공시를 확인하니 횡령으로 인해 거래가 정지된 것을 알 수 있습니다.

이렇게 역배열 종목은 투자자가 알기 어려운 악재가 존재할 가능성이 있습니다. 역배열 종목에 투자해 물려있는 경우 손실 중이라고 해서 매도하지 못하고 있다가 위와 같은 상장폐지 사유에 해당하는 사건이 발생하면 투자금을 회수하기는커녕 아예 휴짓조각이 될 위험이 있습니다. 과거에 잘나간 종목이었을지라도 시장의 테마와 수급은 때에 따라 항상 변합니다. 따라서 투자를 할 때는 역배열이 아닌 정배열 추세를 유지하면서 상승하는 종목을 매매해야 합니다. 추세를 유지하지 못하고 시장의 관심에서 벗어나 역배열 흐름을 보이게 되면 어디까지 하락할지 알 수 없으니 주의해서 매매해야 합니다.

(주)광림 횡령 · 배임사실확인
KOSCOM | 2023.02.09

횡령 · 배임 사실확인

1. 사고발생내용		당사 前 임원 양○○에 대한 배임 혐의 및 임원 김○○에 대한 업무상 횡령 및 배임혐의에 대한 공소 제기 사실 확인
2. 횡령 등 금액	발생금액(원)	1,823,458,080
	자기자본(원)	154,819,847,305
	자기자본대비(%)	1.18
	대기업해당여부	해당
3. 향후대책		당사는 본 건과 관련하여 적법한 절차에 따라 조치를 취하고 관련기관의 조사에 적극 협조할 예정입니다.
4. 사고발생일자		2023-02-03
5. 확인일자		2023-02-09
6. 기타 투자판단에 참고할 사항		1. 공소 제기 내용은 다음과 같습니다. - 대상자 : 前 임원 양○○ - 특정경제범죄 가중처벌 등에 관한 법률 위반 - 혐의내용 및 금액 : 1) 계열사 부당 자금지원 배임 혐의(11억원) - 대상자 : 임원 김○○ - 특정경제범죄 가중처벌 등에 관한 법률 위반 - 업무상 횡령 - 혐의내용 및 금액 : 1) 계열사 부당 자금지원 배임 혐의(11억원) 2) 허위급여 지급 횡령 혐의(723,458,080원) 2. 상기 혐의중 계열사 부당 자금지원 배임 혐의는 대상자 前 임원 양○○과 임원 김○○의 공통적용 사안입니다. 3. 상기 혐의는 확정된 내용이 아니며, 추후 법원의 판결에 의해 변동될 수 있습니다. 4. 상기 '자기자본'은 한국채택국제회계기준 (K-IFRS)에 따라 작성된 2021년말 재무제표 자본총계 금액에 공시사유 발생일 현재까지의 자본금 및 자본잉여금의 증감액을 합산한 금액입니다. 5. 상기 '사고발생일자'는 공소가 제기된 일자이며, '확인일자'는 회사에서 공소장 기재 내용을 확인한 일자입니다. 6. 당사는 향후 진행사항 및 확정되는 사실이 있는 경우, 지체 없이 관련 사항을 공시할 예정입니다.
※관련공시		-

[그림 150] 광림 횡령 공시

09

수급

수급 주체가 있어야 상승한다

　주식이 지속적으로 상승하기 위해서는 해당 주식을 계속 사주는 사람이 있어야 합니다. 주식시장에서 주식을 지속 매입하는 것을 '매집'이라고 부릅니다. 인기 있는 테마의 대장주인데 외국인, 기관 등 뭉칫돈을 들고 있는 수급 주체가 주식을 지속적으로 매집한다면 더할 나위 없이 좋은 조건이겠지요.

　"뭉치면 살고 흩어지면 죽는다"라는 말을 들어보신 적이 있을 겁니다. 주식시장의 수급 주체를 두고 한 말이 아닐까 싶은데요. 주식시장에서 뭉쳐있는 수급이 붙는 종목을 공략하면 안정적으로 수익을 낼 수 있습니다. 주식시장에서 개인투자자는 뭉치기가 어려워 누군가가 주식을 사면 누군가는 파는 경우가 많습니다. 개인끼리 사고파는 종목은 언제, 누가, 얼마에, 얼마만큼 사고팔지 알 수 없기 때문에 주가의 방향을 예상하기 어렵습니다. 그래서 개인의 흩어져 있는 수급이 아닌 외국인과 기관의 뭉텅이 수급에 집중하는 것이 좋습니다. 외국인과 기관의 투자금액은 개인과 비교할 수 없을 정도로 크기 때문에 한두 번의 매수 또는 매도로 끝나지 않고 주식을 꾸준히 사거나 팔기 때문입니다. 수급만을 보고 매매를 할 수는 없지만 외국인, 기관의 수급은 참고할 수 있는 좋은 지표 중 하나입니다.

정확한 매매 동향은 장이 끝난 뒤에야 확인할 수 있습니다. 그러나 수익을 낼 확률을 높이기 위해서는 장중 수급이 어떤지 파악하는 것이 중요합니다. 장중 수급은 거래원, 프로그램 매매, 기관투자자 가집계를 통해 추정할 수 있습니다. 장중 수급을 파악해 외국인과 기관의 매매 추세를 파악하고 단기매매에 적절히 활용한다면 성공 확률을 조금 더 높일 수 있습니다.

PART 3 성공적인 단기매매를 위한 기술적 분석

거래원

거래원은 어떤 증권사를 통해 매수 또는 매도 주문이 체결됐는지 보여주는 자료입니다. 거래원의 매수·매도 수량은 해당 증권사를 통한 모든 매수·매도 수량의 합계입니다. 만약 내가 사용하는 증권사가 키움증권이라면 나의 매수량 또는 매도량도 키움증권의 거래원 집계에 포함되어 나타납니다. 주식시장에서 투자 주체는 크게 개인, 외국인, 기관으로 분류할 수 있습니다. 개인, 외국인, 기관이 각각 많이 사용하는 증권사를 파악하고 있다면 장중 거래원을 통해 어떤 투자 주체가 주식을 사거나 팔고 있는지 추정할 수 있습니다. 물론 개인이 많이 사용하는 증권사를 통해 외국인 또는 기관이 대량 거래를 할 수도 있기에 100% 완벽한 지표는 아닙니다.

거래원의 매수·매도 증감은 장중 약 2분마다 업데이트됩니다. 당일에는 매수 및 매도 상위 5개 거래원만 확인할 수 있습니다. 상위 5개 거래원에서 이탈된 거래원에 대한 정보는 당일에는 확인할 수 없고 다음날이 되어야 모든 거래원의 매수·매도량 확인이 가능합니다.

거래원을 확인하는 이유는 장중 투자 주체를 확인하기 위함입니다. 만약 외국인이 주로 사용하는 거래원이 상위에 있다면 해당 종목을 주로 외국인이 거래하고 있다는 것을 알 수 있고 반대로 개인이 주로 사용하는 거래원이 상위에 있다면 해당 종목을 개인들끼리 거래하고 있다는 것을 파악할 수 있습니다.

거래원	투자자	뉴스	재무	종목별	프로
증감	매도상위		매수상위		증감
5,575	345,029	키움증	키움증	298,876	7,464
5,194	201,029	미래에	신한투	179,170	433
1,921	94,675	신한투	미래에	162,396	1,606
628	91,440	NH투자	한국투	83,890	412
378	86,738	한국투	NH투자	73,955	759
	0	외국계합		5,617	

[그림 151] 거래원 예시

개인은 키움증권과 미래에셋증권을 많이 사용합니다. 따라서 개인의 수급을 추정하기 위해서는 키움증권과 미래에셋증권의 순매수량을 확인하면 됩니다. 외국인의 경우 JP모건, 모건스탠리, 골드만, 유비에스, 맥쿼리, 씨티그룹 등 외국계 증권사와 신한투자증권, 한국투자증권을 주로 사용합니다. 위의 거래원 예시는 장중 에코프로의 거래원을 캡처한 자료입니다. 거래원 예시를 보면 당일 키움증권을 통하여 298,876주 매수, 345,029주 매도 주문이 체결되었고, 미래에셋증권을 통하여 162,396주 매수, 201,029주 매도 주문이 체결됐습니다. 개인들이 주로 사용하는 키움증권과 미래에셋증권의 순매도량 합계는 345,029주(키움증권 매도량) + 201,029주(미래에셋증권 매도량) - 298,876주(키움증권 매수량) - 162,396주(미래에셋증권 매수량) = 84,786주로 개인이 매도했다고 추측할 수 있습니다. 개인이 주식을 판 경우 누군가는 그만큼의 주식을 산 것이기 때문에 개인이 아닌 외국인 또는 기관이 주식을 산 것으로 볼 수 있습니다. 키움증권과 미래에셋증권의 순매도량 확인을 통해 외국인과 기관은 해당 주식을 매수한 것으로 추측할 수 있습니다. 만약 키움증권과 미래에셋증권의 매수량이 매도량보다 많다면 개인이 매수한 만큼 외국인과 기관이 해당 주식을 매도했다고 볼 수 있습니다. 외국인이 주로 사용하는 신한투자증권의 거래원을 확인하면 매수는 179,170주, 매도는 94,675주입니다. 외국인은 에코프로를 매수하는 중이라고 추측할 수 있습니다. 참고로, 2분마다 발표되는 거래원 집계에서 키움증권 또는 미래에셋증권에서 대량매수가 들어오면 대체로 단기 고점인 경우가 많습니다. 키움증권과 미래에셋증권은 개인투자자들이 흔히 사용하기도 하고 타 증권사에 비해 레버리지(미수, 신용)를 많이 사용할 수 있어 개인이 무리하게 매수했다가 손절하는 경우가 많기 때문입니다.

개인	외국인	기관계
-164,920	+139,068	+26,845

[그림 152] 장 종료 후 매매 동향

장 종료 후 매매 동향을 확인해 보았더니 거래원을 통해 추정한 대로 개인이 매도하고 외국인이 매수한 것을 확인할 수 있습니다.

거래원 자료를 볼 때 유의해야 할 세 가지 상황이 있습니다. 각각의 상황에 대해 설명하겠습니다.

첫 번째는 당일 키움증권, 미래에셋증권 순매수량이 너무 많은 경우입니다. '순매수량이 너무 많다'고 판단하는 기준은 매수량이 매도량보다 10% 이상 많은 경우를 의미합니다. 앞서 이야기했듯이 키움증권과 미래에셋증권 순매수량이 많다는 뜻은 개인이 대량매수를 했다는 것을 의미합니다. 이것은 외국인 또는 기관이 해당 주식을 대량매도하고 있다는 것으로 해석할 수 있습니다. 이런 경우 지속적으로 외국인과 기관의 매도 물량이 나와 주가가 하락할 가능성이 있기 때문에 조심해야 합니다.

1	키움증권	70,958	249	키움증권	106,445	423
2	신한투자증권	69,316	236	미래에셋	42,871	185
3	메릴린치	30,987	126	신한투자증권	38,016	54
4	미래에셋	30,838	44	NH투자증권	36,722	72
5	한국투자증권	30,604	10	삼 성	29,624	104
	외국계	30,987	126	외국계	3,731	

[그림 153] 에코프로 2023년 9월 1일 12시 00분 거래원

에코프로의 2023년 9월 1일 12시 00분 거래원입니다. 과거 장중 거래원 또는 호가창을 확인하려면 호가플레이(hogaplay.com)라는 사이트를 이용하면 되는데, 유료결제 서비스입니다. 키움증권과 미래에셋증권 모두 매도량보다 매수량이 압도적으로 많은 것을 확인할 수 있습니다.

PART 3 성공적인 단기매매를 위한 기술적 분석

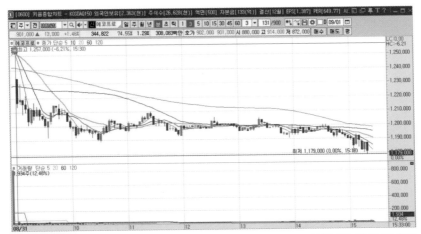

[그림 154] 에코프로 2023년 9월 1일 3분봉 차트

　에코프로의 2023년 9월 1일 3분봉 차트를 확인해 보면 종가까지 지속적으로 하락한 것을 확인할 수 있습니다. 키움증권과 미래에셋증권이 대량매수했다는 사실은 개인이 매수했다는 것이고 그만큼 외국인과 기관이 지속적으로 해당 주식을 매도하고 있을 가능성이 크다고 해석할 수 있습니다.

　두 번째는 키움증권과 미래에셋증권이 순간적으로 대량매수를 하는 경우입니다. 거래원은 2분마다 업데이트되는데 이때 키움증권과 미래에셋증권의 매수량이 2분 전보다 눈에 띌 정도로 늘어난 경우에는 특히 조심해야 합니다. 개인의 대량매수가 갑작스럽게 들어온다면 그만큼의 주식을 외국인과 기관이 팔았다는 뜻이고, 개인이 고점에서 외국인의 기관의 물량을 받았을 가능성이 있으므로 유의하는 것이 좋습니다.

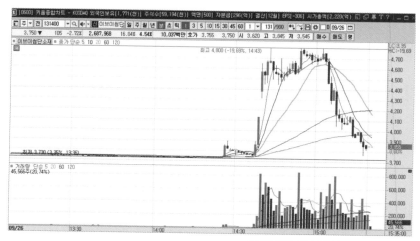

[그림 155] 이브이첨단소재 3분봉 차트

이브이첨단소재의 2023년 9월 26일 3분봉 차트입니다. 14시 37분 급
등을 시작해 전일 대비 25.98%까지 상승했다가 위꼬리를 달고 하락한
모습을 확인해 볼 수 있습니다. 이브이첨단소재의 거래원을 관찰해보겠
습니다.

1	키움증권	216,352	123,259	키움증권	255,322	165,464
2	NH투자증권	68,110	7,520	JP모간서울	82,339	2,872
3	한국투자증권	53,967	36,729	신한투자증권	72,297	1,416
4	신한투자증권	53,918	6,941	한국투자증권	57,392	10,309
5	삼 성	49,389	5,303	NH투자증권	50,138	629
	외국계			외국계	94,179	2,872

[그림 156] 이브이첨단소재 14시 40분 거래원

1	키움증권	730,980	514,628	키움증권	1,001,530	746,208
2	신한투자증권	210,463	156,545	NH투자증권	161,261	111,123
3	한국투자증권	201,919	147,952	한국투자증권	141,598	84,206
4	NH투자증권	164,237	96,127	신한투자증권	124,687	52,390
5	미래에셋	108,482	104,104	미래에셋	97,964	97,964
	외국계			외국계	94,179	

[그림 157] 이브이첨단소재 14시 42분 거래원

　　　　　　　　　　PART 3 성공적인 단기매매를 위한 기술적 분석

1	키움증권	1,373,074	642,094	키움증권	1,787,043	785,513
2	NH투자증권	286,321	122,084	한국투자증권	252,216	110,618
3	한국투자증권	286,047	84,128	NH투자증권	242,712	81,451
4	신한투자증권	277,704	67,241	삼 성	173,871	167,674
5	미래에셋	180,790	72,308	신한투자증권	163,199	38,512
	외국계			외국계	94,179	

[그림 158] 이브이첨단소재 14시 44분 거래원

1	키움증권	1,754,711	381,637	키움증권	2,177,137	390,094
2	한국투자증권	353,236	67,189	NH투자증권	291,051	48,339
3	NH투자증권	338,858	52,537	한국투자증권	289,153	36,937
4	신한투자증권	312,173	34,469	삼 성	228,984	55,113
5	미래에셋	231,171	50,381	신한투자증권	217,974	54,775
	외국계			외국계	94,179	

[그림 159] 이브이첨단소재 14시 47분 거래원

이브이첨단소재가 급등을 시작한 이후의 2분 간격 거래원 자료입니다. 미래에셋증권의 경우 매수 상위 5개 거래원에 집계되지 않아 정확한 수량을 확인할 수 없지만, 키움증권을 통해 대량매수가 들어오는 것을 확인할 수 있습니다. 특히 최고가를 달성한 14시 42분 키움증권을 통해 746,208주 매수, 514,628주 매도 주문이 체결되며 231,580주의 순매수량이 들어왔습니다. 위와 같이 거래원 업데이트가 되는 순간 키움증권 또는 미래에셋증권으로 대량매수가 들어왔다면 외국인과 기관이 대량매도하는 고점일 확률이 높으니 주의해야 합니다.

세 번째는 특정 거래원에서 대량매도가 지속되는 경우입니다.

위의 거래원을 확인해 보면 신한투자증권 거래원이 눈에 띕니다. 매수량은 1,588,186주이지만 매도량은 3,503,170주나 됩니다. 누군가가 신한투자증권을 통해 대량매도를 한 것으로 추정할 수 있습니다. 2분간 증감을 확인해 보아도 101,688주를 매도하고 7,833주만 매수하여 지속적으로 매도하고 있다는 것을 눈치챌 수 있습니다. 위와 같이 특정 거래원을 통

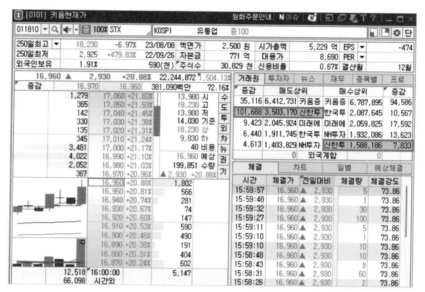

[그림 160] 신한투자증권 거래원 참고

해 대량매도가 지속되는 경우 조심해야 합니다. 특정 거래원이 개인 혹은 기관과 외국인 그 대상이 누구일지라도 하나의 거래원에서 대량매도가 지속적으로 나오는 경우 주가가 상승하기 쉽지 않으므로 유의해야 합니다.

프로그램 매매

    프로그램 매매는 컴퓨터 프로그램을 활용하여 주식을 자동으로 매수하거나 매도하는 것을 말합니다. 프로그램 매매는 외국인이 활용합니다. 따라서 프로그램 매매를 통해 장중 외국인의 매매 동향을 추정할 수 있습니다.

    프로그램 매매는 대부분의 증권사 HTS와 MTS에서 확인할 수 있습니다. 프로그램 매매 추이 차트를 보면 외국인이 해당 주식을 매수하고 있는지, 매도하고 있는지를 대략 파악할 수 있습니다. 한국투자증권의 프로그램 매매 추이 차트가 장 시작부터 장 종료까지 확인하기 좋게 되어 있어 저는 프로그램 매매 추이를 확인할 때 해당 증권사를 주로 사용합니다.

    프로그램 매매 추이는 실시간으로 업데이트되기 때문에 장중 외국인의 매매 동향을 실시간으로 추정할 수 있습니다. 실시간으로 제공되기 때문에 매수 또는 매도 타이밍을 잡는 데 활용하기 좋고 스캘핑 매매에 참고하기에도 좋습니다. 지지, 저항 가격 근처에서 프로그램 매매 추세에 따라 돌파, 저항, 이탈, 지지가 결정되는 경우도 많습니다. 프로그램이

작정하고 매수하는 날의 경우 끝까지 주가를 상승시키기도 합니다. 프로
그램이 작정하고 매수한다는 뜻은 거래대금 상위 15위 이내에 있는 종목
중 거래량의 10% 이상을 프로그램이 매수하는 종목이라는 의미입니다.

시간	현재가	전일대비	등락률	거래대금(백만)	프로그램매매 (단위:주,백만원)			
					매도수량	매수수량	순매수수량	순매수증감
14:15:11	27,450 ▲	6,200	+29.18	440,597	1,360,879	3,432,681	2,071,802	4
14:15:07	27,450 ▲	6,200	+29.18	440,590	1,360,875	3,432,673	2,071,798	1,998
14:15:04	27,450 ▲	6,200	+29.18	440,505	1,360,869	3,430,669	2,069,800	2,535
14:14:59	27,450 ▲	6,200	+29.18	440,429	1,360,869	3,428,134	2,067,265	-49
14:14:57	27,450 ▲	6,200	+29.18	440,386	1,360,820	3,428,134	2,067,314	-9
14:14:55	27,450 ▲	6,200	+29.18	440,385	1,360,811	3,428,134	2,067,323	5
14:14:53	27,450 ▲	6,200	+29.18	440,382	1,360,811	3,428,129	2,067,318	4,349
14:14:52	27,450 ▲	6,200	+29.18	440,262	1,360,811	3,423,780	2,062,969	
14:14:44	27,400 ▲	6,150	+28.94	440,222	1,360,811	3,423,780	2,062,969	33
14:14:42	27,450 ▲	6,200	+29.18	440,204	1,360,811	3,423,747	2,062,936	98
14:14:37	27,400 ▲	6,150	+28.94	440,186	1,360,811	3,423,649	2,062,838	201
14:14:35	27,400 ▲	6,150	+28.94	440,169	1,360,811	3,423,448	2,062,637	241
14:14:32	27,400 ▲	6,150	+28.94	440,155	1,360,811	3,423,207	2,062,396	482
14:14:30	27,400 ▲	6,150	+28.94	440,136	1,360,807	3,422,721	2,061,914	
14:14:28	27,400 ▲	6,150	+28.94	440,125	1,360,807	3,422,721	2,061,914	88
14:14:23	27,400 ▲	6,150	+28.94	440,096	1,360,807	3,422,633	2,061,826	-6
14:14:18	27,400 ▲	6,100	+28.71	440,090	1,360,801	3,422,633	2,061,832	338
14:14:13	27,350 ▲	6,100	+28.71	440,079	1,360,801	3,422,633	2,061,832	

[그림 161] 하나마이크론 종목 일별 프로그램 매매 추이

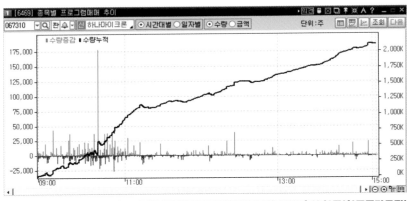

[그림 162] 하나마이크론 종목별 프로그램 매매 추이 차트(한국투자증권)

PART 3 성공적인 단기매매를 위한 기술적 분석

[그림 163] 하나마이크론 2023년 9월 1일 일봉 차트

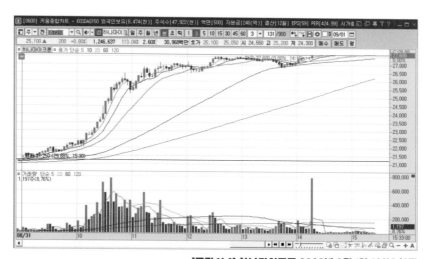

[그림 164] 하나마이크론 2023년 9월 1일 3분봉 차트

하나마이크론은 2023년 9월 1일 약 1,800만 주의 거래량을 동반하며
상한가에 진입했습니다. 종목별 프로그램 매매 추이 차트를 확인해 보면
아침부터 프로그램이 꾸준히 매수했으며 거래량의 10% 이상이 프로그

램 순매수임을 확인할 수 있습니다. 이렇게 프로그램이 작정하고 매수하는 날에는 주가가 잠시 조정을 받더라도 금방 반등하며 장 종료 때까지 강세를 보일 확률이 높습니다.

그러나 프로그램 매매에 현혹돼 뇌동매매하지 않도록 늘 조심해야 합니다. 프로그램 매매의 경우 외국인의 단타 매매가 대부분이고 외국인이라고 무조건 수익을 내는 것도 아니기 때문입니다. 매매 시 프로그램 매매를 활용한다는 것은 프로그램 매매 추이를 보며 똑같이 매매하라는 의미가 아닙니다. 프로그램 매매 추이 차트를 통해 외국인의 방향성을 파악하고 매매에 참고하라는 것입니다. 내가 주식을 사려고 하던 지점에서 마침 프로그램이 지속적으로 매수하고 있다면 확신을 가지고 좀 더 적극적으로 매수하는 등 참고 지표로 사용하는 것이 좋습니다.

기관투자자 가집계

프로그램 매매를 통해 외국인의 매매 동향을 파악할 수 있다면 기관투자자 가집계를 통해서는 기관투자자들의 매매 동향을 파악할 수 있습니다. 가집계인 만큼 정확하진 않지만, 장중 기관의 투자 동향을 파악하기 쉽습니다. 가집계 발표는 장중 4번이고 시간대는 9시 50분, 11시, 13시 10분, 14시 20분입니다. 자료 집계시간에는 약 10분 내외의 오차가 있을 수 있습니다. 이때 기관투자자(보험, 투신, 은행, 연기금), 외국인, 기타법인의 가집계가 공개됩니다. 그러나 외국인 동향은 프로그램 매매를 통해 확인하는 것이 더 정확합니다. 기관투자자 가집계의 경우 기관이 매도하고 있다가 매수로 변하거나, 대량매수를 하는 등 의미 있는 변화가 있는 가집계가 발표될 때 주가의 변곡점으로 작용할 수 있어 유용합니다.

최종자료 집계시간		외국인	기관계	보험	투신	은행	연기금등	기타법인
1차	09:23	-6,000						
2차	09:52	-20,000	-1,000		-1,000			-3,000
3차	11:02	-5,000	+5,000		+6,000		-1,000	+3,000
4차	13:13	-103,000	+129,000		+133,000		-4,000	+19,000
5차								
	13:13	-103,000	+129,000		+133,000		-4,000	+19,000

[그림 165] 기관투자자 가집계 예시

2023년 9월 19일 알테오젠의 경우, 13시 13분 기관투자자 가집계가 발
표됐을 때 투신이 대량매수하고 있었습니다.

[그림 166] 알테오젠 2023년 9월 20일 3분봉 차트

가집계가 발표된 13시 13분 이후 주가는 73,200원에서 77,100원으로
상승 마감하였고 마감 전까지 꾸준히 상승한 것을 확인할 수 있습니다.

수급이 좋다고 무조건 상승하고 수급이 나쁘다고 무조건 하락하는 것
은 아닙니다. 하지만 긍정적인 수급이 들어오는 경우 주가가 장중 상승

PART 3 성공적인 단기매매를 위한 기술적 분석

하거나 하락하더라도 하방 경직성을 보일 확률이 높습니다. 또한, 긍정적인 수급이 발표되는 경우 투자자들의 심리가 반전되어 주가의 방향성까지 변동될 수 있습니다.

　기관투자자는 주로 장기투자하는 물량이 많습니다. 기관투자자의 대량매수가 들어오는 경우 해당 주식을 앞으로도 지속적으로 매수할 수도 있다는 기대감에 수급이 쏠려 주가가 오르기도 하고, 반대로 기관의 대량매도가 나오면 주가가 과도하게 하락하기도 합니다. 주로 장기투자를 하는 기관에서 대량매도를 한다는 것은 이제 주가가 오를 만큼 올라서 차익실현을 한다고도 해석이 되기 때문입니다. 이처럼 기관투자자 가집계를 확인하면 기관이 어떤 주식을 사고파는지를 장중에도 대략 파악하여 매매에 활용할 수 있습니다.

시장 동향 확인

앞서 이야기한 거래원, 프로그램 매매, 기관투자자 가집계를 통해 개별 종목의 외국인과 기관의 매매 동향을 파악할 수 있습니다. 그렇다면 주식시장의 전반적인 동향을 확인할 수 있는 지표는 무엇일까요?

시장 전반의 매매 동향을 파악하기 위해서는 코스피, 코스닥, 선물의 동향을 확인하면 됩니다. 주식투자를 하면서 "오늘은 지수가 안 좋네", "오늘은 코스피가 좋네" 등 투자자들이나 증권방송에서 지수에 대해 언급 하는 것을 흔히 접해 보았을 것입니다. 그런데 사실 지수가 단기매매에 결정적인 역할을 하는 요소는 아닙니다. 만약 지수가 하락하는 상황이라면 매매를 할 때 좀 더 유의하거나 지수 하락과 별로 연관이 없는 종목을 매매하면 됩니다. 오히려 지수가 하락할 때 특정 종목에만 수급이 집중되곤 하므로 그날의 주도주를 매매한다면 매매하기 더 쉬운 상황이 만들어지기도 합니다. 지수가 상승하는 상황이라면 좀 더 적극적으로 매매에 임할 수 있는 정도이지 지수가 안 좋다고 해서 수익을 내기 어렵다고 말하는 것은 핑계에 불과합니다. 그렇지만 지수를 활용한다면 매매의

PART 3 성공적인 단기매매를 위한 기술적 분석

성공 확률을 좀 더 높일 수도 있습니다.

지수 흐름을 매매에 활용하는 몇 가지 경우를 설명해 드리겠습니다. 첫 번째는 외국인이 작정하고 시장 전체에 매수를 들어오는 날입니다. 코스피 또는 선물을 외국인이 1조 원 이상, 코스닥의 경우 3천억 원 이상 작정하고 매수하는 날에는 눌림매매를 적극적으로 활용합니다. 지수는 대개 외국인이 그날 대량매수 포지션을 잡는 경우 장 시작부터 장 종료 시까지 계속 매수를 하고 반대의 경우 계속 매도를 합니다. 외국인이 대량매수 포지션을 잡은 상태에서 주식이 조정받을 때(눌림) 주식을 매수하면 주가가 쉽게 반등하는 경우가 많습니다. 반대로 만약 외국인이 작정하고 매도하는 경우에는 매매에 주의하는 것이 좋습니다.

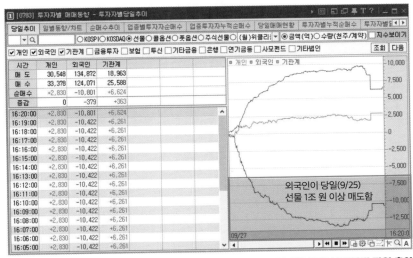

[그림 167] 2023년 9월 25일 투자자별 당일 추이

키움증권 영웅문 기준 화면번호 [0783]에서 확인할 수 있는 투자자별 당일 추이 화면입니다. 2023년 9월 25일 외국인이 선물을 지속적으로 매도하여 1조 원 이상 매도한 것을 확인할 수 있습니다.

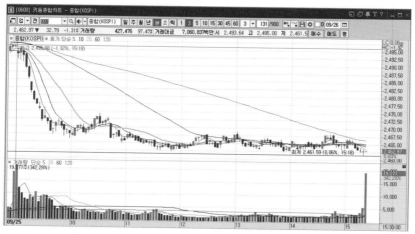

[그림 168] 2023년 9월 25일 코스피 3분봉 차트

[그림 169] 2023년 9월 25일 코스닥 3분봉 차트

PART 3 성공적인 단기매매를 위한 기술적 분석

당일 코스피와 코스닥지수를 확인해 보면 장 종료까지 지속적으로 하락한 것을 확인할 수 있습니다. 이와 같이 외국인이 코스피 또는 선물을 1조 원 이상 대량매도하거나 코스닥을 3천억 원 이상 대량매도하는 경우 대부분의 종목이 장 종료 시까지 지속적으로 하락할 수 있으니 매매에 특히 유의해야 합니다.

두 번째는 지수가 정배열인지 역배열인지 확인하는 것입니다. 지수가 정배열일 때에는 종목들이 전체적으로 상승하려는 힘이 강하고 역배열일 때에는 하락하려는 힘이 강합니다. 지수가 정배열 추세를 유지하고 있는 경우 괜찮은 종목이 있다면 적극적으로 매수하며 다음날까지 들고 가는 오버나잇도 진행해 수익을 극대화할 수 있습니다. 반대의 경우에는 매매를 최대한 줄이고 오버나잇을 지양해야 합니다.

[그림 170]은 2023년 9월 27일 코스닥 일봉 차트입니다. 단기매매의

[그림 170] 2023년 9월 27일 코스닥 일봉 차트

경우 코스피보단 코스닥지수를 참고하는 것이 도움이 됩니다. 단기매매에 적합한 대부분의 종목 흐름은 코스피에 상장된 종목일지라도 코스닥지수의 흐름에 영향을 많이 받기 때문입니다. 코스닥지수의 일봉 차트가 앞의 그림과 같이 역배열이면 오후장 매매 및 오버나잇을 되도록 하지 않는 것이 좋습니다. 지수가 역배열을 형성하고 있는 경우 대부분의 종목이 하락하려는 힘이 강하기 때문에 정말 강력한 종목이 나오지 않는이상 단기매매를 통해 수익을 내는 것이 어렵습니다. 이런 상황에서 오버나잇을 했다가는 손실을 볼 확률이 높습니다. 마찬가지로 단기매매를할 종목을 선정할 때에도 지수가 역배열일 때 좀 더 확실하다고 판단이되는 상황에서만 매매하는 것이 좋습니다. 이럴 때는 수익을 내려고 무리하기보다는 그동안 쌓아온 수익을 지키는 매매 위주로 하는 것이 좋습니다. 마땅한 종목이 없다면 이런 경우 매매를 쉬는 것도 실력입니다. 이렇게 지수 흐름을 활용함으로써 시장의 동향을 파악하고 보다 수익을 내기 쉬운 매매를 할 수 있습니다.

PART 3 성공적인 단기매매를 위한 기술적 분석

호가창의 원리

　호가창에 매수 잔량이 많은 경우, 주식을 사려고 하는 사람이 많으니 주가가 곧 오를 것이라고 볼 수 있을까요? 아닙니다. 호가창에 쌓여있는 매수 잔량이 많다고 주가가 오르고 매도 잔량이 많다고 해서 주가가 하락하는 것이 아닙니다. 일반적인 예상과는 반대로 호가창에서 매도 잔량이 많을수록 주가가 오를 확률이 높고, 반대로 매수 잔량이 많을수록 주가가 내릴 확률이 높습니다.

　매도 잔량이 상위 호가에 많이 쌓여있다는 것은 긍정적인 시그널입니다. 여러분이 A주식의 주주라고 가정을 해보겠습니다. 만약 A주식이 앞으로 떨어질 것 같다면 상위 호가에 매도 주문을 접수하여 팔릴 때까지 기다리지 않고 지체 없이 현재 가격에 팔아버릴 것입니다. 반대로 A주식의 주가가 오르고 있고, 앞으로도 오를 것 같다는 판단이 드는 경우라면 당장 현재 가격에 주식을 팔지 않고 좀 더 높은 가격에 매도 주문을 접수한 뒤 팔릴 때까지 기다릴 것입니다.

　시장 참여자들도 마찬가지입니다. 주식을 보유한 사람들이 주가가 현

포스코DX						
피봇 기준	51,900	1차 저항	53,800	3 호가	0.56%	300
시장	코드	등락	등락률	회전율	전일비	전일
■코스닥	022100	+1,300	+2.49%	1.36%	69.77%	-896,871
	9,892	+4.21%	54,400		시가	51,500
	14,605	+4.02%	54,300		고가	54,300
	15,858	+3.83%	54,200		저가	51,200
	9,658	+3.64%	54,100		현재가	53,500
	37,441	+3.45%	54,000		상한가	67,800
	10,956	+3.26%	53,900		하한가	36,600
	10,117	+3.07%	53,800		기준가	52,200
	8,151	+2.87%	53,700		거래량	2,070,135
	6,272	+2.68%	53,600		거래대금	109,767
-2	2,949	+2.49%	53,500		체결강도	117.85%
14:01:35	53,500	2	53,400	+2.30%	1,979	
14:01:34	53,500	24	53,300	+2.11%	6,187	
14:01:33	53,500	24	53,200	+1.92%	4,972	
14:01:33	53,500	5	53,100	+1.72%	4,272	-2
14:01:29	53,500	16	53,000	+1.53%	4,795	
14:01:29	53,400	579	52,900	+1.34%	2,849	
14:01:28	53,500	106	52,800	+1.15%	2,736	
14:01:28	53,500	158	52,700	+0.96%	2,200	
14:01:25	53,500	1	52,600	+0.77%	4,077	
14:01:22	53,500	1	52,500	+0.57%	7,057	
-2	125,899		14:01:35		41,124	-2
	3,709		x3.9			

[그림 171] 호가창 매도 잔량이 많은 예시

재보다 올라가리라 판단한다면 주식을 현재 가격보다 높은 가격에 팔려고 매도 주문을 걸어 놓을 것입니다. 따라서 상위 호가에 매도 잔량이 매수 잔량보다 더 많이 쌓여있는 종목이 다른 종목들에 비해 상승할 확률이 좀 더 높다고 볼 수 있습니다. 앞선 거래원 설명에서 기관이나 외국인의 투자금액은 개인의 투자금액에 비해 그 규모가 훨씬 크다고 했는데요. 특히 프로그램 매매를 활용하는 외국인의 경우 운용자금이 크기에 매도 잔량이 많이 쌓여있는 종목을 주로 공략합니다. 대량으로 주식을 매집하기 위해서는 호가창에 충분한 물량이 쌓여있어야 계속해서 해당 주식을 매수할 수 있기 때문입니다. 기관이나 외국인 입장에서 호가창에 충분한 매도 잔량이 없는 주식을 섣불리 매수하다가는 충분한 물량을 확보하지 못한 채로 주가만 상승시켜 유의미한 수익금을 얻을 수 없을 것입니다. 그렇기 때문에 매도 잔량이 많은 종목은 현재 가격 근처에 많은 수량을 매수할 수 있어 주가가 상승하는 경우가 많습니다.

LG디스플레이						
VI 기준가	13,130	VI 상승가	14,450	25 호가	9.80%	1,290
시장	코드	등락	등락률	회전율	전일비	전일
■코스피	034220	-160	-1.20%	0.17%	58.01%	-442,101
	1,102	-0.53%	13,250		시가	13,130
	1,476	-0.60%	13,240		고가	13,260
	1,838	-0.68%	13,230		저가	13,110
	248	-0.75%	13,220		현재가	13,160
	171	-0.83%	13,210		상한가	17,310
	2,003	-0.90%	13,200		하한가	9,330
	1,081	-0.98%	13,190		기준가	13,320
	743	-1.05%	13,180		거래량	610,780
	3,817	-1.13%	13,170		거래대금	8,038
	69,071	-1.20%	13,160		체결강도	83.65%
13:50:57	13,160	1	13,150	-1.28%	7,193	
13:50:52	13,160	1	13,140	-1.35%	27,044	
13:50:52	13,150	2	13,130	-1.43%	13,231	
13:50:52	13,150	13	13,120	-1.50%	13,386	1
13:50:46	13,160	3	13,110	-1.58%	17,835	
13:50:45	13,150	3	13,100	-1.65%	36,664	
13:50:45	13,160	3	13,090	-1.73%	6,542	
13:50:43	13,150	1	13,080	-1.80%	4,576	
13:50:43	13,150	13	13,070	-1.88%	2,780	
13:50:38	13,150	1	13,060	-1.95%	4,154	
	81,550		13:51:00		133,405	+1
	849		x1.0			

[그림 172] 최우선 매도호가에 매도 잔량이 많은 예시 1

그러나 매도 잔량이 많다고 해서 꼭 상승할 확률이 높은 것은 아닙니다. 위의 그림에서 최우선 매도호가인 13,160원에 다른 호가보다 압도적으로 많은 69,071주의 매도 잔량이 있습니다. 최우선 매도호가에 매도 잔량이 많은 이유는 공매도 업틱룰 때문입니다. 공매도 업틱룰이란 공매도 주문을 할 때 하위 호가에 주문을 접수해 즉시 체결시키지 못하고 상위 매도호가에 주문을 접수하도록 제한한 규정입니다. 그림의 호가창에

서 13,150원 이하의 가격에는 공매도 주문을 접수할 수 없기에 최우선 매
도호가인 13,160원에 매도 잔량이 많이 쌓여있는 것입니다.

LG디스플레이						
VI 기준가	13,130	VI 상승가	14,450	26 호가	9.89%	1,300
시장	코드	등락	등락률	회전율	전일비	전일
■코스피	034220	-170	-1.28%	0.17%	58.99%	-431,788
	1,479	-0.60%	13,240		시가	13,130
	1,841	-0.68%	13,230		고가	13,260
	248	-0.75%	13,220		저가	13,110
	171	-0.83%	13,210		현재가	13,150
	2,003	-0.90%	13,200		상한가	17,310
	801	-0.98%	13,190		하한가	9,330
	743	-1.05%	13,180		기준가	13,320
	1,632	-1.13%	13,170		거래량	621,093
	16,649	-1.20%	13,160		거래대금	8,174
	31,693	-1.28%	13,150		체결강도	81.52%
13:53:57	13,150	3	13,140	-1.35%	6,720	-1
13:53:57	13,150	1	13,130	-1.43%	13,421	
13:53:51	13,140	3	13,120	-1.50%	15,498	
13:53:51	13,140	21	13,110	-1.58%	18,550	
13:53:45	13,140	1	13,100	-1.65%	36,764	
13:53:45	13,140	8	13,090	-1.73%	6,550	
13:53:45	13,150	3	13,080	-1.80%	4,678	
13:53:43	13,140	5	13,070	-1.88%	2,786	
13:53:43	13,150	50	13,060	-1.95%	4,155	
13:53:37	13,140	2	13,050	-2.03%	6,721	
	57,260		13:54:00		115,843	-1
	849		x1.0			

[그림 173] 최우선 매도호가에 매도 잔량이 많은 예시 2

다른 투자자가 하위 호가에 매도 주문을 넣어 한 호가가 하락하면 공매
도 주문도 [그림 173]과 같이 한 호가 아래로 정정하는 경우가 많습니다.

LG디스플레이						
VI 기준가	13,110	VI 상승가	14,450	26 호가	10.22%	1,340
시장	코드	등락	등락률	회전율	전일비	전일
■코스피	034220	-210	-1.58%	0.34%	116.37%	172,311
	5,126	-0.90%	13,200		시가	13,130
	4,404	-0.98%	13,190		고가	13,260
	6,604	-1.05%	13,180		저가	13,100
	3,528	-1.13%	13,170		현재가	13,110
	6,538	-1.20%	13,160		상한가	17,310
	2,634	-1.28%	13,150		하한가	9,330
	3,743	-1.35%	13,140		기준가	13,320
	305	-1.43%	13,130		거래량	1,225,192
	162	-1.50%	13,120		거래대금	16,094
	128,205	-1.58%	13,110		체결강도	104.59%
15:30:16	13,110	128,490	13,100	-1.65%		14,939
15:19:59	13,110	1	13,090	-1.73%		15,567
15:19:59	13,110	1	13,080	-1.80%		10,392
15:19:59	13,110	11	13,070	-1.88%		17,286
15:19:59	13,110	1	13,060	-1.95%		12,992
15:19:59	13,110	100	13,050	-2.03%		9,562
15:19:58	13,110	1	13,040	-2.10%		14,213
15:19:58	13,110	10	13,030	-2.18%		13,812
15:19:57	13,110	5	13,020	-2.25%		12,366
15:19:57	13,100	50	13,010	-2.33%		27,699
	161,249		15:31:00			148,828
			x1.0		92	+10

[그림 174] 최우선 매도호가에 매도 잔량이 많은 예시 3

공매도 수량을 소화하지 못하면 [그림 174]와 같이 호가가 지속적으로 하락하며 최우선 호가에 대량매도 잔량이 쌓이게 됩니다. 위의 예시와 같이 하락 추세인 종목의 최우선 매도호가에 매도 잔량이 많은 경우 또는 매도 잔량이 소화하기 힘든 정도로 과하게 많은 경우는 주가 하락을 부추길 수 있습니다.

알테오젠						
피봇 기준	77,533	1차 저항	84,567	141 호가	20.00%	14,100
시장	코드	등락	등락률	회전율	전일비	전일
■코스닥	196170	-10,500	-12.96%	4.62%	46.21%	-2,784,659
	455	-11.85%	71,400		시가	80,300
	9	-11.98%	71,300		고가	80,700
	25	-12.10%	71,200		저가	70,100
	24	-12.22%	71,100		현재가	70,500
	1,939	-12.35%	71,000		상한가	105,300
	199	-12.47%	70,900		하한가	56,700
	1,256	-12.59%	70,800		기준가	81,000
	21	-12.72%	70,700		거래량	2,392,302
	1,442	-12.84%	70,600		거래대금	178,878
	110	-12.96%	70,500		체결강도	52.19%
10:07:59	70,500	1	70,300	-13.21%	3,624	
10:07:59	70,400	40	70,200	-13.33%	4,157	-50
10:07:59	70,300	1	70,100	-13.46%	8,152	
10:07:59	70,300	19	70,000	-13.58%	24,419	
10:07:59	70,300	12	69,900	-13.70%	5,381	
10:07:58	70,200	135	69,800	-13.83%	6,854	
10:07:58	70,300	1	69,700	-13.95%	2,161	
10:07:58	70,300	1	69,600	-14.07%	1,794	
10:07:58	70,200	200	69,500	-14.20%	5,232	
10:07:58	70,300	43	69,400	-14.32%	708	
+415	5,480		10:08:00		62,482	-50
	8,150		x3.9			

[그림 175] 호가창 매수 잔량이 많은 예시

매수의 경우는 반대로 생각하면 됩니다. 지금 가격에 당장 해당 주식을 사지 않아도 괜찮다는 시그널로 볼 수 있습니다. 현재가에 비해 하위 호가에 매수 잔량이 많이 있는 경우 '주가가 더 내려갈 것 같으니 조금 기다렸다가 주가가 내려갔을 때 주식을 사야지' 하는 심리로 해석할 수 있습니다. 그렇기 때문에 하위 호가에 쌓인 큰 매수 잔량은 주가에 하방 압력을 불어넣어 주가가 해당 가격까지 하락하는 경우가 많습니다.

PART 3 성공적인 단기매매를 위한 기술적 분석

포스코DX						
VI 기준가	48,500	VI 상승가	53,400	34 호가	6.80%	3,400
시장	코드	등락	등락률	회전율	전일비	전일
■코스닥	022100	+1,700	+3.52%	1.18%	14.91%	-10,234,601
	15,887	+5.38%	50,900		시가	48,500
-100	22,432	+5.18%	50,800		고가	50,000
	23,656	+4.97%	50,700		저가	48,400
	20,714	+4.76%	50,600		현재가	50,000
	124,806	+4.55%	50,500	■	상한가	62,700
	27,400	+4.35%	50,400		하한가	33,850
	31,510	+4.14%	50,300		기준가	48,300
	17,371	+3.93%	50,200		거래량	1,792,763
-1	20,551	+3.73%	50,100		거래대금	88,406
736	81,537	+3.52%	50,000		체결강도	175.68%
09:20:55	50,000	32	49,950	+3.42%	4,754	
09:20:55	50,000	1	49,900	+3.31%	4,848	791
09:20:55	50,000	337	49,850	+3.21%	851	-637
09:20:55	50,000	20	49,800	+3.11%	23	
09:20:55	50,000	9	49,750	+3.00%	1,532	18
09:20:55	50,000	134	49,700	+2.90%	8,295	-20
09:20:55	50,000	9	49,650	+2.80%	3,401	
09:20:55	50,000	51	49,600	+2.69%	3,727	
09:20:55	50,000	1	49,550	+2.59%	2,518	
09:20:55	50,000	209	49,500	+2.48%	7,962	
+8,994	385,864		09:20:56		37,911	+1,255
	61		x0.1			

[그림 176] 호가창 큰 물량 예시 1

　호가창의 큰 물량을 기준으로 저항 돌파를 성공했는지 실패했는지 판단할 수 있습니다. 위의 그림을 보면 50,000원 호가에 81,537주의 매도 잔량이 쌓여있습니다. 다른 호가에 비해 많은 잔량이 쌓여있어 해당 호가를 돌파하여 상승할지 아니면 해당 호가에서 저항을 받아 하락할지 판단이 안 되는 상황입니다. 이런 상황에서는 해당 호가의 물량을 뚫을만한 상황이 왔을 때 얼마나 빨리 소화하는지 확인하면 됩니다.

포스코DX						
VI 기준가	48,500	VI 상승가	53,400	34 호가	6.80%	3,400
시장	코드	등락	등락률	회전율	전일비	전일
■코스닥	022100	+1,700	+3.52%	1.19%	15.00%	-10,223,605
	15,887	+5.38%	50,900		시가	48,500
-100	22,432	+5.18%	50,800		고가	50,000
	23,656	+4.97%	50,700		저가	48,400
	20,714	+4.76%	50,600		현재가	50,000
	124,806	+4.55%	50,500		상한가	62,700
	27,400	+4.35%	50,400		하한가	33,850
	31,510	+4.14%	50,300		기준가	48,300
	17,371	+3.93%	50,200		거래량	1,803,759
-1	20,551	+3.73%	50,100		거래대금	88,955
736	81,537	+3.52%	50,000		체결강도	177.42%
09:20:56	50,000	10,000	49,950	+3.42%	4,754	
09:20:56	50,000	57	49,900	+3.31%	4,848	791
09:20:56	50,000	200	49,850	+3.21%	851	-637
09:20:56	50,000	54	49,800	+3.11%	23	
09:20:56	49,950	3	49,750	+3.00%	1,532	18
09:20:56	50,000	10	49,700	+2.90%	8,295	-20
09:20:56	50,000	30	49,650	+2.80%	3,401	
09:20:56	50,000	6	49,600	+2.69%	3,727	
09:20:56	50,000	31	49,550	+2.59%	2,518	
09:20:56	50,000	35	49,500	+2.48%	7,962	
+8,994	385,864		09:20:56		37,911	+1,255
	61		x0.1			

[그림 177] 호가창 큰 물량 예시 2

해당 호가를 뚫을만한 상황은 누군가 해당 호가에 많은 수량을 매수하는 상황입니다. 50,000원에 81,537주의 매도 잔량이 있다면 많은 매도 잔량을 뚫지 못할 수 있다는 부담감 때문에 매수를 진행하려던 사람도 50,000원에 쉽게 매수하지 않을 것입니다. 그러나 9시 20분 56초에 누군가 10,000주라는 큰 물량을 매수했습니다. 매수를 고민하고 있었던 사람들은 큰 물량의 매수가 들어오는 것을 보고 따라서 매수할 것입니다.

포스코DX						
VI 기준가	48,500	VI 상승가	53,400	33 호가	6.59%	3,300
시장	코드	등락	등락률	회전율	전일비	전일
■코스닥	022100	+1,800	+3.73%	1.24%	15.62%	-10,149,089
5	115,199	+5.59%	51,000		시가	48,500
	15,898	+5.38%	50,900		고가	50,100
	22,432	+5.18%	50,800		저가	48,400
	23,656	+4.97%	50,700		현재가	50,100
	20,914	+4.76%	50,600		상한가	62,700
1	124,702	+4.55%	50,500		하한가	33,850
	27,828	+4.35%	50,400		기준가	48,300
	31,531	+4.14%	50,300		거래량	1,878,275
	17,288	+3.93%	50,200		거래대금	92,682
-526	20,130	+3.73%	50,100		체결강도	188.65%
09:20:57	50,100	307	50,000	+3.52%	732	-760
09:20:57	50,100	2,700	49,950	+3.42%	5,011	-41
09:20:57	50,100	80	49,900	+3.31%	568	-3,833
09:20:57	50,100	10	49,850	+3.21%	664	
09:20:57	50,100	3	49,800	+3.11%	63	
09:20:57	50,100	2	49,750	+3.00%	1,669	
09:20:57	50,100	395	49,700	+2.90%	9,506	
09:20:57	50,100	100	49,650	+2.80%	3,269	-140
09:20:57	50,000	21	49,600	+2.69%	3,737	
09:20:57	50,100	7	49,550	+2.59%	2,474	-10
-520	419,578		09:20:58		27,693	-4,784
	61		x0.1			

[그림 178] 호가창 큰 물량 예시 3

1초 후인 9시 20분 57초의 호가창입니다. 10,000주의 매수를 보고 매수를 대기하고 있던 사람들이 따라 매수하여 1초 만에 50,000원의 매도 잔량을 모두 소화했습니다. 위와 같이 큰 물량이 쌓여있는 호가에 대량 매수가 들어왔을 때 따라오는 매수세가 많아 금방 물량을 소화한다면 저항을 돌파했다고 볼 수 있습니다. 빠른 속도로 물량을 소화하는 경우 매수 대기자가 많았다는 것으로 판단할 수 있기 때문입니다. 반대로 10,000주의 매수가 들어왔음에도 빠른 속도로 매도 잔량을 소화하지 못하고 머뭇거린다면 매수 대기자가 적다는 뜻이고 해당 호가에서 저항을 받아 주가가 하락할 수 있습니다.

LG에너지솔루션						
VI 기준가	597,000	VI 상승가	657,000	254 호가	45.51%	205,500
시장	코드	등락	등락률	회전율	전일비	전일
■코스피	373220	-145,500	-24.37%	1.96%	0.00%	4,589,630
11	1,242	-23.20%	458,500		시가	597,000
9	814	-23.28%	458,000		고가	598,000
6	1,134	-23.37%	457,500		저가	450,000
25	1,108	-23.45%	457,000		현재가	451,500
19	2,067	-23.53%	456,500		상한가	776,000
7	3,165	-23.62%	456,000		하한가	418,000
17	3,914	-23.70%	455,500		기준가	597,000
154	3,306	-23.79%	455,000		거래량	4,589,630
73	89	-23.87%	454,500		거래대금	2,515,618
-19	234	-23.95%	454,000		체결강도	68.50%
09:14:00	451,500	1	450,500	-24.54%	11	
09:14:00	451,500	1	450,000	-24.62%	407,294	-177
09:13:59	450,000	1	449,500	-24.71%	1,112	
09:13:59	450,000	1	449,000	-24.79%	1,007	7
09:13:59	450,000	2	448,500	-24.87%	1,931	1
09:13:59	450,000	4	448,000	-24.96%	3,627	10
09:13:59	451,000	1	447,500	-25.04%	19,892	
09:13:59	451,000	1	447,000	-25.13%	1,011	
09:13:59	451,000	8	446,500	-25.21%	405	11
09:13:59	452,000	1	446,000	-25.29%	1,070	
+302	17,073		09:14:00		437,360	-142
			x1.0			

[그림 179] 호가창 큰 물량 예시 4

　호가창의 큰 매수 잔량으로 지지의 성공 또는 실패 여부도 판단할 수 있습니다. 45만 원에 40만 주의 대량 매수 잔량이 있습니다. 누군가 45만 원에 큰 물량을 매도했을 때 매도 대기자들의 따라오는 매도세가 어느 정도인지 확인하면 됩니다.

09:14:08	450,500	1	09:14:08	450,000	3
09:14:08	450,000	4425	09:14:08	450,000	4444
09:14:08	451,500	19	09:14:08	450,000	4365
09:14:08	451,500	1	09:14:08	450,000	1
09:14:08	451,500	1	09:14:08	450,000	1
09:14:08	451,500	2	09:14:08	450,000	4444
09:14:08	451,500	1	09:14:08	451,500	20
09:14:08	451,500	26	09:14:08	450,000	2
09:14:08	450,500	3	09:14:08	450,000	1
09:14:08	450,000	4444	09:14:08	451,500	3
09:14:08	450,000	1	09:14:08	450,000	4444
09:14:08	450,000	1	09:14:08	450,000	1
09:14:08	450,000	4	09:14:08	450,000	6
09:14:08	450,000	1	09:14:08	450,000	2
09:14:08	450,000	2	09:14:08	450,000	2
09:14:08	450,000	4444	09:14:08	450,000	4
09:14:08	450,000	7	09:14:08	450,000	1
09:14:08	451,000	1	09:14:08	450,000	2
09:14:08	451,000	1	09:14:08	450,500	1
09:14:08	451,000	1	09:14:08	450,000	3
09:14:08	451,000	1	09:14:08	450,000	1
09:14:08	450,000	1	09:14:08	450,000	4444
09:14:08	450,000	4444	09:14:08	450,000	2
09:14:08	450,500	2	09:14:08	450,000	2
09:14:08	450,000	1	09:14:08	450,000	1
09:14:08	450,000	1	09:14:08	450,000	4
09:14:08	450,000	1	09:14:08	450,000	1
09:14:08	450,000	4444	09:14:08	450,000	1
09:14:08	450,000	1	09:14:08	450,000	2
09:14:08	450,000	2	09:14:08	450,000	1
09:14:08	450,000	2	09:14:08	450,000	1
09:14:08	450,000	1	09:14:08	450,000	4444
09:14:08	450,000	2	09:14:08	450,000	2
09:14:08	451,500	7	09:14:08	450,000	2
09:14:08	451,000	3			
09:14:08	450,000	1			
09:14:08	450,000	1			
09:14:08	450,000	7			

[그림 180] 호가창 큰 물량 예시 5

9시 14분 8초, 누군가가 45만 원에 4,000주가량을 11번이나 매도합니다. 5만 주에 가까운 물량을 매도했기에 매도 대기자가 많았다면 이를 보고 따라서 매도해 45만 원의 매수 벽을 깨고 하락했을 것입니다.

LG에너지솔루션						
VI 기준가	597,000	VI 상승가	657,000	257 호가	46.00%	207,000
시장	코드	등락	등락률	회전율	전일비	전일
■코스피	373220	-147,000	-24.62%	2.06%	0.00%	4,827,877
2	2,772	-23.70%	455,500		시가	597,000
-1	10,903	-23.79%	455,000		고가	598,000
28	1,214	-23.87%	454,500		저가	450,000
5	1,808	-23.95%	454,000		현재가	450,000
2	864	-24.04%	453,500		상한가	776,000
15	2,328	-24.12%	453,000		하한가	418,000
11	1,954	-24.20%	452,500		기준가	597,000
24	3,120	-24.29%	452,000		거래량	4,827,877
38	1,554	-24.37%	451,500		거래대금	2,622,876
98	222	-24.46%	451,000		체결강도	61.76%
09:14:18	450,000	1	450,500	-24.54%	1,464	-598
09:14:18	450,000	2	450,000	-24.62%	218,397	114
09:14:18	450,000	1	449,500	-24.71%	1,204	1
09:14:18	450,000	1	449,000	-24.79%	1,676	2
09:14:18	450,000	2	448,500	-24.87%	2,336	5
09:14:17	450,000	1	448,000	-24.96%	4,188	33
09:14:17	450,500	10	447,500	-25.04%	20,784	-11
09:14:17	450,000	1	447,000	-25.13%	1,434	
09:14:17	450,000	1	446,500	-25.21%	545	1
09:14:17	450,000	3	446,000	-25.29%	1,204	
+222	26,739		09:14:18		253,232	-453
			x1.0			

[그림 181] 호가창 큰 물량 예시 6

그러나 10초가 지난 9시 14분 18초에도 45만 원의 매수 벽을 깨지 못하고 있습니다. 큰 물량의 매도가 나왔음에도 따라오는 매도세가 빠르게 매수 벽을 깨지 못한 것입니다.

LG에너지솔루션						
VI 기준가	597,000	VI 상승가	657,000	237 호가	42.83%	197,000
시장	코드	등락	등락률	회전율	전일비	전일
■코스피	373220	-137,000	-22.95%	2.18%	0.00%	5,098,188
10	514	-22.19%	464,500		시가	597,000
1	1,023	-22.28%	464,000		고가	598,000
	296	-22.36%	463,500		저가	450,000
-1	746	-22.45%	463,000		현재가	460,000
3	492	-22.53%	462,500		상한가	776,000
7	1,241	-22.61%	462,000		하한가	418,000
3	769	-22.70%	461,500		기준가	597,000
17	913	-22.78%	461,000		거래량	5,098,188
83	1,644	-22.86%	460,500		거래대금	2,745,227
-258	575	-22.95%	460,000		체결강도	61.14%
09:15:00	460,000	116	459,500	-23.03%	362	
09:14:59	460,000	1	458,000	-23.28%	3	-1
09:14:59	460,000	109	457,500	-23.37%	118	-12
09:14:59	459,500	1	457,000	-23.45%	596	1
09:14:59	459,500	1	456,500	-23.53%	224	10
09:14:59	459,500	2	456,000	-23.62%	213	134
09:14:59	460,000	1	455,500	-23.70%	221	32
09:14:59	460,000	1	455,000	-23.79%	43	4
09:14:59	460,000	1	454,500	-23.87%	204	
09:14:59	459,500	2	454,000	-23.95%	47	
-135	8,213		09:15:00		2,031	+520
			x1.0			

[그림 182] 호가창 큰 물량 예시 7

빠른 속도로 매수 벽을 깨지 못했다는 것은 매도세가 강하지 않다는 것을 의미하며 1분도 되지 않아 46만 원까지 반등했습니다. 만약 45만 원에 매도세가 강해 빠른 속도로 매수 벽이 없어졌다면 45만 원에서 지지하지 못하고 하락했을 것입니다.

호가창을 볼 때 이런 대량체결 물량을 즉각 확인할 수 있어야 매매에 바로 활용할 수 있겠지요? 키움증권 HTS 기준으로 다음과 같이 설정하면 됩니다.

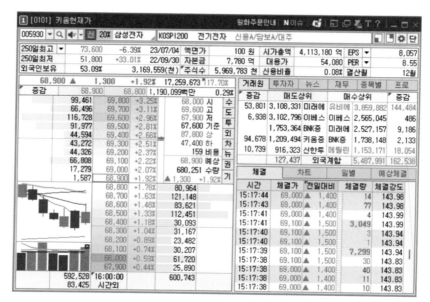

[그림 183] 대량체결 강조

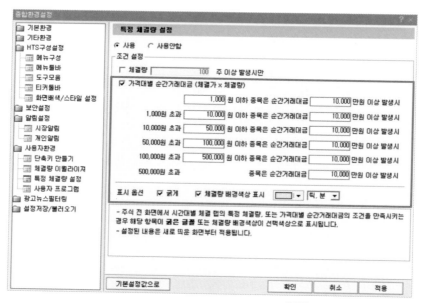

[그림 184] 대량체결 설정하기

PART 3 성공적인 단기매매를 위한 기술적 분석

1억 원 이상 거래의 경우 굵게 및 체결량 배경 색상을 통해 강조되도록 표시하는 방법입니다. 거래가 활발한 종목의 경우 빠른 속도로 체결이 이루어지기 때문에 매수·매도 강도를 일일이 확인하기 쉽지 않습니다. 이렇게 설정해두면 쉽게 확인할 수 있습니다.

PART 4

본인의 그릇 크기를 정확히 알고 계십니까? 투자 금액이 커질수록 수익과 손실의 변화도 커지기 때문에 투자의 난이도가 높아집니다. 얼마의 종잣돈으로 투자를 하든 단기매매를 하다 보면 결국 본인의 그릇에 맞는 금액으로 예수금이 수렴하게 됩니다. 흔들림 없이 매매에 집중할 수 있는 그릇 크기를 찾고, 그릇을 키워나가고, 비중 관리하는 법을 알아야 하는 이유입니다.

거래의 기술

10

비중 관리

본인의 그릇을 파악하기

　주식투자를 시작하기에 앞서 본인의 그릇을 파악하는 시간을 반드시 가지길 권합니다. 본인의 그릇 크기가 얼마인지에 따라 매매할 때의 수익률은 완전히 달라질 수 있기 때문입니다. 100만 원 정도의 적은 투자금으로 주식을 매수한 경우에는 수익률 변동이 조금 크더라도 감당할 수 있겠지만 1억 원 이상의 큰 금액을 주식에 투입했다면 1~2%의 움직임도 감당하기 버거워 이성적인 판단을 내리기 어렵습니다. 100만 원으로 1% 손실이 나는 경우 손실금은 10,000원이지만 10억 원으로 1% 손실이 나는 경우 손실금은 1,000만 원입니다. 10,000원의 손실을 봤을 경우 손절매를 해야 할 상황이라고 생각된다면 누구나 어렵지 않게 손절을 할 것입니다. 하지만 1,000만 원의 손실을 보고 있다면 대부분의 사람은 선뜻 손절하지 못할 것입니다. 손실금의 액수에 흔들려 손절을 하지 못한다면 1,000만 원에 그치지 않고 손실금이 계속 늘어날 수 있습니다. 그래서 변동하는 수익이나 손실금에 흔들리지 않을 만큼의 금액으로 매매를 해야 합니다.

사람마다 그 금액의 크기는 다른데, 안정적으로 매매를 할 수 있는 금액이 곧 본인의 그릇 크기라고 볼 수 있습니다. 그릇 이내의 금액으로 주식투자를 한다면 실력만큼 수익을 낼 수 있지만, 본인의 그릇을 넘어가는 금액으로 매매를 하면 손실을 볼 수밖에 없습니다. 저에게 갑자기 100억 원이 생긴다고 하더라도 저는 절대 단기매매를 하지 않을 것입니다. 왜냐하면 제가 지닌 그릇보다 큰 금액으로 단기매매를 한다면 그 금액이 금세 사라질 것을 알고 있기 때문입니다. 손절을 해야 할 때 손실금액이 너무 커서 손절을 못해 더 큰 손실이 날 것이고, 수익을 극대화할 수 있는 상황에서도 본인이 감당하기 힘든 큰 수익금 때문에 두려워 얼마 버티지 못하고 팔아버릴 것입니다.

금액이 커질수록 단기매매의 난이도는 높아집니다. 매매 금액이 커질수록 주가 변동에 따라 수익금의 변화 또한 커지기 때문입니다. 심리적으로 안정감을 느끼는 금액 내에서 투자하고, 안정적으로 수익을 쌓아나갈 수 있는 금액이 바로 본인의 그릇 크기입니다. 본인의 그릇보다 시드가 커서 지속적으로 손실을 본다면 안정된 상태로 매매할 수 있는 금액으로 시드를 줄여야 합니다. 본인 그릇에 맞는 금액으로 종잣돈을 설정한 후 그릇을 넘어가는 수익이 난 경우에는 해당 수익을 지속적으로 출금해야 합니다. 본인의 그릇을 넘어가는 금액이 주식계좌에 있을 때 그 돈을 인출하지 않는다면 언젠가 사라질 것입니다. 얼마의 종잣돈으로 투자하든 단기매매를 반복한다면 결국 본인의 그릇에 맞는 금액으로 예수금이 수렴하게 될 것입니다. 단기투자를 하다가 큰 손실이 발생하더라도 추가 입금하여 손실만큼 보충하는 것이 아니라 손실 본 금액 그대로 투자를 지속해야 합니다. 손실을 봤다고 추가입금을 해서 무리하게 매매하는 것은 돈을 버리는 것과 다름없습니다. 맨 처음 이야기했던 것처럼 주식투자는 지속적인 자금관리가 중요합니다. 본인의 그릇을 넘어가는 수익이 나면 지속적으로 출금해야 수익을 지키며 자산을 늘려나갈 수 있습니다. 반대로 손실이 난다고 해서 주식계좌에 돈을 계속 입금한다면 주식은 내가 가진 돈을 모두 녹여버리는 용광로 같은 역할을 할 뿐입니다. 매매가 잘 안되고 손실을 보는 상황에서 추가입금을 한다면 안 그래도 수익을 내기 어려운 환경에서 투자 난이도를 더 높이는 것밖에 되지 않습니다. 이렇게 적은 돈으로 언제 수익을 내느냐고 말할 수 있겠지만 여러분이 큰돈으로도 수익을 낼 수 있는 실력이 됐을 때라면 적은 돈으로 수익을 내기는 훨씬 쉽겠죠. 따라서 100만 원으로 매매하더라도 금방 종잣돈을 늘릴 수 있습니다. 따라서 종잣돈의 크고 작음을 신경 쓸 것이 아니라 내가 안정적으로 수익을 낼 수 있는 종잣돈의 크기를 파악해 감당 가능한 금액 내에서 투자를 지속하는 자세를 갖추는 것이 중요합니다.

　매수한 주식이 당장 10% 이상 하락해도 마음의 흔들림 없이 매매를 지속할 수 있고 10% 이상 손실을 보더라도 금방 회복할 수 있다는 확신이 드는 금액이 그릇 이내의 금액이라고 판단할 수 있습니다. 투자 경험이 없어 잘 모르겠다면 처음에는 100만 원의 시드로도 충분합니다. 10만 원 정도는 주식을 거래하는 데 다소 제약이 있는 적은 금액이지만 100만 원은 투자에 대한 의지가 있다면 단기간 노동을 통해서라도 마련할 수 있는 금액이기 때문입니다.

비중 관리

주식투자로 수익을 극대화하기 위해선 분할매수를 잘 활용해야 합니다. 매수한 종목이 계속해서 조건에 부합하는 경우 정해둔 최대 매수 한도까지 계속 사서 수익금을 극대화하는 것입니다. 이를 '불타기'라고 합니다. 단, 주식을 매수할 때는 본인의 그릇에 맞는 최대한도를 미리 정해두어야 합니다. 그 종목이 계속해서 모든 조건에 부합한다면 분할로 매수를 진행합니다. 예를 들어 그릇 이내에서 최대로 투입 가능한 금액이 1억 원이라면 한 번 매수할 때 1,000만 원씩 매수하는 것이죠. 주도 테마 대장주 조건이 유지되며 수급 및 차트까지 완벽한 조건을 갖춘 종목일 경우 1,000만 원씩 지속적으로 불타기를 해 최대 1억 원까지 주식을 매수하는 식입니다.

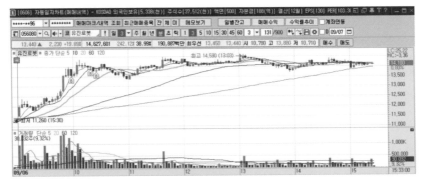

[그림 186] 유진로봇 2023년 9월 7일 3분봉 매매 마크내역

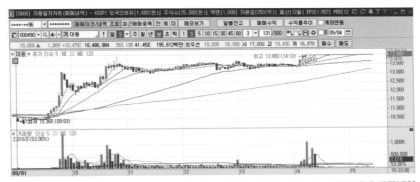

[그림 187] 대동 2023년 9월 4일 3분봉 매매 마크내역

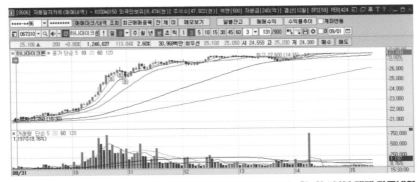

[그림 188] 하나마이크론 2023년 9월 1일 3분봉 매매 마크내역

앞 페이지에 예시로 든 기업들의 차트 및 매매내역과 같이 매수단가보다 상승한 상황에서도 주도 테마의 대장주가 유지되며 수급 및 차트까지 완벽하다고 판단될 경우 분할매수로 불타기를 진행해 수익을 극대화할 수 있습니다.

만약 좋은 조건의 종목이라 판단해 분할매수를 시작했을지라도 그게 아니라고 판단되는 시점에서는 즉시 매수를 멈추고 매도를 고려해야 합니다. 즉 매수를 진행할 때 무조건 최대 투자 가능한 금액까지 분할매수를 하는 것이 아닙니다. 분할매수를 진행하는 중에도 해당 종목이 모든 조건과 상황에 부합되는지를 계속 확인하면서 매수 여부를 결정해야 합니다. 최종 투자금을 정해두고 진입을 하는 것이 아니라 상황에 따라, 종목에 따라 진입하는 금액을 다르게 해야 하죠. 종목과 시장 상황이 모든 조건에 완벽하게 부합하고 좋은 흐름을 유지하는 S급 종목일 경우에 불타기를 하며 주식 수량을 늘려가는 것에 집중해 수익금을 극대화하는 것입니다. 그러나 분할매수 중이라도 일부 조건만 부합하고 매매하기에 그렇게까지 좋은 종목이 아니라고 판단된다면 매수를 멈추어야 합니다. 매수한 종목이 시장의 주도 테마 대장주로 계속 유지되고 생각했던대로 좋은 흐름으로 주가가 움직이며 확신이 드는 상황이라면 주가가 오르고 있더라도 꾸준히 분할로 추가매수를 진행합니다. 그러나 분할매수 중 시장 주도 테마의 대장주가 다른 종목으로 변경되거나 예상했던 흐름과 다르게 시장 상황이 흘러가는 등 상승에 대한 확신이 들지 않는다면 매수를 멈추고 매도를 고려해야 합니다.

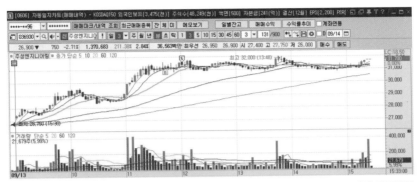

[그림 189] 주성엔지니어링 2023년 9월 14일 3분봉 매매 마크내역

주성엔지니어링의 2023년 9월 14일 3분봉 매매 마크내역입니다. 매수를 시작했지만 더 이상 분할매수하지 않고, 이후 매수했던 수량도 매도했습니다.

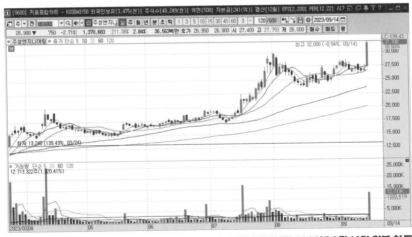

[그림 190] 주성엔지니어링 2023년 9월 14일 일봉 차트

주성엔지니어링의 일봉 차트입니다. 당시 전일 대비 약 15% 상승했을 때 매수했지만 과거 일봉 차트를 돌려보니 15% 이상 상승하여 종가를 마감한 적이 거의 없었습니다. 처음에는 좋은 종목이라고 생각해서 매수했지만, 끼가 없는 종목이라고 판단해 오버나잇을 진행하지 않았습니다.

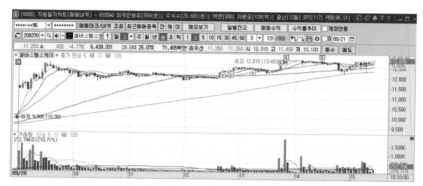

[그림 191] 셀바스헬스케어 2023년 9월 21일 3분봉 매매 마크내역

셀바스헬스케어의 2023년 9월 21일 3분봉 매매 마크내역 차트입니다. 당일 셀바스헬스케어가 매매 조건에 부합하고 충분히 상한가를 들어갈 가능성이 있다고 판단해 오버나잇을 생각하며 매수를 시작했습니다. 그러나 14시 전후로 생각이 바뀌어 분할매수를 멈추고 매수했던 주식도 전량 매도하였습니다.

[그림 192] 코스닥 2023년 9월 21일 3분봉 차트

[그림 193] 코스닥 2023년 9월 21일 일봉 차트

당일 코스닥지수는 2.50%나 하락해 마감했습니다. 오버나잇을 한다면 미국 시장이나 뉴스 등 다양한 외부변수에 노출되며 다음날 아침 다른 종목을 매수할 기회도 놓칠 수 있기 때문에 정말 확실하다고 판단되

는 경우에만 오버나잇을 진행해야 합니다. 9월 21일 시장 상황이 좋지 않았기 때문에 오버나잇에 리스크가 있다고 판단해 전량 매도했습니다.

[그림 194] 박셀바이오 2023년 9월 12일 3분봉 매매 마크내역

박셀바이오의 2023년 9월 12일 3분봉 매매 마크내역 차트입니다. 매수한 주식을 10분도 되지 않아 매도했습니다. 분할매수를 시작하려고 매수했지만 매수하고 보니 잘못 샀다는 판단이 들었기 때문입니다. 당시 박셀바이오는 모두가 예상하던 호재 뉴스로 인해 단기 급등한 상황이었습니다. 모두가 예상하던 호재가 나온다면 재료 소멸로 인해 주가가 하락할 가능성이 큽니다. 만약 큰 금액을 매수했다면 높은 변동성으로 인해 심리가 흔들려 매도하지 못했을 가능성이 컸을 것입니다. 또한, 호가창에 매수 잔량이 많지 않은 경우에 많은 물량을 한 번에 매도하기도 쉽지 않습니다. 큰 금액을 매수해서 매도 기회를 놓쳤다면 매수했던 가격보다 종가가 20% 이상 하락해 엄청난 손실을 봤을 가능성이 큽니다.

위의 예시들과 같이 분할매수를 잘 활용하면 확실한 종목을 잡아 매매에 성공했을 때는 1,000만 원 수익이 나고 실패했을 때에는 100만 원만 잃을 수 있습니다. 단기매매를 통해 단번에 100% 수익을 내겠다고 욕심을 내지 마십시오. 수익은 극대화하고 손실은 최소화했을 때 수익을 차근차근 쌓아갈 수 있으니까요.

11

매매 타이밍

첫 장대양봉(D) 공략법

 꾸준하게 유의미한 수익을 내기 위해서는 적절한 타이밍에 종목을 공략할 수 있어야 합니다. 저는 단기매매 시 전고점을 돌파하며 첫 장대양봉이 나온 종목을 찾아 공략합니다. 반응이 오기 전 어떤 종목이 상승할지 예상하는 것은 불가능에 가깝습니다. 아무리 내가 생각하기에 좋은 종목이라도 수급이 들어오지 않고 시장의 관심을 받지 못한다면 상승할 수 없기 때문입니다. 만약 상승할 종목을 맞춘다고 하더라도 당장 상승할지, 오랜 시간이 지난 후 상승할지 알 수 없어 기회비용이 클 수밖에 없습니다.

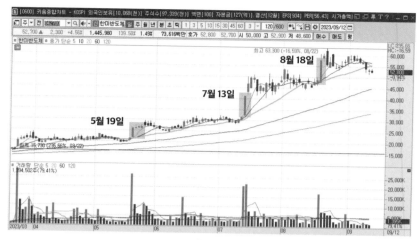

[그림 195] 한미반도체 첫 장대양봉 예시 일봉 차트

한미반도체의 일봉 차트입니다. 위의 차트에서 전고점을 돌파하는 장
대양봉은 2023년 5월 19일, 7월 13일, 8월 18일 크게 3번 나왔습니다. 전
고점을 돌파하는 장대양봉 중에서도 매매를 고려하는 대상은 앞서 여러
번 강조했듯이 주도 테마의 대장주여야 합니다. 주도 테마 대장주 차트
에서 첫 장대양봉이 나온 날을 주목해야 하는 이유는 그날부터 시장의
이목을 끌기 시작했다는 신호탄으로 해석할 수 있기 때문입니다. 주도
테마 대장주에서 첫 장대양봉이 나온 경우, 이후에도 관심 있게 지켜보
는 사람이 많아 괜찮은 자리가 오면 다른 종목에 비해 쉽게 상승할 수 있
습니다. 전고점을 돌파하는 장대양봉이 나오면 최소 2거래일 정도는 시
장에서 지속적으로 관심을 받을 수 있습니다.

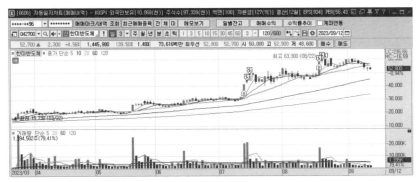

[그림 196] 한미반도체 매매 마크내역

한미반도체의 매매 마크내역입니다. 2023년 5월 19일은 매매하지 않았지만 7월 13일부터 2거래일, 8월 18일부터 2거래일 매매한 것을 확인할 수 있습니다. 언제 상승할지 모르는 종목을 매수해서 기다리는 것이 아니라 전고점을 돌파하는 장대양봉이 나온 날부터 2거래일 동안 강세를 보일 가능성이 크기에 이때 집중적으로 매매하는 것입니다. 쌀 때 매수해서 계속 보유했으면 수익이 더 크게 났을 것이라고 말할 수 있겠지만 언제부터 상승할지 누구도 알 수 없을뿐더러 가만히 오르기를 기다리는 것보다 전고점을 돌파하는 장대양봉이 나온 주도주를 찾아다니며 매매하는 것이 성공 확률이 높고 훨씬 더 큰 수익을 낼 수 있습니다.

전고점을 돌파하는 장대양봉이 나오는 그날의 주도 테마 대장주는 주로 9시 30분 이후 발견할 수 있습니다. 9시 30분 이전에는 전일 시간외 단일가에서 상승했던 종목이나 호재 뉴스가 나온 종목에 거래대금이 몰릴 가능성이 크기 때문입니다. 시간외 단일가 상승 종목이나 호재 뉴스로 아침에 상승한 종목은 기존 보유자들에게 매도 기회가 되며 위꼬리를 달고 하락할 가능성이 큽니다. 따라서 9시 30분 이후 거래대금 상위 종목을 확인하면 확실한 그날의 테마와 대장주를 찾을 수 있을 것입니다.

체결		일별		차트	(외)차트	주문
일자	종가		대비	등락률	(외)거래량	
04/06	10,600	▲	580	+5.79%	357,568	
04/05	9,830	▼	30	-0.30%	105,886	
04/04	9,580	▼	20	-0.21%	102,124	
04/03	9,790	▼	100	-1.01%	244,081	
03/31	9,440	▼	60	-0.63%	253,370	
03/30	8,710	▼	170	-1.91%	191,380	
03/29	8,610	▼	90	-1.03%	233,448	

[그림 197] 포스코ICT 2023년 4월 6일
시간외 단일가 상승

[그림 198] 포스코ICT 2023년 4월 7일 갭상승 후 차익실현 매물로 하락

시장 분위기가 좋지 않거나 시장 거래대금이 낮은 날에는 테마가 나오지 않을 수 있으니 확실한 테마가 보이지 않는다면 기회를 기다리거나 매매를 쉬어야 합니다. 전고점을 돌파하는 첫 장대양봉이 나온 날(D) 잘못된 종목을 매수할 경우 큰 손실을 볼 수 있기 때문입니다. 장대양봉에 매수하면 최소 10%는 상승한 상황에서 매수했을 것인데 이것은 즉, 종목

을 잘못 선택해 위꼬리가 달린다면 10% 이상 손실을 볼 수 있다는 의미입니다. 장대양봉이 나왔음에도 추가 상승할 수 있는 주도 테마 대장주만을 매매해야 하는 이유입니다. 장중 시장을 주도하는 테마가 변경되는 경우에는 변경된 테마로 모두 이동하려고 하기 때문에 기존 종목은 즉시 매도하고 빠르게 변경된 주도주로 갈아타야 손실을 줄일 수 있습니다.

조건에 해당하는 종목 중 외국인 또는 기관이 대량매수하는 종목은 더 확신을 가지고 매매할 수 있습니다. 9장 수급 부분에서 다뤘던 것처럼 거래대금 상위 15위 이내에 있는 종목 중 거래량의 10% 이상을 프로그램이 작정하고 매수하는 종목이거나 기관투자자 가집계를 확인했을 때 지속적으로 매수가 들어오는 종목이라면 종가까지 상승할 확률이 높습니다.

전고점을 돌파하는 첫 장대양봉이 나오고 주도 테마 대장주이며 프로그램이 작정하고 매수하는 종목은 종가까지 상승하고 상한가에 들어갈 확률도 높으므로 모아가는 전략을 활용해야 합니다. 저는 계좌 2개(오버나잇 계좌, 데이트레이딩 계좌)를 활용해 매매하고 있습니다. 오버나잇 계좌

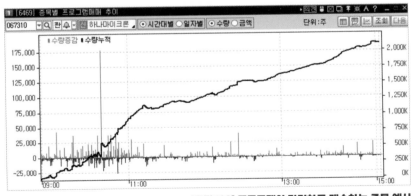

[그림 199] 프로그램이 작정하고 매수하는 종목 예시

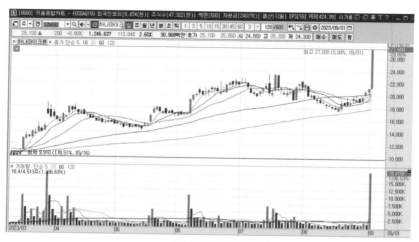

[그림 20] 하나마이크론 2023년 9월 1일(D) 일봉 차트

는 첫 장대양봉이 나오는 종목(D)을 매수해 오버나잇하기 위한 계좌입니다. 확실한 종목은 종가까지 상승하고 다음날(D+1)에도 상승할 확률이 높기에 샀다 팔았다 하기보다 끝까지 버텨 수익을 극대화하기 위한 것입니다. 오버나잇 계좌에서는 오버나잇을 위한 금액만 매수하는데, 종가까지 주도 테마 대장주의 자리가 유지된다면 오버나잇하여 다음날(D+1) 수익을 극대화하여 매도합니다. 오버나잇 계좌는 끝까지 상승한다는 가정하에 보유하는 것으로 최저가에 매수하려고 시도하다 기회를 놓칠 수 있으므로 종목만 확실하면 타이밍을 재지 않고 매수하는 것이 좋습니다. 만약 시장 상황까지 좋은 날이라면 더욱 확신을 가지고 매매할 수 있습니다. 그러나 코스닥지수가 역배열이거나 시장 상황이 좋지 못한 날에는 확실히 상한가로 갈 종목으로 보이지 않는다면 오전장에 적절히 수익을 실현하고 오후장은 관망하는 것이 좋습니다. 다음날(D+1) 확실한 갭상승이 예상된다면 오버나잇하는 것이 유리합니다. 하지만 확실한 갭상승이 예상되지 않는다면 리스크를 감수하기보다는 다음날(D+1) 아침에 다시 매수하는 것이 리스크를 최소화하는 동시에 다른 새로운 종목이 나왔을 때 기회를 잡을 수 있는 방법입니다. 추가로, 장 종료 후 시간외 단일가에서 1% 이상 하락하는 종목은 오버나잇하지 않고 시간외 단일가에 매도하는 것이 좋습니다. 시간외 단일가 하락 종목을 오버나잇 할 이유도 없을뿐더러 시간외 단일가에서 1% 이상 하락한 종목은 다음날(D+1) 시초가가 더 하락하여 시작하며 장대음봉이 나올 가능성 또한 높기 때문입니다.

데이트레이딩 계좌는 동일 종목을 지지와 저항을 활용해 데이트레이딩(D)하는 계좌입니다. 주도 테마 대장주라면 눌림을 주더라도 쉽게 반등하므로 기회를 줄 때 매수하고 저항에 매도한다면 수익을 늘려갈 수 있습니다. 데이트레이딩 계좌는 지지선, 프로그램이 대량매수하는 가격, 호가창의 큰 물량을 활용해 대량매도가 나와 떨어져야 하는데 따라오는 매도세가 적어 떨어지지 않는 자리 등을 활용해 매매할 수 있습니다. 데이트레이딩 계좌는 매수할 기회를 준다면 매매하여 수익을 추가하되 기회를 주지 않는다면 억지로 매매할 필요 없이 여유롭게 매매합니다.

장대양봉 다음날(D+1) 공략법

주도 테마 대장주 종목이 전고점을 돌파하는 장대양봉으로 마감한다면 다음날(D+1)에도 매매에 활용할 수 있습니다. 첫날(D)과 달리 두 번째날(D+1)은 종가까지 꾸준히 상승하여 마감할 확률은 낮습니다. 두 번째날에는 주로 상승과 하락을 반복하며 십자가형 도지 캔들이 나오며 매물

[그림 201] 하나마이크론 2023년 9월 4일(D+1) 일봉 차트

소화 과정을 거치는 경우가 많습니다.

주도 테마의 대장주로 전일(D) 마감했다면 다음날(D+1) 아침 갭상승하여 시작하는 경우가 대부분입니다. 특히 주말이나 연휴를 낀 경우 에는 매수 심리가 누적되어 더 큰 갭상승이 나오는 경우가 많습니다.

그러나 예상과 달리 시초가가 하락하여 시작할 수도 있는데, 이때는 상승해야 할 자리에 상승하지 못했으므로 문제가 있는 것으로 판단할 수 있습니다. 모두가 상승할 것으로 예상한 상황에서 상승하지 못한다면 강력한 매도 수급이 나왔거나 악재가 있을 가능성이 큽니다. 이 경우 하락할 가능성이 크며 특히 시초가가 1% 이상 하락하여 시작한다면 장대음봉이 나올 가능성이 크기 때문에 시초가에 매도하는 것이 좋습니다.

동시호가 체결 전 지정가로 매도 물량을 내놓으면 주가 하락만 유발하고 매도를 하지 못하는 상황이 발생할 수 있습니다. 시초가에 매도할 생각이 있다면 미리 시장가로 매도 주문을 접수해두세요. 시초가 결정 전 가격을 보고 주문을 취소하거나 그대로 매도하는 것이 최대한 주가에 영향을 주지 않고 매도할 수 있는 방법입니다.

> **도지 캔들**
> 시가와 종가가 일치하는 캔들. 단, 정확히 일치하는 경우는 거의 없고 대략 오차범위 1% 내외로 일치한다.

[그림 202] 셀바스헬스케어 2023년 9월 22일(D+1) 일봉 차트

[그림 203] 셀바스헬스케어 2023년 9월 22일(D+1) 3분봉 차트

셀바스헬스케어는 2023년 9월 21일(D) 전고점을 돌파하는 장대양봉이 나왔으며 상한가로 종가를 마감했습니다. 상한가로 마감했으므로 다음날(D+1) 갭상승하여 시작할 것을 예상할 수 있습니다. 하지만 다음날(D+1)

시초가는 -1.32%로 시작했습니다. 상승해야 할 자리에서 상승하지 못한다면 하락밖에 없습니다. 이날 셀바스헬스케어는 18.34% 하락하여 전일(D) 상승폭을 대부분 반납했습니다. 물론 확률은 낮지만 하락하던 종목이 반등에 성공하는 경우도 있습니다. 그러나 확률이 높은 방법으로 매매를 진행해야 지속적으로 수익을 쌓아갈 수 있습니다. 시초가가 하락하지 않았더라도 전일(D) 대비 1% 이상 하락이 유지된다면 최대한 빠르게 매도해야 최소한의 손실로 탈출할 수 있고 다른 새로운 종목을 매매할 기회도 얻을 수 있습니다. 두 번째 날(D+1)의 강한 지지와 저항은 주로 전일(D) 종가 근처에서 결정되기에 하락한 종목이 전일(D) 종가 근처까지 반등한다면 저항을 이기지 못하고 하락할 가능성이 큽니다. 반대로 갭상승한 종목이 전일(D) 종가 근처까지 하락한다면 단기 반등을 줄 수 있기에 데이트레이딩 계좌의 매매 타이밍으로 활용할 수 있습니다.

두 번째 날(D+1)은 상승과 하락을 반복하는 도지 캔들이 나올 가능성이 크므로 기회를 줄 때 전일(D) 오버나잇한 물량을 수익 실현하는 날이라고 생각하면 됩니다. 시초가가 하락하여 시작하지 않는다면 9시 30분 이전에 전일(D) 종가대비 5~10% 상승한 가격에 매도할 기회를 주는 경우가 많습니다. 전일(D) 상한가로 마감한 종목이 다음날(D+1) 10% 이상 상승한다면 단기 급등에 대한 부담으로 하락하는 경우가 많으니 주의해야 합니다. 전일(D) 좋은 종목을 일찍 발굴하여 매수했다면 전일(D) 종가까지의 상승분 10%와 다음날(D+1) 아침 상승분 10%까지 한 번의 오버나잇으로 20%의 수익을 얻는 경우도 있습니다. 두 번째 날(D+1)에 슈팅이 나온 후에는 반등 없이 상승폭을 모두 반납할 수 있으니 조금 하락했다고 재진입은 하지 않는 것이 좋습니다. 다시 매수해야겠다면 강한 지지선인 전일(D) 종가 근처까지 기다려야 합니다.

프로그램 또는 기관이 두 번째 날(D+1)에도 매수해준다면 좋겠지만 주로 첫 상승을 시작한 날(D) 큰 물량을 매수한 경우가 많아 두 번째 날(D+1)에는 오전 일찍 매도가 나오는 경우가 많습니다. 특히 프로그램의 경우 갭상승이 나온다면 거의 매도 물량이 나옵니다. 첫 장대양봉이 나온 날(D)에는 프로그램 또는 기관이 매도하면 추세가 무너지는 경우가 많지만 두 번째 날(D+1)에는 첫 상승을 시작한 날 매수한 물량을 모두 파는 정도의 강력한 프로그램 매도가 나오지 않는 이상 큰 문제는 없습니다. 프로그램 매도가 나오는데도 주가가 버텨준다면 프로그램이 매도한 물량을 다시 매수하면서 슈팅이 나오는 경우도 있습니다.

장대양봉 2일 후(D+2) 공략법

세 번째 날(D+2)은 그동안 공략했던 종목과 이별하는 날입니다. 아무리 강력한 주식일지라도 매일 오를 수는 없습니다. 인기 있는 테마의 주도주 또한 마찬가지입니다. 장대양봉이 등장한 후 시간이 지날수록 인기가 줄어들기 때문에 세 번째 날(D+2)에는 공략했던 주도주 종목을 잘 보내주는 것이 중요합니다. 그렇다고 완전히 이별하는 것은 아닙니다. 주도 테마 대장주로 전고점을 돌파하는 장대양봉이 다시 나온다면 그때부터 또다시 공략하면 됩니다.

두 번째 날(D+1) 매물을 소화하며 도지 캔들로 종가를 마감했다면 세 번째 날(D+2)에는 매물 소화를 완료한 상황이기 때문에 상방으로든 하방으로든 큰 변동성을 보일 수 있습니다.

[그림 204] 하나마이크론 2023년 9월 5일(D+2) 일봉 차트

두 번째 날(D+1) 많은 매물을 소화했기에 전일 종가(D+1)를 지지해주는 흐름을 보여준다면 조금의 프로그램 매수세만으로도 전일 종가(D+1) 대비 5~10% 상승한 가격에 매도할 기회를 주는 경우가 많습니다.

[그림 205] 한미반도체 2023년 8월 22일 일봉 차트

PART 4 거래의 기술

물론 세 번째 날(D+2)도 두 번째 날(D+1)과 마찬가지로 전일(D+1) 종가를 지지하지 못하고 전일 대비 1% 이상 하락이 유지된다면 장대음봉이 나올 수 있습니다. 그러나 전일(D+1) 종가를 지지하는 모습을 보여준다면 조금의 매수세만 들어와도 5~10% 상승할 수 있는 날이기에, 두 번째 날(D+1) 종가 근처에서 매수하여 기회를 줄 때 매도하는 전략으로 공략할 수 있습니다. 이때는 전일 대비 1% 이상 하락하는 가격을 손절 라인으로 잡아두어야 하며 예상대로 상승하여 수익 실현할 기회를 준다면 보유 중인 물량을 매도하면 됩니다.

지금까지 장대양봉이 등장했을 때 3일간의 매매 방식을 정리해 보았습니다. 이 방법은 정말 좋은 주도주를 발굴했을 때 최대 3일까지 공략할 수 있는 매매법입니다. 이런 식으로 3일 동안 매매를 하는 경우 많게는 30%까지 수익을 낼 수 있습니다. 그러나 이렇게 3일간 전형적인 급등 패턴을 보이며 상승을 보여주는 강력한 종목이 그리 많지는 않습니다. 하루 만에 상승이 끝나는 경우도 있고, 2일 차에 꺾여버리는 종목도 있습니다. 앞서 말한 조건들을 지속적으로 충족하며 대외적인 변수가 없는 경우에만 이러한 전형적인 상승 패턴을 그릴 수 있습니다. 주도주가 등장했을 때 조건을 충족하며 지속적으로 살아있는 흐름을 보일 때는 3일간 매매해 수익을 극대화할 수 있겠지만 그게 아니라면 빠르게 매도하며 새로운 주도주를 찾아야 합니다.

주식 거래 시간별 매매 전략

정규시간		09:00 ~ 15:30
동시호가	장 시작 동시호가	08:30 ~ 09:00
	장 마감 동시호가	15:20 ~ 15:30
시간외 종가	장 전 시간외 종가	08:30 ~ 08:40(전일 종가로 거래)
	장 후 시간외 종가	15:40 ~ 16:00(당일 종가로 거래)
시간외 단일가		16:00 ~ 18:00(10분 단위로 체결, 당일 종가대비 ±10% 가격으로 거래

1. 장전 시간외 종가(08:30~08:40)

장전 시간외 종가는 장 시작 전 전일 종가로 거래가 가능한 시간입니다. 장전 시간외 종가는 상대 물량이 있다면 주문을 먼저 넣은 순서대로 체결됩니다. 일반적으로 시간외 단일가에서 하락하거나 미국 시장이 하락한 경우 매도 잔량이 많고, 시간외 단일가에서 상승하거나 미국 시장이 상승한 경우 매수 잔량이 많습니다. 시초가가 상승할 것으로 판단될 때에는 매수 잔량이 많아 매수 주문을 체결시키기 어렵고, 시초가가 하락할 것이라고 판단될 때에는 매도 잔량이 많아 매도 주문을 체결시키기 어려워 잘 거래하는 시간은 아닙니다. 오버나잇을 한 종목이 시간외에 1% 이상 하락했는데 매도하지 못했거나 미국 시장이 하락해 매도해야 한다고 판단될 때 운이 좋으면 전일 종가 가격으로 매도 주문이 체결되는 때도 있어 이 시간대를 활용하는 편입니다.

2. 장 시작 동시호가(08:30~09:00)

오버나잇을 진행한 종목이 하락할 것으로 예상된다면 매도 준비를 하는 시간입니다. 잘못 매수했다는 생각이 든다면 시초가에 시장가로 매도해야 손실을 최소화하며 다른 좋은 종목이 나올 때 매수할 기회를 잡을 수 있습니다. 예상했던 가격보다 시초가가 높게 시작하는 날은 강세를 보이고 예상했던 가격보다 시초가가 낮게 시작하는 날은 약세를 보일 확률이 높습니다.

3. 아침장(09:00~09:30)

오늘(D)의 전고점 돌파하며 장대양봉이 나오는 주도 테마 대장주를 발굴하기에는 아직 이른 시간대입니다. 확실해 보이는 종목이 있다면 일찍 매수할 수도 있지만 아침 시간에 잘못 매수하는 경우 손실이 커질 수 있으니 섣불리 사는 것은 지양해야 합니다. 장 초반에는 전일 장 종료 후 시간외 시장에서 상승한 종목이나 장 종료 후 뉴스가 나온 종목들 위주로 대량 거래가 발생합니다. 갭상승을 한 경우는 기존 보유자들의 차익실현 기회가 되어 매도세가 이어지며 상승폭을 반납하는 경우도 많습니다. 갭

상승한 종목은 장 초반에 거래대금이 크게 터지며 상승할 것 같이 보이겠지만 기다려야 합니다. 매물 소화 후 시초가를 지지해주며(시초가 아래로 하락하지 않거나, 하락했더라도 다시 시초가 위로 상승) 상승 추세가 유지되는지 확인 후 매매해야 합니다. 아침에 급등하다가도 금세 추세가 꺾이는 종목도 자주 등장하고, 어떤 테마가 이날의 인기 테마일지 확실하게 알 수 없습니다. 따라서 9시 30분까지는 그날 인기 있는 주식의 가닥이 잡히기 전까지 장의 흐름을 살펴보는 것이 좋습니다. 거래가 활발하게 이루어지는 만큼 변동성 또한 극대화되는 시간대입니다.

첫 장대양봉 오버나잇한 종목을 다음날(D+1) 아침 매도하거나 트레이딩(D+1, D+2) 할 수 있는 시간입니다. 전일 주도 테마 대장주를 미리 분석하여 다양한 시나리오에 따라 트레이딩해야 합니다. 변동성이 심한 시간이므로 예상대로 흘러가지 않을 때 최대한 빠르게 손절해야 손실을 최소화할 수 있습니다. D+1, D+2 매매할 대상 종목이 없다면 오늘 인기 있는 테마가 무엇인지 추려내기 위해 관찰하는 시간으로 합니다.

4. 오전장(09:30~12:00)

오늘(D)의 주도 테마 대장주를 발굴해 오버나잇 계좌로 매수하는 시간입니다. 완벽한 종목을 일찍 잡는다면 다음날(D+1)까지도 여유롭게 트레이딩을 할 수 있습니다. 데이트레이딩 계좌를 기회가 올 때마다 매매해 추가수익을 얻을 수 있습니다. 시장에서 가장 관심이 많이 쏠리는 최고의 주도주를 찾아야 합니다. 코스닥지수가 역배열이거나 코스닥 시장의 거래대금이 적으며 확실한 종목이 잘 보이지 않는 날에는 매매를 최소화하고 오전장 매매를 11시 이전에 끝내는 것이 좋습니다. 반대로 코스닥

지수가 정배열이고 코스닥 시장의 거래대금이 터지며 확실한 종목이 보이는 날이라면 13시까지도 오전장 매매를 진행할 수 있습니다.

5. 오후장(12:00~15:20)

오늘(D)의 주도 테마 대장주를 오전장에 매수하지 못했다면 다음날 (D+1)을 위하여 오버나잇 계좌로 매수하는 시간입니다. 오후장 매매 시 종가 베팅을 할 종목이 아닌데 데이트레이딩 목적으로 매수하는 것에 주의해야 합니다. 잠깐 샀다가 팔아야지 하는 생각으로 매수하는 것은 굉장히 위험합니다. 오후에는 매도하려는 심리가 오전에 비해 강해지기 때문에 종가 베팅하기에 아주 좋은 종목이 아닌 이상 하락할 가능성이 큽니다.

오후장은 다음날(D+1)을 위한 준비를 하는 시간으로 생각해야 합니다. 데이트레이딩 계좌로는 매수하지 않고 오전에 매수한 종목을 매도합니다. 오늘(D) 손실이 났다고 해서 당장 수익을 내기 위해 급하게 매매하면 더 큰 손실을 볼 수밖에 없는 시간입니다. 오후 2시 이후에는 당일 주목받지 못한 테마주들이 급락하는 경우가 많으니 주의를 기울여야 합니다. 시장이 전반적으로 과열된 경우, 특정 테마의 종목이 과열된 경우 2시 이후에 시장 및 종목이 무너지는 경우가 많으니 특히 조심해서 매매해야합니다. 오버나잇에 대한 확신이 들지 않는 종목을 보유하고 있다면 다른 사람들도 같은 생각으로 장 마감 전 정리하려는 심리가 강하기 때문에 미리 매도하는 것이 좋습니다.

6. 장 마감 동시호가(15:20~15:30)

보유한 종목이 있다면 정말 오버나잇을 해야 하는가에 대하여 다시 한 번 고민해보는 시간입니다. 장 마감 동시호가가 종료되면 많은 수량을 보유한 경우 시간외 거래에서 매도하기 힘든 경우가 많습니다. 장 마감 동시호가 시간대에는 거래량이 많아 큰 물량을 정리할 수 있습니다. 잘 못 매수한 종목은 시간외 단일가에서도 하락하고 다음날 시초가는 더 하락할 가능성이 크기 때문에 장 마감 동시호가에라도 꼭 정리해야 합니다. 늦었지만 다음날(D+1)을 위하여 오늘(D)의 주도 테마 대장주를 매수할 수도 있습니다.

7. 장후 시간외 종가(15:40~16:00)

장후 시간외 종가는 당일 종가 가격으로 거래가 가능한 시간입니다. 장 마감 동시호가 체결 시간(15시 30분 0초~15시 30분 30초)부터 주문 접수가 가능합니다. 15시 35분경 당일의 매매 동향이 공개됩니다. 매수 또는 매도에 대한 고민이 있는 종목이라면 주문 접수 후 확정된 매매 동향을 참고하여 15시 40분 전까지 주문을 체결시키거나 취소하면 됩니다.

8. 시간외 단일가(16:00~18:00)

시간외 단일가 거래는 당일 종가 대비 ±10%에서 거래되며(단, 당일 정규시장 가격제한폭을 초과할 수 없음) 16시 10분부터 10% 이내에서 총 12번 동시호가로 거래가 체결됩니다. 앞서 설명해 드렸던 내용처럼 종가 베팅한 종목이 시간외 단일가거래에서 1% 이상 하락할 경우 다음날 시초가가 더 하락할 가능성이 크니 매도해야 합니다. 시간외 단일가 거래에서 마감시간에 가까워질수록 상승하는 종목은 다음날 시간외 단일가 상승폭보다 시초가가 더 높게 시작하는 경우가 많습니다. 반대로 마감시간에 가까워질수록 하락하는 종목은 다음날 시간외 단일가 하락폭보다 시초가가 더 낮게 시작하는 경우가 많습니다.

손절법

주도주를 아무리 잘 찾는다고 하더라도 손절을 못하는 사람은 주식을 하면 안 됩니다. 손실을 보는 경우가 있더라도 상승할 확률이 높은 주식을 매매해 수익을 쌓아나가는 것이지 종목을 잘 찾는다고 100% 수익을 내는 것은 불가능합니다. 수익을 내는 것만 중요하다고 생각할 수 있겠지만 손실을 보지 않거나 손실을 보더라도 최소한의 손실만 보는 것이 우선입니다. 손절을 잘할 수 있어야 수익은 크게, 손실은 적게 보며 수익금이 쌓일 수 있습니다. 손절을 못한다면 100만 원씩 10번 벌더라도 한 번에 1,000만 원을 날려 수익금이 의미 없게 됩니다. 손절의 종류는 크게 두 가지가 있습니다.

유연한 손절

유연한 손절은 팔아야 한다고 생각하는 순간에 주식을 팔고 나오는 것을 의미합니다. 정해놓은 주가 수준에 도달해서 주식을 파는 것이 아니라 팔아야 하는 상황이라는 판단에 근거하여 주식을 매도하는 것입니다. 유연한 손절을 해야 하는 상황은 대장주가 바뀌었을 때, 주도 테마가 바뀌었을 때, 추세가 무너졌다고 판단될 때 등 다양한 경우가 있습니다. 손실금과 관계없이 앞으로 주가가 하락할 것으로 생각된다면 가차 없이 손절매를 진행해야 합니다. 초보자들은 유연한 손절을 하기가 쉽지 않습니다. 손실이 너무 커서 팔지 못하거나 다시 종목이 살아날 것이라는 막연한 기대감으로 매도하지 못합니다. 단기매매에서는 '주식을 가지고 있지 않는 것이 디폴트'라는 것을 항상 유념해야 합니다. 단기매매 대상 종목은 시장의 관심을 받아 주가가 본격적으로 상승하기 시작한 종목이므로 시장의 관심에서 멀어진다면 상승폭을 모두 반납할 가능성이 있습니다.

주도 테마 대장주 자리가 유지되는 종목이 아니라면 기본적으로 계속 하락하는 것입니다.

비중 관리를 위해 유연한 손절을 진행할 수도 있습니다. 이 종목은 어느 정도의 금액을 보유하는 게 적당할까? 라는 생각을 항상 해야 합니다. 잘 모르겠다면 주식이 아무것도 없다고 가정했을 때 내가 과연 이 종목을 매수할 것인지, 매수한다면 얼마를 매수할지 생각해보면 조금 더 객관적인 관점으로 판단할 수 있습니다. 만약 1,000만 원을 매수해서 보유하고 있는데 이 종목은 리스크 관리를 위해 800만 원 정도만 보유하는 것이 적당하겠다고 판단이 된다면 200만 원은 매도할 수 있어야 합니다.

기계적 손절

주관적인 판단이 아니라 일정 손실률이 넘어가면 무조건 손절매하는 것을 기계적 손절이라고 합니다. 손절 라인을 정해두고 해당 가격에 도달했을 때 기계적으로 주식을 매도하는 것입니다. 초보자는 손절을 잘하지 못하고, 경험이 많은 투자자라도 심리가 무너지면 올바른 판단을 할 수 없기에 기계적 손절은 반드시 필요합니다. 예시로 매입 단가에서 3% 이상 하락하는 경우를 매도 기준으로 잡을 수 있습니다.

기계적 손절매를 하는 이유는 좋다고 생각해서 매수한 종목이지만 예상대로 상승하기는커녕 오히려 하락하는 경우, 해당 종목에 내가 알지 못하는 문제가 있을 확률이 높기 때문입니다. 대장주인 줄 알고 매수를 했는데 알고 보니 다른 종목이 대장주였던 경우, 주도 테마라고 생각하고 진입을 했는데 주도 테마가 바뀐 것을 눈치채지 못한 경우, 해당 종목에 알 수 없는 악재가 갑작스럽게 터지는 경우 등이 있을 수 있습니다.

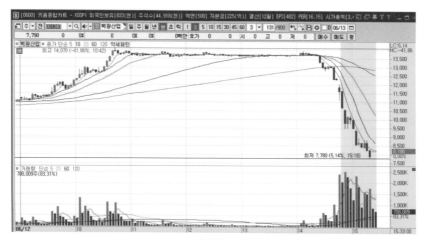

[그림 206] 백광산업 2023년 6월 13일 3분봉 차트

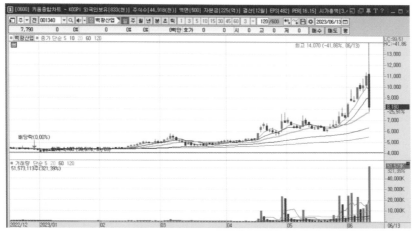

[그림 207] 백광산업 2023년 6월 13일 일봉 차트

위는 백광산업의 2023년 6월 13일 3분봉과 일봉 차트입니다. 전일 대비 27.45%까지 상승했던 주가는 14시 24분부터 급락하기 시작해 25.91% 하락해 마감했습니다. 한 시간 만에 주가가 거의 반 토막이 났습니다.

[그림 208]은 저의 2023년 6월 13일 매매내역입니다. 백광산업을 고점에 가까운 가격에 매수하여 보유하고 있던 상황에 폭락이 시작됐습니다. 예상치 못한 폭락이 시작되자 기계적 손절매로 백광산업을 시장가로 모두 매도해버렸습니다. 매도할 기회도 주지 않고 너무 빠른 속도로 하락하여 기계적 손절 기준인 3%를 넘어버려 5% 이상 손실을 보고 손절매를 진행했습니다. 매수단가보다 3% 이상 하락한다는 것은 내가 알지 못하는 이유가 있을 것이라는 판단으로 기계적 손절매를 진행한 것입니다.

[그림 209] 백광산업 횡령 뉴스

손절매하고 난 이후 횡령에 대한 뉴스가 나왔습니다. 뉴스를 미리 파악한 사람들이 먼저 매도하여 주가가 폭락한 것입니다. 만약 손절매하지 못했더라면 2,394주를 보유하고 있었기에 종가까지 1,357만 원을 손실 봤을 것입니다. 만약 떨어질 때 단가를 낮추기 위한 물타기를 했다면 1시간 만에 1억 원 이상을 손실 봤을 것입니다. 잘못 판단했다면 1시간 만에 깡통을 찰 수도 있었던 상황입니다. 기계적 손절매를 통해 최소 1,357만 원에서 최대 1억 원 이상의 손실일 수 있었던 것을 183만 원 손실로 끊어낸 것입니다. 결과를 알고 나서 보면 저런 종목을 왜 더 사겠냐고 생각할 수 있겠지만 실제로 보유하고 있는 종목이 급락하는 상황을 겪으면 무의식적으로 물타기를 하는 사람이 대부분입니다. 한 달 후 백광산업은 거래가 정지되었습니다. 손실이 크다고 늦게라도 매도하지 못하고 단가를 낮추기 위한 추가매수를 진행했다면 회복하기 힘든 손실을 보았을 것입니다.

일반적으로 주식투자 경험이 많다면 유연한 손절매가 유리하고, 초보자의 경우 에는 기계적 손절매를 하는 것이 중요합니다. 그러나 아무리 주식을 잘하는 사람이어도 감당하지 못하는 손실을 보지 않기 위해 기계적 손절매가 필요합니다. 수익을 내는 것도 중요하지만, 주식투자는 손절매해야 할 때 잘해야 큰 손실을 보지 않을 수 있습니다. 한 번에 큰 손실을 보는 경우 계좌 상황뿐만 아니라 투자자의 심리 또한 크게 무너지기 때문에 회복하기에 오랜 시간이 걸리거나 회복이 쉽지 않습니다. 주식시장에는 기회가 많기 때문에 감당할 수 있는 손절을 하는 경우 다시 새로운 매매를 통해 금방 회복하고 추가수익을 낼 수 있습니다. 굳이 물린 종목에 집착해 시간을 보내면서 다른 기회를 놓치거나 손실을 키울 필요가 전혀 없습니다. 국내 주식시장에 상장된 종목은 3,000개가 넘고, 수익을 낼 기회는 매일 찾아옵니다. 손절을 해야 할 때 과감하게 손절을 하고 새로운 기회를 찾으며 매매를 지속하는 것이 중요합니다. 손절을 해야 할 때는 손실금액을 생각하지 말고 팔아야 손실을 최소화할 수 있습니다. 팔아야 할 주식을 손실금액 때문에 팔지 못하는 경우 손실은 손실대로 커지고 다른 주식을 매매할 기회까지 놓치게 됩니다.

과도한 비중을 매수했다고 판단해 일부를 손절매하는 것이 아닌 이상 손절매를 진행하는 경우 시장가로 모두 매도해버리는 것이 손실을 최소화하는 방법입니다. 내가 손절매를 고려하고 있는 상황에서는 남들도 손절매를 고려하고 있을 가능성이 높으므로 빠르게 팔아버리는 것이 중요합니다. 한호가, 두호가 높게 매도하려다가 계속 팔지 못하고 손실을 키울 수 있으니 손절매할 때는 과감해야 합니다.

HTS 세팅

HTS 세팅은 각자 원하는 방식대로 설정해두면 되지만 제가 기본적으로 보는 창과 몇 가지 간단한 팁을 설명해 드리겠습니다. 저는 메인 모니터로 43인치 모니터를 사용하고, 27인치 모니터를 보조 모니터로 사용합니다. HTS는 주로 43인치 모니터를 통해 확인하고, 추가로 뉴스를 찾아보거나 웹서핑을 하는 용도로 보조 모니터를 사용합니다. 주식투자를 하기 위해 반드시 큰 모니터가 필요한 것은 아닙니다. 투자를 하다가 필요성이 느껴지는 시점에 필요한 장비를 구매하는 것을 추천합니다. 실력이 부족한 상황에서 많은 창을 띄워놓고 매매를 하는 경우, 정보의 양이 너무 많아 오히려 매매에 혼선을 줄 수도 있습니다. 초보자의 경우 매매를 직접 해보면서 다양한 HTS 창들을 사용해보고 각각의 메뉴와 기능에 익숙해진 시점에 필요한 창들을 추가로 늘려가는 것을 추천합니다. 지금부

250일최고 ▼	60,700	-4.78%	23/08/18	액면가	100 원	시가총액	56,262 억	EPS ▼ 934
250일최저	10,550	+447.87%	22/09/30	자본금	127 억	대용가	37,050	PER ▼ 61.89
외국인보유	9.71%		9,455(천)	주식수	97,339 천	신용비율	1.08%	결산월 12월

57,800 ▲ 9,050 +18.56% 17,063,369 464.15%

종감	호가	등락률		체결강도
7,382	58,800	+20.62%	47,900 시	99,235 5,972,419 키움증
8,520	58,700	+20.41%	60,700 고	35,897 1,789,276 미래에
12,657	58,600	+20.21%	47,750 저	3,265 1,286,334 신한투
16,039	58,500	+20.00%	48,750 기준	7,639 1,254,811 KB증권
10,181	58,400	+19.79%	63,300 상	2,898 1,236,217 한국투
12,219	58,300	+19.59%	34,150 하	24,563 외국계합
13,947	58,200	+19.38%	134 비용	
13,682	58,100	+19.18%	57,800 예상	
31,082	58,000	+18.97%	218,943 수량	
20,240	57,900	+18.77%	▲ 9,050 +18.56%	

시간	체결가	전일대비	체결량	체결강도
15:59:58	57,800 ▲	9,050	1	111.01
15:59:57	57,800 ▲	9,050	7	111.01
15:59:23	57,800 ▲	9,050	5	111.01
15:59:07	57,800 ▲	9,050	5	111.01
15:59:07	57,800 ▲	9,050	50	111.01
15:58:48	57,800 ▲	9,050	1	111.01
15:58:45	57,800 ▲	9,050	1	111.01
15:58:45	57,800 ▲	9,050	1	111.01
15:58:44	57,800 ▲	9,050	3	111.01
15:58:44	57,800 ▲	9,050	10	111.02
15:58:36	57,800 ▲	9,050	15	111.02

57,800	+18.56%	22,747
57,700	+18.36%	7,177
57,600	+18.15%	22,537
57,500	+17.95%	12,655
57,400	+17.74%	2,700
57,300	+17.54%	7,188
57,200	+17.33%	5,100
57,100	+17.13%	8,300
57,000	+16.92%	26,905
56,900	+16.72%	10,716
145,949 16:00:00	시간외	126,025 / 168,169

[그림 210] [0101] 키움 현재가

터 제가 주로 사용하는 창들을 소개할 텐데 반드시 저와 꼭 같이 사용해야 하는 것은 아닙니다. 본인에게 좀 더 잘 맞는 창이 있거나 참고할 만한 창이 있다면 매매 시 자유롭게 활용하시길 바랍니다.

[그림 210]은 [0101 키움 현재가] 창입니다. 만약 HTS 창 중에서 단 하나의 창만 띄울 수 있다면 저는 이 창을 보고 매매를 할 것입니다. 기본으로 사용되는 키움 현재가창에서 호가창, 체결내역, 거래원, 시가총액 등을 쉽게 볼 수 있습니다. 여기에서 몇 번만 클릭하면 다양한 정보를 수집할 수 있습니다.

시간	체결가	순간체결량
15:19:23	57,600	1,011
15:19:21	57,600	380
15:19:21	57,600	500
15:19:20	57,600	5,877
15:19:18	57,600	315
15:19:16	57,500	200
15:19:15	57,500	200
15:19:15	57,500	561
15:19:14	57,600	726
15:19:11	57,600	250
15:19:10	57,500	1,896
15:19:10	57,500	190
15:19:09	57,500	200
15:19:07	57,500	2,916
15:19:05	57,500	613
15:19:04	57,600	333

[그림 211] [0120] 미니체결

[0120 미니체결] 창입니다. 여기에서 체결 내역을 볼 수 있는데 이것은 앞서 이야기한 [0101 키움 현재가] 창으로도 확인할 수 있는 정보입니다. 그러나 미니체결 창을 통해 비교적 큰 금액의 중요한 체결 정보를 얻

을 수 있습니다. 키움 현재가 창에서는 모든 체결 정보가 다 보이는데, 미니체결 창에는 일정 금액을 설정해 그 금액 이상의 주문체결만 보이도록 할 수 있습니다. 따라서 본인이 의미 있다고 생각하는 금액 이상으로 설정해두면 그 금액 이상의 매수·매도 주문만 미니체결 창을 통해 보이기 때문에 거래량이 많을 때도 소액의 주문체결 정보를 제외하고 주요한 체결 정보를 확인하기 편리합니다.

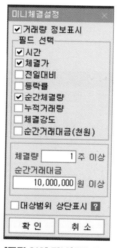

[그림 212] 미니체결 설정

거래량이 많을 때 현재가 창에서의 체결 내역은 큰 금액의 중요한 체결내역을 모두 확인하기 어렵습니다. 따라서 저는 미니체결 화면을 통해 순간거래대금 1,000만 원 이상의 체결만 표시되도록 설정했습니다. 위와 같이 설정을 해두면 거래량이 많은 주식이라도 큰 금액의 체결 내역을 놓치지 않고 확인할 수 있습니다.

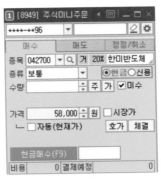

[그림 213] [8949] 주식 미니주문

[8949 주식미니주문] 창입니다. 주식 주문을 할 때 주로 사용하는 창입니다. 해당 창을 통해 빠르게 매수·매도 주문을 낼 수 있습니다. 주식미니주문 외에도 [8282 호가주문창], [4989 키움주문] 등 다양한 주문 창이 있는데 이 중에서 본인이 사용하기 가장 편리한 창을 매매 시 활용하면 됩니다.

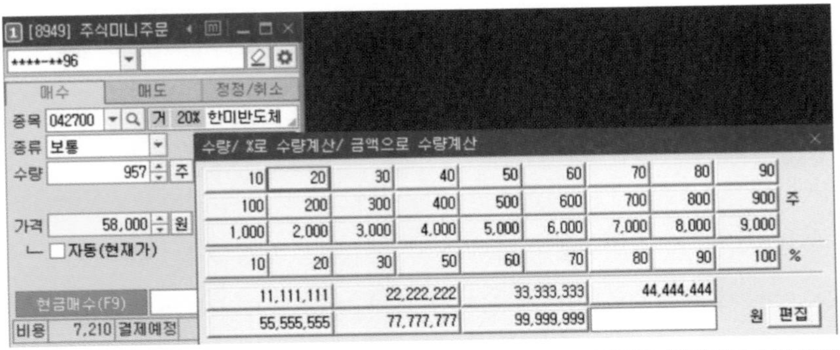

[그림 214] [8949] 주식미니주문-금액으로 수량 계산

주문 창에서 주문을 내는 경우 종목의 주당 가격에 따라 주문 주식 수를 계산하기 번거로우므로 금액으로 수량계산 기능을 활용합니다. 주식 미니주문 창에서 [주]를 클릭하면 설정해둔 금액을 선택하여 주문을 접 수할 수 있습니다. 편집을 눌러 본인에게 맞는 금액을 설정해두면 됩니 다. 주식 수로 주문하는 것보다 미리 설정해둔 금액으로 주문을 접수하 는 것이 비중 관리하기에도 용이합니다.

[그림 215] [0600] 키움종합차트-일봉, 분봉

종목 차트를 볼 때는 [0600 키움종합차트]를 사용합니다. 일봉 차트와 분봉 차트(1분봉 또는 3분봉)를 띄워놓습니다. 같은 종목의 일봉 차트와 분 봉 차트를 동시에 띄워놓고 매매를 하는 이유는 분봉만 확인하는 경우에 는 분봉 상 흐름에만 집중해 일봉상 과거 저항 지점이나 큰 흐름을 놓칠 수 있기 때문입니다. 일봉을 통해 과거 중요한 자리를 파악하고, 분봉을 통해 좀 더 세밀한 흐름을 파악하는 것입니다.

PART 4 거래의 기술

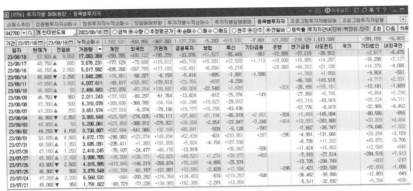

[그림 216] [0796] 투자자별 매매 동향-종목별 투자자

[0796 투자자별 매매 동향] 창은 전일까지의 매매 동향을 확인할 수 있는 창입니다. 해당 창을 통해 특정 투자 주체(개인, 외국인, 기관 등)의 매매 동향을 파악할 수 있습니다.

일자	개인	외국인	기관계
23/08/18	-298,785	+498,122	-195,379
23/08/17	-177,129	+73,688	+119,612
23/08/16	-695,266	+567,793	+117,183
23/08/14	+74,851	-58,207	-6,159
23/08/11	-93,417	+265,882	-179,513
23/08/10	-272,076	+87,254	+199,692
23/08/09	+137,103	-83,297	-61,764
23/08/08	+308,696	-368,785	+34,154
23/08/07	+127,018	-6,374	-79,196
23/08/04	+525,587	-274,035	-170,111

[그림 217] [0796] 종목별 투자자 미니 버전

위와 같은 창의 미니 버전입니다. 모니터에 모든 화면을 배치하기 어렵다면 종목별 투자자와 같은 일부 화면은 타이틀바 상단 M을 클릭하면 간소화된 정보를 확인할 수 있습니다.

13. HTS 세팅

[그림 218] [0778] 프로그램 매매-종목 일별 프로그램 매매 추이

[0778 프로그램매매] 창을 통해 장중 외국인 매매 동향을 파악할 수 있습니다. 순매수 수량을 통해 당일 누적 순매수 수량을 확인할 수 있고, 순매수 증감을 통해 실시간으로 변동된 수량을 확인할 수 있습니다.

[1] [1051] 장중투자자별매매 - 종목별 투자자별매매추이(잠정)

장중잠정투자자 | 투자잠정상위 | 종목별잠정투자자추이

042700 ▼ Q 거 한미반도체 57,800 ▲ 9,050 +18.56% 17,063,369 464.15%

○금액(백만) ●수량(단주) ●순매매 ○매수 ○매도 외국인(거래소집계) ▼ ○증감 ●누적

최종자료 집계시간		외국인	기관계	보험	투신	은행	연기금등	기타법인
1차	09:23	-2,000						
2차	09:47	-25,000	+4,000		+4,000			+5,000
3차	11:06	+9,000	+18,000	+13,000	+1,000	-1,000	+5,000	+7,000
4차	13:12	+59,000	-18,000	+15,000	-23,000	-12,000	+2,000	+7,000
5차	14:23	+89,000	-23,000	+15,000	-23,000	-12,000	-3,000	+10,000
	14:23	+89,000	-23,000	+15,000	-23,000	-12,000	-3,000	+10,000

[그림 219] [1051] 장중 투자자별 매매-종목별 투자자별 매매 추이(잠정)

[1051 장중 투자자별 매매] 창을 통해 장중 기관투자자의 수급을 추정할 수 있습니다. 1차 집계에서는 기관 수량이 집계되지 않습니다. 2차~5차에 걸쳐 기관투자자의 매매 동향을 잠정 파악하는 것이 가능합니다.

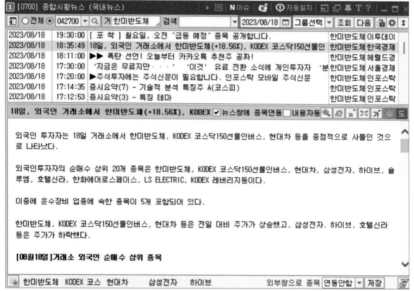

[그림 220] [0700] 종합시황뉴스(국내 뉴스)

[0700 종합시황뉴스] 창을 통해 종목별 뉴스를 확인할 수 있습니다. 달력 표시를 누르면 해당 종목의 특정 일자 뉴스까지 확인할 수 있어 편리합니다.

순위	전일	종목명	현재가	전일대비	등락률	매도호가	매수호가	거래량	전일거래량	거래대금
1	28	한미반도체	57,800 ▲	9,050	+18.56	57,900	57,800	17,063,369	3,676,231	958,547
2	5	삼성전자	66,300 ▼	400	-0.60	66,400	66,300	11,745,006	10,778,652	778,551
3	3	에코프로	1,076,000 ▼	38,000	-3.41	1,077,000	1,076,000	663,265	1,156,308	722,670
4	10	이수페타시스	35,500 ▲	3,200	+9.91	35,550	35,500	16,876,328	12,063,263	586,300
5	4	POSCO홀딩스	549,000 ▼	4,000	-0.72	549,000	548,000	892,609	1,767,674	490,549
6	68	셀트리온	150,400 ▲	6,800	+4.74	150,500	150,400	2,918,953	543,730	441,377
7	83	셀트리온헬스케	68,600 ▲	4,300	+6.69	68,600	68,500	5,883,955	903,062	409,071
8	7	포스코인터내셔	81,500 ▼	5,700	-6.54	81,600	81,500	4,662,017	5,968,204	392,881
9	14	SK하이닉스	117,200 ▲	2,400	+2.09	117,300	117,200	3,329,697	3,064,253	387,654
10	5668	파워로직스	15,200 ▲	6,500	-29.95	15,200		21,835,977	0	378,523
11	21	STX	24,750 ▲	3,950	+18.99	24,800	24,750	14,713,618	11,114,738	358,318
12	17	파두	40,450 ▲	50	+0.12	40,500	40,450	8,510,605	7,781,540	357,989
13	8	에코프로비엠	312,000 ▼	6,000	-1.89	312,000	311,500	1,023,213	1,546,048	321,391
14	93	솔트룩스	38,250 ▲	4,250	+12.50	38,300	38,250	7,191,473	1,424,936	269,714
15	12	금양	127,800 ▼	4,700	-3.55	127,800	127,700	1,705,722	2,969,257	220,408
16	16	포스코퓨처엠	417,500 ▼	7,000	-1.65	418,000	417,500	474,838	759,125	198,736
17	279	코리아나	4,280 ▲	450	+11.75	4,285	4,280	41,276,551	3,647,555	191,122
18	27	NAVER	212,500 ▼	5,500	-2.52	213,000	212,500	886,686	880,587	189,097
19	31	인트론바이오	10,190 ▲	1,580	+18.35	10,190	10,180	17,337,464	18,455,015	179,747
20	47	삼부토건	3,370 ▲	320	+10.49	3,370	3,365	52,347,735	35,127,402	171,636

[그림 221] [0186] 거래대금 상위

[0186 거래대금 상위] 창을 통해 어떤 테마와 종목으로 수급이 쏠리고 있는지를 파악할 수 있습니다. 거래대금 상위 창에서 크게 상승하고 있는 종목을 체크하고 매매 대상으로 고려합니다. 하락하고 있는 종목은 쳐다보지 않습니다.

PART 4 거래의 기술

[그림 222] [0181] 전일 대비 등락률 상위

[거래대금 상위]로 대부분의 종목을 확인할 수 있는데, 필요에 따라 [전일 대비 등락률 상위] 창을 보조적으로 사용합니다. 예를 들어 아침 일찍 상한가에 진입한 종목의 경우 거래대금 상위에 뜨지 않는 경우가 있습니다. 이런 종목들은 전일 대비 등락률 상위 창을 통해 확인할 수 있습니다. 그런데 상승률 상위만을 확인하는 경우에는 거래대금 없이 특징주 뉴스나 반짝 상승하는 종목에 뇌동매매하게 되는 경우가 있고 이런 경우 큰 손실을 볼 수 있기 때문에 주의가 필요합니다.

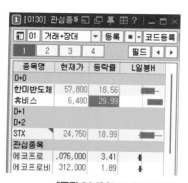

[그림 223] [0181] 전일 대비 등락률 상위 미니 버전

위와 같은 창의 미니 버전입니다.

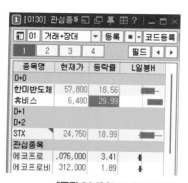

[그림 224] [0130] 관심종목

[0130 관심종목] 창을 통해 매매 고려 대상 주식에 대한 정보를 빠르고 간편하게 확인할 수 있습니다. 저는 주로 거래대금을 동반하며 첫 출발하는 장대양봉 종목을 이틀 정도 더 관찰하며 매매하기 때문에 해당 조

건에 부합하는 종목을 관심종목 창에 등록해두고 확인합니다. 상승 출발
하는 종목을 D+0, 다음날 D+1, 마지막 날 D+2에 등록하여 관찰할 수 있
습니다. 이외에도 주목할만한 종목은 따로 관심종목으로 분류해둡니다.

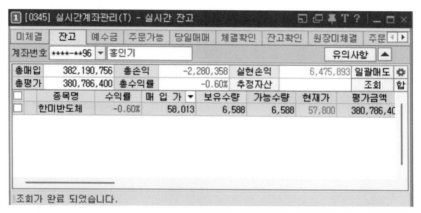

[그림 225] [0345] 실시간계좌관리(T)-실시간 잔고

[0345 실시간계좌관리] 창을 통해 보유 중인 주식에 대한 정보를 확인
할 수 있습니다.

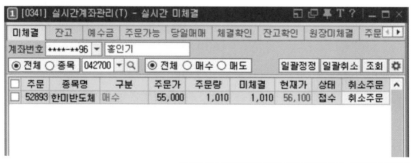

[그림 226] [0341] 실시간계좌관리(T)-실시간 미체결

[0341 실시간 미체결창]에서는 주식 주문을 접수한 상태에서 체결되지 않은 주문을 확인할 수 있습니다. 주식 주문을 접수해두고 잊어버리는 경우 또는 일부만 체결이 된 경우 미체결된 주문을 쉽게 볼 수 있습니다. 오른쪽의 취소 버튼을 통해 미체결된 주문의 빠른 취소가 가능합니다.

[그림 227] [0630] 선물옵션미니차트]-1분봉

[0630 선물옵션미니차트] 창의 코스피200 선물을 확인해서 시장의 흐름을 파악합니다. 코스피200 선물미니차트는 주로 대형주의 방향성과 연관이 깊습니다. 코스피200 선물미니차트 1분봉을 통해 시장의 단기 방향성을 가장 빠르게 확인할 수 있습니다. 단기매매 시 시장의 변동성이 커지는 경우 주로 확인하는 창입니다.

PART 4 거래의 기술

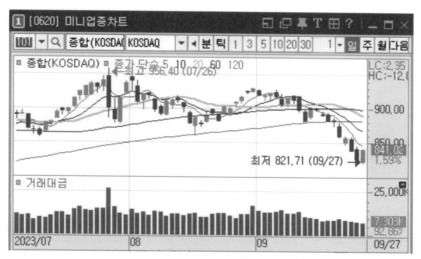

[그림 228] [0620] 미니업종차트-코스닥지수 일봉

[0620 미니업종차트] 창을 통해 코스닥지수의 일봉 차트를 확인합니다. 코스닥지수의 정배열, 역배열 여부를 확인하여 매매에 참고합니다.

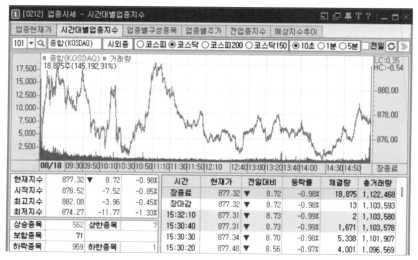

[그림 229] [0212] 업종시세-시간대별 업종지수

[0212 업종시세 - 시간대별 업종지수] 창을 통해 코스닥지수를 확인합
니다. 주로 중·소형주와 단기매매에 적합한 종목들의 전체적인 흐름을
파악할 수 있습니다.

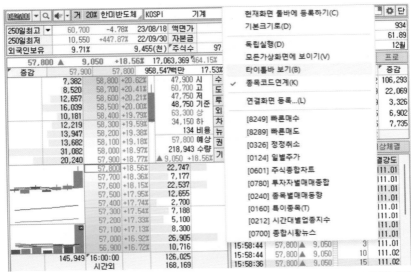

[그림 230] 타이틀바 제거

모니터에 모든 화면을 배치하기 어렵다면 타이틀바 제거 기능을 통해
보다 효율적으로 모니터 화면을 배치할 수 있습니다.

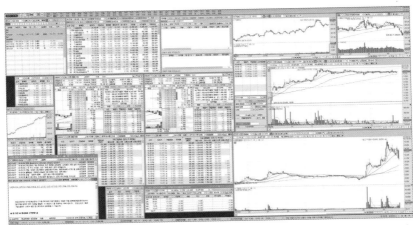

[그림 231] HTS 전체화면 캡처

PART 5

수익을 냈더라도 출금하지 않으면 언제든지 사라질 수 있습니다. 주식계좌에 있는 예수금은 한두 번 잘못 매매하면 없어질 수도 있습니다. 수익에든 손실에 든 마음이 흔들리지 않고 뇌동매매하지 않는 계좌 관리법을 알아보겠습니다.

돈을 지키는 방법

14

소나기를 피하는 방법

하락하는 종목의 특징

지금까지 오르는 종목을 선별해 매매에 활용하는 방법을 알아보았습니다. 그런데 오르는 종목을 고르는 것도 중요하지만 하락할 종목을 매매하지 않는 것 또한 중요합니다. 하락하는 종목의 특징 4가지를 알아보겠습니다.

첫 번째는 대장주가 아닌 2등주인 경우입니다. 주식시장에서 가장 인기 있는 종목을 골라 매매하는 것은 정말 중요합니다. 가장 인기 있는 대장주를 매매할 기회를 놓쳤다고 해서 2등주를 매수하면 자칫 큰 손실을 낼 수 있습니다. 대장주는 시장의 주도 테마 중 가장 상승률이 높은 종목이고 거래대금까지 가장 높다면 더 좋습니다. 2등주의 경우 1등을 따라 오르기 때문에 1등의 흐름을 보면서 매매를 할 수 있다고 생각할 수도 있습니다. 그런데 2등주의 특징은 1등주가 상승할 때에는 덜 오르고, 1등주가 하락하면 1등주보다 더 내린다는 점입니다. 1등 주식은 오를 때 가장 먼저 강하게 오르지만, 2등주의 경우 그 상승폭이 1등주에 비해 제한적일뿐더러 1등 주식이 무너지는 경우 더 크게 하락합니다. 즉, 오를 땐 조금, 내릴 땐 폭락을 하는 경우가 많으니 2등주를 매매하는 것을 지양해야 합니다. 1등주가 상한가를 찍었다면 상한가가 풀렸을 때 1등주를 매수해야지 이것을 기다리지 못하고 급한 마음에 2등주를 매수하면 안 됩니다. 2등주는 1등주가 상한가에서 풀린다면 크게 하락할 것이고 1등주가 상한가로 마감한다고 하더라도 1등주 거래가 가능한 다음날 모두 1등주로 이동하려 하므로 하락할 가능성이 큽니다. 따라서 조급함을 버리고 늘 시장의 대장주를 매매하는 습관을 들여야 장기적으로 단타 매매에서 살아남을 수 있습니다.

두 번째는 과열된 종목을 매매하는 경우입니다. 과열된 종목은 주가가 단기간에 급등한 상태라서 언제든지 주가가 급락해도 이상하지 않기 때문에 주의해야 합니다. 물론 과열된 종목이라도 추가로 상승한다면 수익을 낼 수도 있지만, 하락하는 경우에는 큰 손실을 볼 수 있습니다. 과열된 종목이라고 판단하는 기준은 투자자에 따라 다르겠지만, 저는 상한가 들어가고 다음날 10% 이상 상승했을 때에는 되도록 접근을 피합니다. 또한, 10거래일 이내에 2배 이상 오른 경우에도 과열됐다고 판단하여 대략 2주 정도의 조정을 거친 뒤에 매매하는 편입니다. 과열됐다고 판단하는 기준은 시장 상황에 따라, 테마의 파급력에 따라 유연하게 적용합니다. 주식시장에서 끝도 없이 오르는 종목은 없다는 것을 늘 유념하십시오. 수익을 내는 것도 중요하지만 크게 잃지 않아야 안정적으로 수익을 쌓아갈 수 있습니다.

세 번째는 오후 시간에 무리하게 매매를 하는 경우입니다. 오후 시간에는 데이트레이더들이 오전에 매수한 주식을 정리하기도 하고 다음날까지 주식을 가져가는 리스크를 최소화하기 위해 매도하려는 심리가 강합니다. 과열된 종목의 급락도 오후 2시 이후에 나오는 경우가 많습니다. 저 역시 과거 초보자 시절, 오전에 손실 본 것을 만회하기 위해 오후에 무리하게 매매했다가 오히려 더 큰 손실을 본 경험이 많습니다. 100만 원 손실을 만회하기 위해 무리하게 진입했다가 200만 원을 추가로 날리고 손실을 회복하기 위해 계속 물타기를 하다가 그날만 2,000만 원을 날린 적도 있습니다. 이렇듯 오후 시간에는 종가 베팅을 위한 목적이 아닌 이상 매수하면 손실이 나는 경우가 많은데, 손실을 회복하려고 오후에 무리하게 매매한다면 회복하기 어려운 손실을 볼 수 있습니다. 오후

시간에는 종가 베팅을 위한 종목만을 공략해야 하며 오후에 하락하는 종목을 물타기하는 습관을 버리지 못한다면 언젠가 깡통을 찰 수밖에 없을 것입니다.

네 번째는 역배열 종목을 매매하는 경우입니다. 역배열을 보이는 종목은 지속적으로 주가가 하락해 온 것입니다. 이런 종목은 해당 주식을 계속해서 매도하려는 세력이 있거나 개인투자자들이 알지 못하는 악재가 있을 수 있습니다.

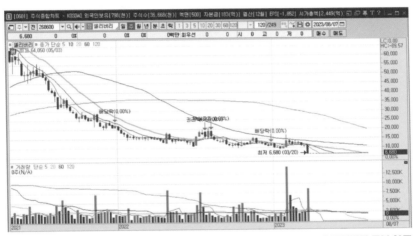

위는 셀리버리의 주봉 차트입니다. 지속적으로 주가가 하락해 역배열을 그리고 있는 것을 볼 수 있습니다. 셀리버리는 감사보고서 의견 거절로 거래정지 후 상장폐지 위기에 놓인 주식입니다. 이렇게 역배열로 지속적으로 하락하는 종목은 사람들의 관심도도 떨어질뿐더러 숨겨진 큰 악재가 있을 수도 있습니다. 그리고 역배열 차트를 그리는 경우 주가 바

닥이 어디인지 알 수 없습니다. 될 수 있으면 역배열 종목은 매매 대상으로 고려하지 않아야 합니다. 대부분 일봉 기준 20일선 아래에 있는 종목은 하락하려는 힘이 강하기 때문에 매매 시 역배열 종목보다는 정배열 중에서도 인기 있는 종목을 골라 매매에 활용해야 합니다.

15

자금 관리법

출금의 중요성

수익이 나더라도 출금하지 않고 매매 계좌에 합쳐서 금액을 늘려가며 복리의 마법을 추구하는 사람들이 있습니다. 물론 수익이 복리로 늘어나는 경우 잘 풀릴 때에는 어마어마한 수익률을 거둘 수 있다는 장점이 있지만, 복리로 투자금을 크게 불려 놓은 상황에서 큰 손실을 보는 경우 단번에 쌓아온 수익금을 모두 날릴 수도 있습니다.

다음과 같은 상황을 가정해 보겠습니다. 투자금 100만 원으로 수익을 계속 얻었고 출금을 하지 않고 주식투자를 계속하여 1억을 만들었습니다. 100만 원으로 무려 1억을 만들었으니 얼마나 뿌듯하고 기쁠까요? 마치 내가 투자의 신이 된 것처럼 느껴질 수도 있습니다. 그러던 어느 날 손실을 봐 하루 만에 계좌의 금액이 30% 줄어들었습니다. 무려 3천만 원의 손실을 본 것인데요. 이런 경우 아무리 평정을 유지하려고 해도 심리가 흔들리고 조급한 마음이 들 수밖에 없습니다. 그다음날 손실을 메꾸기 위해 무리해서 레버리지를 활용해 매매하다가 더 큰 손실을 보게 됩니다. 이런 식으로 매매를 반복하다 보면 어느새 쌓아온 투자금을 모두 날릴 수도 있습니다. 주식계좌에 있는 예수금은 언제든지 심리가 무너지거나 한두 번 잘못 매매하면 없어질 수도 있는 돈입니다. 그러므로 지속적으로 수익금을 출금함으로써 수익을 확정하는 것이 매우 중요합니다. 출금하지 않고 매매금액을 늘려가기보다는 본인의 그릇에 맞는 금액을 세팅해두고 지속적인 출금을 하여 수익금은 따로 관리하는 것이 좋습니다.

수익금 지키기

　수익이 나서 출금한 금액은 반드시 파킹해두어야 합니다. 수익금을 언제든지 사용할 수 있는 현금으로 놔둔다면 마음이 흔들릴 때 주식계좌에 입금할 수 있어 위험합니다. 오랫동안 꾸준히 쌓아온 수익금이라도 큰 손실을 보아 심리가 무너진다면 이성적인 판단을 못 하고 추가 입금할 가능성이 매우 큽니다. 따라서 출금한 수익금은 필요한 돈이라면 사용하고, 여유가 된다면 상대적으로 안전한 자산에 묶어두어 쉽게 주식투자 계좌로 입금할 수 없도록 제어하는 것이 중요합니다. 수익금을 금, 채권, 우량한 부동산 같은 안전자산을 매수하거나 조금 더 리스크를 감수할 수 있다면 시장 전체에 투자하는 S&P500 또는 나스닥100 ETF 혹은 비트코인 등을 매수해두는 것이 좋습니다. 단타 계좌 내에서 아무리 돈을 불려도 수익금을 출금해 파킹하지 않으면 수익금은 언제든지 사라질 수 있다는 것을 늘 명심하세요.

16

심법

수익, 손실금에 영향받지 말자

주식 매매는 수익금, 손실금과 별개로 이루어져야 합니다. 그러나 실제로 주식투자를 하다 보면 수익금과 손실금이 매매에 영향을 주는 경우가 많습니다. 수익금과 손실금이 얼마인지 그 금액에 집착하게 되는 순간 그릇된 판단을 하게 될 확률이 높아집니다. 이 돈이면 핸드폰을 바꿀 수 있는데, 이 돈이면 가방을 사는데, 이 돈이면 호캉스를 가는데, 이 돈이면 차를 바꾸는데… 등등 수익금에 따라 매수·매도를 판단하게 되곤 합니다. 그래서는 안 됩니다. 상승할 확률이 높을 때 사고, 하락할 확률이 높을 때는 팔아야 합니다. 어떤 주식을 매수해 480만 원 수익 중일 때 수익금이 500만 원이 되면 팔아야지, 라는 식으로 매도 기준으로 수익금을 설정하는 것은 매우 잘못된 생각입니다. 매도 기준은 앞에서 설명한 저항선이 될만한 의미 있는 가격이나 주도 테마가 바뀌거나 대장주가 변경된 경우 등에 맞춰 설정되어야 합니다. 또 만족할만한 수준의 수익금이 찍혔다고 만족하며 주식을 파는 것이 아니라 팔아야 하는 순간이 올 때까지 홀딩을 하는 것이 수익금을 극대화하는 방법입니다. 마찬가지로 주식을 팔 때도 손실금액 때문이 아니라 팔아야 하는 순간에 과감하게 손절매를 하고 다른 인기 있는 주식을 매매하려는 태도를 지녀야 합니다. 손실금이 200만 원 찍혀 있다고 해서 '200만 원은 손절하기 너무 큰 금액인데…. 조금만 더 기다려보자' 하며 손절하지 못하거나, 물타기를 해서 손실금을 줄여야지 하는 생각이야말로 손실을 극대화하는 습관입니다.

투자자도 사람인지라 당연히 계좌에 찍혀 있는 수익금, 손실금을 보면 마음이 흔들리기 마련입니다. 저 역시 큰 수익이 나는 경우 마음이 들뜨는데, 이 돈으로 할 수 있는 것들을 상상하다 보면 매매 타이밍을 이성적으로 판단하지 못하게 됩니다. 손실이 날 때도 마찬가지입니다. 그렇기 때문에 매매를 할 때 금액에 마음이 흔들리지 않으려고 수익금과 손실금을 안 보이게 설정해두었습니다. 계좌 잔고 창에서 평가금액, 수익률만 보이도록 설정하였습니다.

수익, 손실금액을 가리는 방법은 어렵지 않습니다. 키움증권 HTS 기준, [0345 실시간계좌관리] 창에서 톱니바퀴를 누르고 상단 손익정보 감추기를 한 뒤, 우클릭→컬럼 설정→필드 편집→평가손익 해제를 하면 수익금과 손실금을 가릴 수 있습니다. 평가금과 수익률만 가지고도 암산으로 쉽게 손익금을 계산할 수는 있지만, 호가에 따라 손익금액이 왔다 갔다 하는 것을 바로 보는 것보다는 심리에 영향을 적게 줍니다.

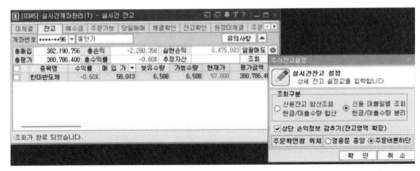

[그림 233] 손익 감추는 방법

PART 5 돈을 지키는 방법

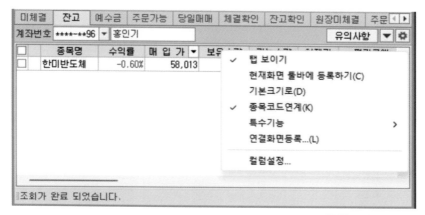

[그림 234] 컬럼 설정

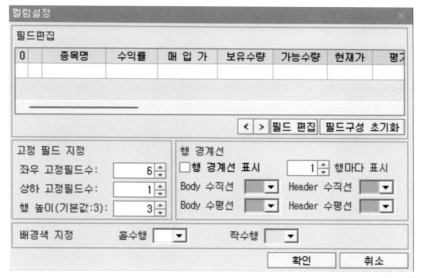

[그림 235] 컬럼 설정 내 필드 편집

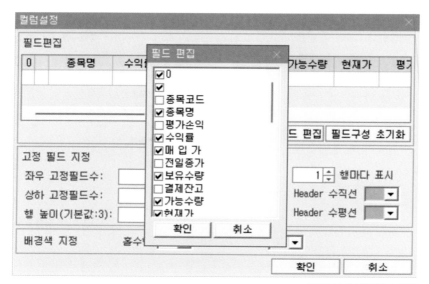

[그림 236] 필드항목 선택

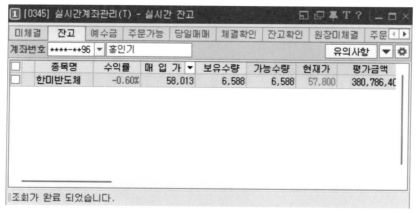

[그림 237] [0345] 실시간계좌관리(T)-실시간 잔고(손익 가림)

손실에 조급해지지 않기

주식투자를 하다 보면 수익이 나는 경우도 있지만, 손실이 나는 날도 있기 마련입니다. 손실에 조급해지다 보면 손실을 메꾸기 위한 매매를 하게 될 수 있습니다. 예를 들어 1,000만 원 손실을 봤을 때 1억 원어치 매수해서 10% 수익을 낼 수 있는 종목을 찾아다니게 됩니다. 물론 기회가 찾아온다면 손실을 한 번에 메꿀 수 있는 수익을 낼 수도 있습니다. 그러나 손실을 회복하려고 무리한 매매를 하는 경우 손실을 메꿀 만큼의 수익금이 될 때까지 기다리느라 적절히 수익실현을 해야 할 때에도 매도하지 못할 수 있습니다. 상승폭을 반납하고 주가가 하락하는 경우라면 수익은커녕 추가 손실을 볼 확률이 매우 높죠.

손실이 생겼더라도 손실을 본 것은 이미 끝난 일이고 지금 계좌에 남아 있는 금액이 본전이라고 마음을 다잡은 뒤 현시점을 기준으로 최선의 매매를 해야 합니다. 손실을 봤다고 해서 과거의 손실에 집착해 매매하다 보면 판단이 흐려지기 마련입니다. 손실에 집착해 매매하면 마음이 급해진 상태에서 더 큰 손실이 날 수 있고, 또 큰 손실을 메꾸려고 하다 아예 깡통을 차게 될 수도 있습니다. 조급하게 손실을 메꾸려고 하지 마십시오. 늘 현재 계좌의 상태가 본전이라고 생각하고 평소대로 차분히 매매해야 합니다. 주식시장에는 기회가 정말 많습니다. 당장 손실을 메꾸려고 하기보단 늘 좋은 기회가 왔을 때 적절히 주식을 사고파는 매매를 지속하다 보면 어느새 손실은 메꿔지고 더 큰 수익도 낼 수 있을 것입니다.

뇌동매매 줄이는 방법

뇌동매매란 본인의 확실한 판단 없이 매매하거나 남을 따라 하는 매매를 말합니다. 투자하다 보면 유혹이 찾아오는 순간이 있습니다. 친구가 특정 종목을 매수해 큰 수익이 났다더라, 뉴스에서 요즘 이 종목이 핫한 주식이라더라 등등 정보의 홍수 속에서 주식투자를 하다 보면 개인의 판단력을 흐리게 하는 상황이 종종 찾아옵니다. 저는 뇌동매매를 억제하기 위해 주식 유튜브도 거의 보지 않습니다.

HTS의 메뉴 창 중에서도 뇌동매매를 유발하는 창들이 있습니다. 매매할 때는 이런 뇌동매매를 유발하는 창들을 켜지 않는 것이 좋습니다. 정보를 얻을 수도 있지만, 실질적으로 매매하기 좋은 종목인지 구별하는 데에는 별 도움이 되지 않습니다. 앞서 여러 번 강조했던대로 매매 시에는 거래대금 상위 종목 중에서 상승률 상위 종목을 확인하여 검토하는 것만으로도 충분히 좋은 성과를 낼 수 있습니다.

① 실시간 종목 조회 순위, 네이버 증권 검색 상위 종목

[실시간 종목 조회 순위] 창은 투자자들이 실시간으로 많이 검색하고 있는 종목의 순위를 볼 수 있습니다. 해당 창을 통해 인기 있는 종목을 찾을 수도 있겠지만 순간적으로 급등하여 다시 떨어질 종목이나 특징주 뉴스로 반짝 뜬 종목 등 거래대금을 동반하지 않고 상승한 종목들에 현혹될 위험이 더 큽니다. 해당 창에 뜨는 종목은 변동이 잦고 다양한 종목들이 등장하며 유혹되기 쉽습니다. 거래대금 상위를 통해 검증된 인기 있는 대장주를 매매하는 데 방해가 될 수 있기 때문에 장중에는 실시간 종목 조회 순위는 아예 보지 않는 것이 좋습니다.

순위	종목명		기준시점 주가		기준시점 등락률	1분 전 대비율
1	신성델타테크	↑ 1	26,600	▲	14.65%	0%
2	에코프로	↓ 1	1,127,000	▲	4.64%	0%
3	펩트론		33,550	▲	26.84%	0%
4	인벤티지랩		20,200	▲	29.90%	0%
5	유진로봇	↑ 1	9,090	▼	2.04%	0%
6	금양	↑ 1	143,100	▲	2.28%	0%
7	신테카바이오	↑ 2	16,640	▲	21.54%	0%
8	POSCO홀딩스		597,000		0%	0%
9	랩지노믹스	↓ 4	6,050	▲	26.56%	0%
10	에이프로젠	↑ 1	1,752	▲	29.97%	0%
11	엠아이큐브솔루	↑ 1	39,450	▲	29.98%	0%
12	삼성전자	↓ 2	68,900	▲	1.92%	0%
13	한미사이언스	↑ 4	41,150	▲	23.57%	0%
14	포스코인터내셔		89,000	▲	2.29%	0%
15	현대바이오	↑ 3	27,850	▲	20.04%	0%

[그림 238] 실시간 종목 조회 순위

순위	종목명	검색비율	현재가	전일비	등락률	거래량	시가	고가	저가	PER	ROE
1	에코프로	2.04%	1,127,000	▲ 50,000	+4.64%	916,958	1,071,000	1,177,000	1,059,000	76.30	2.94
2	삼성전자	1.91%	68,900	▲ 1,300	+1.92%	17,160,775	68,000	69,600	67,900	10.40	17.07
3	신성델타테크	1.53%	26,600	▲ 3,400	+14.66%	24,463,022	23,600	26,800	22,350	44.11	10.75
4	서남	0.93%	7,170	▼ 1,660	-18.80%	29,460,587	7,730	8,450	6,900	-74.69	-23.80
5	LG에너지솔루션	0.89%	553,000	▲ 28,000	+5.33%	475,697	530,000	553,000	528,000	124.27	5.75
6	POSCO홀딩스	0.89%	597,000	0	0.00%	1,182,335	597,000	604,000	587,000	23.67	6.11
7	금양	0.89%	143,100	▲ 3,200	+2.29%	2,786,687	142,000	153,400	141,300	-231.55	-24.34
8	에이프로젠	0.81%	1,752	⬆ 404	+29.97%	14,938,223	1,327	1,752	1,326	-2.87	-90.82
9	포스코인터내셔널	0.68%	89,000	▲ 2,000	+2.30%	7,490,634	88,100	91,000	85,100	19.87	15.79
10	에코프로비엠	0.64%	343,500	▲ 4,500	+1.33%	1,054,935	337,000	353,500	335,500	120.02	24.26
11	랩트론	0.59%	33,550	▲ 7,100	+26.84%	7,479,256	31,900	34,300	30,350	-40.62	-26.11
12	덕성	0.59%	7,800	▼ 600	-7.14%	13,930,910	7,840	8,620	7,010	60.00	2.99
13	현대바이오	0.55%	27,850	▲ 4,650	+20.04%	4,317,435	23,250	29,150	23,200	-69.97	-26.39
14	포스코DX	0.55%	32,000	▼ 650	-1.99%	5,011,559	32,650	33,850	31,800	86.96	11.84
15	NAVER	0.51%	227,500	▲ 4,500	+2.02%	1,270,382	225,000	232,500	224,000	57.95	3.29
16	포스코퓨처엠	0.51%	456,000	▲ 9,000	+2.01%	560,302	443,000	465,000	439,000	291.56	4.87
17	하이브	0.47%	259,500	▼ 12,500	-4.60%	542,130	266,000	266,500	254,000	243.43	1.87
18	한미약품	0.47%	325,500	▲ 41,500	+14.61%	428,496	293,000	330,000	293,000	38.42	9.89
19	셀트리온	0.42%	154,900	▲ 6,900	+4.66%	682,074	147,500	155,000	147,500	38.76	13.35
20	에이프로젠바이오로직스	0.42%	471	⬆ 108	+29.75%	35,566,918	363	471	363	33.64	1.69

[그림 239] 네이버 증권 검색 상위 종목

② 순간체결량

[순간체결량] 창은 전 종목 중 특정 체결 금액 이상의 주문체결을 실시간으로 확인할 수 있습니다. 큰 거래가 몇 번 이루어졌다고 해서 해당 종목에 의미 있는 수급이 몰렸다고 볼 수는 없습니다. 실시간 종목 조회 순위와 마찬가지로 뇌동매매를 유발하는 창 중 하나이므로 매매 중에는 보지 않는 것이 좋습니다.

시각	종목명	현재가	등락률	체결량
13:41:25	에코프로	1,259,000	7.15%	250
13:41:25	신성델타테크	45,900	9.29%	2,834
13:41:23	에코프로	1,259,000	7.15%	600
13:41:22	삼성생명	65,900	0.15%	2,670
13:41:21	에코프로	1,258,000	7.06%	584
13:41:13	신성델타테크	45,650	8.69%	2,243
13:41:08	한미반도체	56,300	5.70%	2,310
13:41:05	신성델타테크	45,400	8.10%	2,482
13:40:54	파두	39,600	5.49%	7,174
13:40:50	POSCO홀딩스	559,000	1.45%	300
13:40:47	POSCO홀딩스	559,000	1.45%	300
13:40:44	POSCO홀딩스	559,000	1.45%	240
13:40:40	신성델타테크	45,450	8.21%	2,266
13:40:38	에코프로비엠	333,500	1.68%	350
13:40:33	신성델타테크	45,450	8.21%	2,564
13:40:33	파두	39,650	5.37%	4,000
13:40:29	셀트리온	143,800	0.90%	880
13:40:14	에코프로비엠	333,500	1.68%	2,320

[그림 240] 순간체결량

③ 변동성완화장치 발동종목현황

[변동성완화장치 발동종목현황]에서 상승 VI 혹은 하락 VI가 발동된 종목을 실시간으로 확인할 수 있습니다. 그러나 변동성완화장치 발동종 목현황을 보고 매매를 하는 것은 매우 위험합니다. VI 발동가격은 지지 와 저항으로 작용하는 가격이라 저항에 매수하는 경우 잘못하면 상투에 물려 큰 손실을 볼 가능성이 있기 때문입니다. 또한, 평소 유동성이 없고 호가창에 쌓여있는 매물이 적은 주식의 경우 큰 거래 없이도 VI가 발동 될 수 있습니다. 매매 고려 종목을 찾기 위해서는 거래대금 상위의 인기 테마 대장주에 집중하는 것으로 충분합니다.

종목명	구분	발동가격	시가대비 등락률	기준가격 동적VI	기준가격 정적VI	괴리율 동적VI	괴리율 정적VI	거래량	발동시간	해지시간	발동횟수
셀루메드	정적	3,940	+10.06		3,580		+10.06	1,461,726	10:54:08	10:56:36	1
고려제강	정적	23,200	+10.21		21,050		+10.21	2,129,151	10:51:59	10:54:14	1
지놈앤컴퍼니	정적	14,850	+10.00		13,500		+10.00	121,228	10:51:19	10:53:47	1
나이벡	정적	18,810	+10.00		17,100		+10.00	2,150,062	10:50:52	10:53:11	1
비투엔	정적	3,880	+10.07		3,525		+10.07	1,885,591	10:45:59	10:48:04	1
하이로닉	정적	10,730	+10.05		9,750		+10.05	2,353,605	10:45:35	10:47:40	1
에이프로젠바	정적	451	+24.24		410		+10.00	35,570,454	10:44:32	10:46:44	2
에이프로젠 H	정적	1,683	+27.60		1,530		+10.00	2,351,958	10:44:21	10:46:44	2
나노씨엠에스	정적	19,800	+10.00		18,000		+10.00	1,268,177	10:38:07	10:40:14	1
에이프로젠바	정적	400	+10.19		363		+10.19	35,570,454	10:36:00	10:38:13	1
에이프로젠	정적	1,603	+20.80		1,457		+10.02	14,944,581	10:36:00	10:38:02	2
에이프로젠 H	정적	1,451	+10.01		1,319		+10.01	2,351,958	10:35:07	10:37:14	1
금비	정적	90,900	+10.05		82,600		+10.05	41,437	10:34:34	10:36:53	1

[그림 241] 변동성완화장치(VI) 발동종목현황

④ 주식 정보 텔레그램, 종목토론방 찌라시

주식 정보 텔레그램, 종목토론방에 올라온 정보는 이미 남들도 다 알고 있는 정보라고 생각하십시오. 정말 가치가 있는 정보라면 찌라시를 뿌릴 시간에 먼저 매수부터 했을 것입니다. 대부분의 경우, 미리 매수했던 주식을 정리하기 위해 의도적으로 텔레그램, 종목토론방에 찌라시를 뿌립니다. 이런 정보를 믿고 매매한다면 사실상 본인이 유동성 출구가 되는 것입니다. 수익을 얻기는커녕 그 종목에 물리거나 설거지를 당하기 쉽습니다.

안정된 상태에서 매매하기

성공적인 주식투자를 하기 위해선 심리적 안정이 매우 중요합니다. 돈을 벌 때도 있고 잃을 때도 있을 수밖에 없으므로 어떤 상황에서도 흔들리지 않는 심리 상태에서 주식투자를 해야 합니다. 매일 얼마씩 꼭 벌어야 하는 상황이라면 마음이 급해져 뇌동매매를 할 확률이 높아집니다. 주식으로 돈을 벌어야 한다는 압박감이 없는 상태에서 매매해야 최적의 심리적 상태를 유지하고 매매를 지속할 수 있습니다. 따라서 주식투자로 당장 수익을 내지 못하더라도 생활을 유지할 수 있는 상태에서 투자를 시작해야 합니다. 만약 전업투자를 결심하고 퇴사했는데 월급만큼 벌어야 한다는 압박감이 있다면 심리가 흔들릴 것입니다. 손실이 나면 금세 초조해지고 물론 월급 이상으로 수익을 낼 수 있겠지만 시장 상황이 좋지 않거나 슬럼프가 와서 수익을 내기 힘든 시기도 분명히 찾아옵니다. 심리가 무너지면 매매 시 이성적인 판단을 하기 힘들어집니다. 그러므로 월급이나 사업 소득 등 꾸준한 수익원을 마련한 상태에서 주식투자는 부가적인 수익을 내는 수단으로 생각해야 합니다. 투자로 벌어들이는 수익은 플러스알파로 생각해야 매매가 지속가능합니다.

월 천 트레이더가 되겠다, 월 억 트레이더가 되겠다는 목표를 세우고 주식시장에 뛰어드는 사람들이 많습니다. 목표를 수익금으로 잡으면 수익과 손실에 연연하게 되어 매매에 악영향을 주기 마련입니다. 저는 이를 경험으로 터득하여 결코 수익금을 목표로 하지 않습니다. 손실을 보더라도 원칙에 맞는 매매만 하는 것을 목표로 꾸준히 하고 있습니다. 그것이 오히려 좋은 수익과 성과로 이어진다고 믿습니다.

[부록] 2023년 계좌 공개(2023.01.01~2023.12.31)

[부록 1] 키움증권 월별 계좌수익률 현황

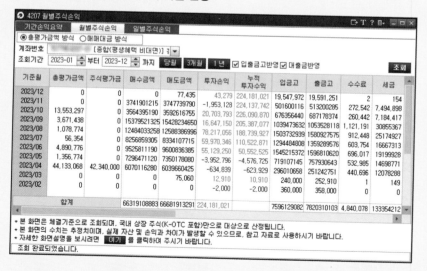

[0393] 계좌수익률현황 → 월별계좌수익률현황

기간별수익률현황 | 일별계좌수익률현황 | 월별계좌수익률현황 | 연도별계좌수익률현황 | 주식종목별월수익현황 | 금현물일별수익률현황 | 금현물월별수익률현황

계좌번호 ****-**96 ▾ 홍인기　비밀번호 ****　조회월 2023/01 ~ 2023/12　수익률안내 수익률비교차트 조회 다음 ▲

- 2004.07부터 조회 가능합니다. • 법인계좌는 조회되지 않습니다.(추후 제공 예정) • 누적손익: 2004.07 - 월손익합
- 유가증권평가금: 일반유가증권평가금(예탁담보포함)·신용융자평가금·신용대주평가금
- 월 손 익: 월말 유가증권평가금-전월말 유가증권평가금·매도금·수수료·세금+매수금·입고금·출고금·이자금액+권리락 보정금

| 매수합계 | 100,387,356,718 | | 입금합계 | | 4,694,518,606 | | 입고합계 | | | 수수료+세금 합계 | | 222,422,485 |
| 매도합계 | 101,036,206,886 | | 출금합계 | | 5,127,938,870 | | 출금합계 | 80,325 | 0 | 연체/신용이자 합계 | | 1,286,160 |

월	월말예탁자산	유가증권평가금 월말현금잔고	매수금 매도금	입금 입고	출금 출고	수수료+세금 연체/신용이자	투자평잔	손익	수익율(%)	누적손익(손익합계)	배당금
2023/12	69,686,438	69,052,950 633,488	5,110,248,410 5,097,334,005	93,153,707 18,000	118,959,523 0	11,453,049 82,207	45,793,967	44,505,289	97.36	494,114,148	0
2023/11	50,884,274	0 50,884,274	5,470,725,170 5,489,774,602	249,767,563 0	210,388,848 0	12,403,396 150,572	51,764,242	6,495,464	12.55	449,528,859	0
2023/10	5,010,000	0 5,010,000	4,661,348,480 4,707,900,450	634,387,918 19,500	687,022,357 0	10,633,033 114,524	52,930,061	35,784,913	67.61	443,033,395	0
2023/09	21,810,628	0 21,810,628	7,622,422,020 7,889,178,540	484,481,024 0	556,857,292 0	17,793,994 356,502	37,983,818	29,816,024	78.50	407,248,482	0
2023/08	64,363,790	218,790,000 -154,426,210	14,431,584,240 14,314,493,655	866,330,638 0	1,023,333,414 0	32,364,776 89,668	48,248,824	69,244,971	143.52	377,432,458	0
2023/07	152,068,609	0 152,068,609	19,449,030,460 19,874,622,280	531,893,325 0	620,704,915 0	45,174,695 173,753	30,610,281	178,925,372	584.53	308,187,487	0
2023/06	61,921,090	201,318,000 -139,396,910	4,165,210,200 4,026,791,405	548,461,217 0	541,114,316 0	9,199,729 137,377	28,218,250	53,562,099	189.81	129,262,115	0
2023/05	1,000,584	0 1,000,584	5,289,396,740 5,286,239,080	447,071,187 0	461,452,610 0	12,051,905 112,496	35,337,275	-15,322,061	-43.36	75,700,016	0
2023/04	30,775,928	0 30,775,928	6,811,033,374 6,828,020,879	225,162,328 0	231,438,471 0	14,311,927 0	14,155,465	2,675,578	18.90	91,022,077	0
2023/03	34,368,872	0 34,368,872	9,683,254,025 9,766,461,854	180,258,930 1,325	241,460,598 0	20,239,423 29,367	6,380,362	62,937,714	986.43	88,346,499	0
2023/02	32,629,812	0 32,629,812	8,830,972,309 8,960,955,666	217,812,614 41,500	240,460,408 0	18,567,707 39,694	16,937,721	31,756,216	187.49	25,408,785	0
2023/01	23,429,890	79,578,240 -56,148,350	8,862,131,290 8,794,434,470	215,738,155 0	194,746,118 0	18,228,851 0	8,678,136	-6,347,431	-73.14	-6,347,431	0

조회 완료되었습니다.

[부록 2] 삼성증권 월별 계좌수익률 현황

4207 월별주식손익

기간손익요약 | 월별주식손익 | 일별주식손익

◉출평가금액 방식 ○매매대금 방식
계좌번호 [종합(평상혜택 비대면)] ▾
조회기간 2023-01 ▲ 부터 2023-12 ▲ 까지　당월 3개월 1년 ☑입출금고반영 ☑대출금반영　조회

기준월	총평가금액	주식평가금	매수금액	매도금액	투자손익	누적투자수익	입금고	출금고	수수료	세금
2023/12	0	0	0	77,435	43,279	224,181,021	19,547,972	19,591,251	2	154
2023/11	0	0	3741901215	3747739790	-1,953,128	224,137,742	501600116	513200285	272,542	7,494,898
2023/10	13,553,297	0	3564395190	3592616755	20,703,793	226,090,870	676356440	687178374	260,442	7,184,417
2023/09	3,671,438	0	15379521325	15428234650	16,647,150	205,387,077	1039473632	1053528118	1,121,191	30855367
2023/08	1,078,774	0	12484033258	12588386996	78,217,056	188,739,927	1503732939	1580927575	912,448	25174927
2023/07	56,354	0	8256859305	8334107715	59,970,346	110,522,871	1545215372	1596810620	603,754	16667313
2023/06	4,890,776	0	9525811190	9600836385	55,129,250	50,552,525	1545215372	1596810620	696,017	19199928
2023/05	1,356,774	0	7296471120	7350178080	-3,952,796	-4,576,725	719107145	757930643	532,985	14698771
2023/04	44,133,068	42,340,000	6070116280	6039660425	-634,839	-623,929	296010658	251242751	440,696	12078288
2023/03	0	0	0	75,060	12,910	10,910	240,000	252,910	1	149
2023/02	0	0	0	-2,000	-2,000	-2,000	360,000	358,000	0	0
합계			66319108883	66681913291	224,181,021		7596129082	7820310103	4,840,078	133354212

- 본 화면은 체결기준으로 조회되며, 국내 상장 주식(K-OTC 포함)만으로 대상으로 산정됩니다.
- 본 화면의 수치는 추정치이며, 실제 자산 및 손익과 차이가 발생할 수 있으므로, 참고 자료로 사용하시기 바랍니다.
- 자세한 화면설명을 보시려면 **여기** 를 클릭하여 주시기 바랍니다.

조회 완료되었습니다.

[부록 3] 한국투자증권 월별 계좌수익률 현황

기간	기초자산	투자이익	기말자산	위탁자산평잔	거래금액	배당금	예탁금이자	수수료	세금
2023/12	0	0	0	0	0	0	0	0	0
2023/11	0	0	0	0	0	0	0	0	0
2023/10	0	26,542	0	57,814	129,600	0	0	0	258
2023/09	0	0	0	34,667	0	0	0	0	0
2023/08	0	0	0	0	0	0	0	0	243
2023/07	0	61,237	0	4,094,996	121,960	0	0	0	64
2023/06	0	-6,712	0	6,077	32,000	0	2,952	0	0
2023/05	45,070,266	-2,607,439	0	14,637,785	800,951,600	0	0	63,910	1,109,255
2023/04	37,589,799	34,480,467	45,070,266	81,719,708	4,673,772,280	0	0	272,010	4,581,838
2023/03	0	15,592,569	37,589,799	36,323,055	1,410,287,480	0	0	76,570	1,248,471
2023/02	2	-9,838	0	69,426	119,400	0	0	0	238
2023/01	2	0	2	2	0	0	0	0	0
기간	기초자산	투자이익	기말자산	위탁자산평잔	거래금액	배당금	예탁금이자	수수료	세금
전기간	2	47,536,826	0	11,411,960	6,885,414,320	0	2,952	412,490	6,940,367

[TBRM003R] 12건이 조회되었습니다 (08:33:42)

[부록4] 미래에셋증권 월별 계좌수익률 현황

당일매매일지 | 기간별매매일지 | 기간종목별매매일지 | 기간종목별상세 | **월별손익현황** | 전일대비평가손익 | 일자별평가손익

기간 2023/01 ~ 2023/12 3개월 6개월 1년 ☑ 매매비용   도움말 조회

기간 총 평가손익 0 기간 총 매매손익 62,408,527 기간 총 매매비용 23,397,513 기간 총 손익 62,408,527

월	월초 자산총액	월말 자산총액	매수	매도	매매비용	기간 평가손익	실현손익	총손익
2023/01	0	198,000	0	0	0	0	0	0
2023/02	198,000	39,674	0	59,200	118	0	39,582	39,582
2023/03	39,674	0	0	0	0	0	0	0
2023/04	0	1	0	0	0	0	0	0
2023/05	1	0	0	19,760	39	0	7,721	7,721
2023/06	0	0	0	0	0	0	0	0
2023/07	0	0	0	268,800	537	0	175,263	175,263
2023/08	0	0	0	0	0	0	0	0
2023/09	0	41,018	0	41,100	82	0	18,018	18,018
2023/10	41,018	0	0	63,820	127	0	26,993	26,993
2023/11	0	64,052,631	3,231,694,670	3,249,924,000	6,810,578	0	11,418,754	11,418,754
2023/12	64,052,631	0	8,084,997,840	8,152,306,065	16,586,032	0	50,722,196	50,722,196

※ 월별 손익현황은 2017년 1월 이후부터 조회 가능합니다. (최대 1년치 조회 가능)

잔고 | MA2795 조회가 완료 되었습니다. [27_22]

처음부터 시작하는 주식투자 단타전략

초판 발행 · 2023년 12월 22일
초판 18쇄 · 2025년 1월 10일
지은이 · 홍인기
발행인 · 이종원
발행처 · (주)도서출판 길벗
출판사 등록일 · 1990년 12월 24일
주소 · 서울시 마포구 월드컵로 10길 56(서교동)
대표 전화 · 02)332-0931 | **팩스** · 02)323-0586
홈페이지 · www.gilbut.co.kr | **이메일** · gilbut@gilbut.co.kr

기획 및 책임편집 · 이치영(young@gilbut.co.kr)
마케팅 · 정경원, 김진영, 조아현, 류효정 | **유통혁신팀** · 한준희
제작 · 이준호, 손일순, 이진혁 | **영업관리** · 김명자, 심선숙 | **독자지원** · 윤정아

교정교열 · 김은혜 | **디자인** · 바이텍스트
CTP 출력 및 인쇄 · 예림인쇄 | **제본** · 경문제책

ISBN 979-11-407-0749-2 03320
(길벗도서번호 070501)

정가 21,000원

독자의 1초를 아껴주는 정성 길벗출판사

(주)도서출판 길벗 IT단행본&교재, 성인어학, 교과서, 수험서, 경제경영, 교양, 자녀교육, 취미실용 www.gilbut.co.kr
길벗스쿨 국어학습, 수학학습, 주니어어학, 어린이단행본, 학습단행본 www.gilbutschool.co.kr